"十四五"职业教育国家规划教材

职 业 院 校 专 业 文 化 课 程 系 列 教 材

汽 车 文 化

（第二版）

AUTOMOBILE CULTURE

贺萍 董铸荣 主编

商務印書館
创于1897 The Commercial Press

《职业院校专业文化课程系列教材》
编辑委员会

序 言

课程和课堂教学是职业院校人才培养的主渠道，也是文化育人的主战场。近年来，伴随着我国职业教育改革的不断深化，各职业院校纷纷开设形式多样的文化育人课程，对于促进职业院校文化育人，提高学生的文化素质和人才培养质量，发挥了积极作用。然而，从整体来看，职业院校文化育人课堂教学的实际效果还很不理想。究其原因，除了课程设置还不够合理和科学之外，缺乏适应职业院校学生特点、契合职业院校文化育人目标需要的教材是其中一个非常重要的原因。

教材是实施教学计划的主要载体。它既不同于学术专著，也不同于一般的科普读物，既是教师教学的重要依据，又是学生学习的重要资料，是“教”与“学”之间的重要桥梁。“广大青年要坚定不移听党话、跟党走，怀抱梦想又脚踏实地，敢想敢为又善作善成，立志做有理想、敢担当、能吃苦、肯奋斗的新时代好青年，让青春在全面建设社会主义现代化国家的火热实践中绽放绚丽之花。”习近平总书记在党的二十大报告中寄语新时代青年，激励大家在新征程上激昂青春之志，奉献青春之力，谱写更加壮美的青春之歌。总书记的重要讲话，充分体现了党对广大青年的浓浓关怀和殷切期望，为新时代新征程的青年工作指明了前进方向，必将指引亿万青年团结在党的旗帜下，凝聚起奋进的伟力，为全面建设社会主义现代化国家、全面推进中华民族伟大复兴而奋斗。“青年强，则国家强。当代中国青年生逢其时，施展才干的舞台无比广阔，实现梦想的前景无比光明。”因此，教材建设是课程建设的重要基础工程，教材建设的好坏，直接影响到课堂教学的效果和学生的学习效果。我们认为，职业院校文化育人课程教材应该具备体现课程本质和精髓、引导学生学习、激发学习兴趣、提高思维能力、提升职业素养等功能和作用。因此，职业院校文化育人课程教材必须贴近生活、贴近实际、贴近学生，融思想性、科学性、新颖性、启发性和可读性于一体，才能发挥教材应有的作用。然而，目前出版的职业院校文化育人相关课程教材，普遍存在内容空洞陈旧、脱离职业院校学生思想实际，结构体例单一呆板、语言枯燥无味、不适应当代职业院校学生阅读特点，知识理论灌输过多、缺乏启发互动环节等弊端，很难引起学生的阅读兴趣和学习兴趣，也大大影响其育人的效果。

作为中国高职教育改革发展的排头兵，近年来，深圳职业技术学院（以下简称学校）以高度的文化自觉，担当起引领职业院校文化育人的重任，出台《文化育人实施纲要》，对学校文化育人进行了全面系统的顶层设计，构建了全方位、多层次的文化育人体系，在全国职业院校率先全面推进文化育人。学校高度重视课堂教学作为文化育人主战场的作用，始终把提高育人的实际效果作为文化育人的重点来抓。为此，学校以“基础性、文化性、非职业、非专业、非工具”为原则，精心甄选并科学构建了必修课和选修课并行的“6+2+1+4”文化育人课程体系。其中“6”是指文化素质必修课程，包括毛泽东思想和中国特色社会主义理论体系概论、思想道德修养与法律基础、形势与政策、大学语文、心理健康教育、体育与健康等课程；“2”是指要求文理交叉选课的校级通识选修课程，每个学生必须选修 2 个学分；“1”是指各专业作为限选课开设的“专业＋行业”文化课程；“4”是指从语言与文学、历史与地理、艺术与美学、科技与社会、哲学与人生、环境与资源、经济与管理、心理与健康、政治与法律等文化素质公共选修课模块中选修至少覆盖四个模块的课程。根据学校文化育人的整体设计和培养目标的需要，我们精心设计了一系列文化育人课程，其中《物理学之美》、《数学文化》、《科技改变世界》等科学素养课程作为全院文科学生的通识选修课；《生活中的经济学》、《中国历史文化》等人文素养课程作为全院理工科学生的通识选修课；《数字艺术概论》、《汽车文化》、《翻译文化》等专业文化课程作为各专业学生的限选课。同时，我们举全院之力，聘请行业企业相关专家，组织全院相关专业和其他协作院校的优秀教师，组成各课程教学团队，开展课程教学研究，编写系列教材。

本套教材是学校倾力打造的专业文化课程系列教材。为了使这套教材能够达到体现专业精髓、引导学生学习、激发学习兴趣、提升职业素养的目标，更好地适应全国各职业院校的教学需要，教材编写过程中，各编写组在坚持科学性、思想性和可读性的前提下，特别注意突出如下特点：

一是力求用学生能够理解的语言充分体现专业文化的核心与精髓。什么是文化？什么是素质？著名科学家爱因斯坦说过：“当我们把学校里学习的知识都忘掉后，剩下来的就是素质。”我认为，这种在专业知识忘掉之后能保留下来的东西就是蕴含在专业知识之中的文化。因此，从文化育人角度来说，专业文化最核心的就是蕴含在专业相关知识之中的最基本的思想和精髓。专业知识是有门槛的，是进阶式的，没有学会和掌握前面的知识，就不可能学会和掌握后面的知识。但思想是没有门槛的，只要深入发掘和准确表述，只要能够以合适的方式进行传播，人人都可以理解和掌握。而且一旦掌握了专业的思想和精髓，对于学生提高对专业的认识，理解和掌握专业的知识（技能）是大有帮助的。正因为如此，作为专业文化课程教材，必须尽量用公众理解的非专业语言来揭示和讲清楚专业最基本的思想和最核心的精髓。如专业发展演变的过程、原因及其对人类文明发展做出的贡献，专业的核心价值、理想信念，专业的职业伦理、行为准则、独特的思维方式等等。教材的思想性和科学性也就全部体现其中了。

二是力求最大限度地激发学生的学习兴趣。兴趣是最好的老师。只有充分激发学生对专业的兴趣，才能充分调动学生学习的积极性和主动性。怎样激发学生的学习兴趣？我认为，最为重要的就是要焕发专业本身的魅力。任何专业都有它自身的魅力，关键在于我们能不能充分发现和展示它的魅力，让学生感受到它的魅力。因此，焕发专业自身的魅力，是专业文化课程教材能不能激发学生兴趣的关键。专业的魅力究竟体现在哪里？首先，体现在专业的历史地位和对人类文明发展做出的贡献上。以印刷出版类专业为例，造纸术、雕版印刷术、活字印刷术、激光照排技术是我国印刷技术和印刷文化发展史上最具标志性的技术革新，不仅在印刷发展史上具有重要地位，而且对人类文明的传播和发展产生了深远影响。因此，《印刷出版文化》课程就要以此为主线展示中国古代印刷术起源、发明、发展和外传的历史，彰显中华民族对人类印刷文明的贡献，激发学生的民族自豪感。其次，体现在专业的核心价值上。以护理类专业为例，护理的核心价值可以概括为“真、善、美”，即严守规范的科学精神、忠于职守的责任意识、一视同仁的平等精神、勇于探索的创新精神、以人为本的人道精神、关爱病人的仁慈精神以及全心全意的奉献精神。《护理文化》课程就要紧扣核心价值编写教材，彰显护理人员从行为举止到心灵对真、善、美的追求，增强学生的责任感与使命感。如果专业文化课程能让学生体会到专业的独特魅力，我相信一定能激发学生对于专业学习的浓厚兴趣。

三是注重培养学生独立思考的能力。培养学生独立思考的能力是职业院校文化育人的重要目标，专业文化课程教材也必须充分体现这一培养目标的要求。作为专业文化课程教材，必须让学生了解和掌握专业最基本的思想方法和独特的思维模式，以提高学生的思维能力。如《法律文化》要让学生了解和掌握法律思维模式的严密性和逻辑性。《ICT 文化》课程重点培养学生养成创新、创造的思维方式等等。同时，我们力求改变单纯知识灌输教育模式，注重启发式教学，要求各教学单元都要有案例分析、拓展阅读和体验性活动等内容设计，鼓励师生之间开展互动和讨论，调动学生学习的主动性和积极性，培养学生独立思考的能力。

四是突出职业教育特色。作为职业院校专业文化课程教材能否体现职业教育特色是教材质量的关键。为此，各专业广泛吸纳行业（企业）人员参与专业文化课程建设和专业文化教学活动，促进了专业与企业、行业、产业文化相互借鉴与融合。在教材编写过程中，各专业积极寻找专业文化和行业文化的切入点，融入了大量行业、企业和职业先进文化元素，突出了职业道德、职业情感、行为准则、行业规范等职业要素，强化学生的职业素养教育。例如，《会计文化》课程重点介绍会计从业人员“不做假账”的职业道德，对学生渗透诚实守信、廉洁自律、客观公正的职业素养。《旅游文化》注重将旅游行业（企业）的服务理念引入课程。这些职业要素的全面渗透有助于学生更好地适应未来职业岗位的素质要求。

五是力求突出职业院校学生的特点。由于种种原因，职业院校学生入学时文化成绩相对较低。因此，职业院校专业文化课程教材，不能一味引经据典，而要适合职业院校学生的消化能力和文化水平，多采用贴近学生生活的案例来说明问题。在编写体例上，力求做到图文并茂、新颖活泼；在文字表述上，尽量少用专业术语，多用公众语言，力求做到深入浅出，简洁明了，适应职业院校学生的阅读特点。

可以说，这套教材的编写是深圳职业技术学院等职业院校在教育部职业院校文化素质教育指导委员会的指导下，根据新形势下职业教育发展的需要，对职业院校文化育人课程改革和教材编写的一次重要探索，是文化育人理念的真正落地，充分体现了有关职业院校高度的使命意识和历史担当。我们衷心祝愿这套具有引领性、示范性的职业院校文化育人教材越编越好，充分满足各职业院校培养出更多具有较高文化素养、职业素养的技术技能型人才的需要，提升职业院校人才培养质量和水平。

陈 秋 明

2017 年 7 月

前 言

宣扬文化、展望未来是我们的编写方针。党的二十大报告第一次把科教兴国、人才强国、创新驱动发展三大战略放在一起集中论述，系统部署。教材编写组要在习近平新时代中国特色社会主义思想指引下，凝聚智慧和力量，加快建设教育强国、科技强国、人才强国，为以中国式现代化全面推进中华民族伟大复兴提供源源不竭的人才支持和智力支撑。我们所提供给您的，绝不只是一本书，而是关于汽车的历史、现状与未来，由浅入深、循序渐进。

汽车是一部精美的机器，发明至今已经走过了100多年的历程。毫无疑问，汽车极大地扩张了人们的生活半径，也改变了社会的产业结构、生产和生活方式，它将人类带入了一个全新的时代。汽车这个现代工业文明的杰出产物在给人们带来便捷生活的同时，也给人们带来了崭新的文化，人们对汽车的认识也不仅仅局限于它能作为交通运输的工具，而是一件融合了人类智慧结晶的工业艺术品。

进入21世纪，中国这个曾经的“自行车王国”真正迎来了汽车时代，在连续几年近乎井喷的跃进中，和汽车相关的行业都无一例外地迅猛发展起来。汽车驶入寻常百姓家，像服装、饮食文化一样，在保有量和使用率达到一定程度之后，人们开始追求更深层次的精神需要，汽车文化应运而生，成为21世纪中国的一个新名词。然而事实上，中国的汽车消费还停留在汽车社会的初级阶段，此时谈论汽车文化是否过早？中国的汽车文化真的降临了吗？与全球化氛围相对应，中国的汽车文化将如何培育并发展？

从广义上来讲，汽车文化可以分为两个方面，一方面是汽车本身的，另一方面是汽车折射出来的思想、观念和习惯等。每一种文化都有自己的表现方式和内涵。汽车作为一种划时代的现代工业产品，从诞生那天起，就被赋予了人类的价值观、生活形态、情感需求等，折射出了不同时代、不同人群的审美取向，形成了汽车文化的特有观念。汽车文化的具体体现主要是汽车本身所折射出的设计理念，其中所包含的设计元素实际上就是文化元素。美国、德国、日本、韩国的汽车，因为文化元素不一样，其设计的结果便不一样，当这些元素熔铸到汽车上，就表现出不同的文化。此外，一个成功的汽车品牌是需要花费很多的心血和资金才能打造出来的。欧洲车的品牌传承性非常高。把一代又一代传承的车型放到一起的时候，可以明显看出他们积累出的精华都在一条线上。而日本车，花样翻新很快，可能三代改款之后，已经认不出这款车了。这就是欧洲与日本汽车文化之间的差别，不同地区对汽车文化的认同是不一样的。

本书立足于汽车的历史演变和发展，透过人类追求自由行动之梦，谈论汽车的起源，以及汽车的诞生如何推动人类的文明进程。通过本书您还可以倾听到汽车界的传奇故事，欣赏渗透着文化底蕴的各种汽车运动、汽车博物馆、中外品牌等五彩缤纷的汽车大世界。在本书中您将领会到汽车人对于汽车本身品质的执着追求和渗透人心的企业管理、价值与规范的汽车精神。本书还将用通俗的语言为您展示汽车是如何制造出来的，汽车之美美在哪里？最后，汽车已经成为现代社会的必需品，它也带来了重重问题，如何实现汽车与人类社会的和谐发展？本书也尝试给出这些问题的答案。

通过本书，我们将能形成对汽车文化的深刻理解，从而对中国汽车文化沉淀和积累充满信心，中国汽车文化必将伴随汽车工业的蓬勃发展而在世界上独树一帜，展现中国深厚的文化底蕴。

本书是一本将知识性与趣味性合为一体的汽车文化素质类通识教材，为感受并传播和弘扬汽车文化正能量提供了一个很好的平台。本书也适合于爱好汽车、对汽车文化有兴趣、迫切希望了解汽车和社会、汽车与人类发展关系的人士阅读。

本书由贺萍、董铸荣主编，参加编写工作的有黄炳华（第一章）、潘浩（第二章）、韩承伟（第三章）、马德粮（第四章）、孙龙林（第五章）、王兆海（第六章）、张永波（第七章）、万霞（第八章）、董铸荣（第九章）。

曹家喆先生作为主审，多次对全书进行了认真审阅，并提出许多宝贵意见，使本书内容结构更为严谨，在此深表感谢！

本书在编写过程中得到商务印书馆苑容宏主任在教材精准定位、多维度视角等方面的指导，得到深圳职业技术学院谭属春研究员、王波副研究员、卿中全副研究员等人在如何体现教材文化特色并实现文化育人功能方面的指导，在此表示衷心感谢。

在本书编写过程中，我们参考借鉴了大量的图书和网络资料，并得到许多专家和同行的大力支持，我们谨代表本书全体编写者向参考文献的原作（著）者们，表示真诚的谢意。

由于作者的知识水平有限，书中难免有疏漏和不足之处，敬请广大读者不吝指正，深表谢意。

主编：贺萍、董铸荣

目 录

第一章　汽车史话：追寻人类自由行动之梦

【学习目标】

1. 了解汽车对人类社会产生的影响。
2. 了解车轮及汽车形态演变的过程。
3. 了解古代车的功用（战车、计里鼓车、指南车等）。
4. 熟悉蒸汽机的起源、改进与发展历史。
5. 了解以蒸汽机、燃气发动机为动力的汽车早期发展历史。
6. 熟悉以燃油发动机为动力的摩托车、三轮汽车及现代汽车的发展历史。
7. 了解汽车发展历史上的重要事件。

【教学提示】

1. 汽车的诞生和汽车技术的发展经历了漫长的过程，它演绎了人类追寻“神行”的梦想，承载了人类探索与创新的激情和智慧，一部汽车发展史就是人类社会发展历史和工业技术进步历史的缩影。

2. 蒸汽机的发明和改进点燃了人类自由行动之梦，燃气发动机、汽油发动机、柴油发动机的发明使现代汽车有了合适的动力源，电子通信技术和自动控制技术的发展让汽车如虎添翼。

3. 汽车技术和汽车工业的发展孕育了大批技术精英、管理精英、企业家精英。福特发明的流水线生产模式、丰田汽车的精益生产管理模式等为现代化、大规模工业生产建立了典范，提高了劳动生产力和资金运转效率，同时降低了生产成本，让汽车能够走进普通百姓之家，圆了千千万万普通人的汽车梦。

人类的自由行动之梦有几千年的历史。

汽车，实现了人类千百年来自由行动的梦想。

汽车，是人类文明和智慧的结晶。

汽车，是流动的音符。

汽车，代表着人类行走的艺术。

汽车，体现了科技的巨大力量。

汽车，改变了我们对时空的感觉。

汽车，改变了城市的形态。

汽车，改变了我们的工作及生活方式。

汽车，彻彻底底地改变了人们的思维模式。

汽车，改变了整个世界。

汽车，带给我们太多的改变，同时也给我们带来诸多的问题。

汽车，已经成为动力与时尚，驾驭与征服，个性彰显和兴趣爱好体现，令无数人为之倾倒和向往。

汽车是圆梦者，它圆了人类超越自身体能局限、在更为广阔的区域自由行动的千年梦想；汽车是推进器，它为世界工业化进程装上了一日千里的轮子；汽车是播种机，它改变了人们的生存方式和价值观念，播洒下现代社会高度文明的种子。①

汽车，是人类社会近一百多年来最伟大的发明创造之一。

汽车……

一辆现代高级轿车拥有几十个微电脑控制器（ECU）、上百个不同种类的传感器和执行器，在技术上可谓包罗万象。就单个产品而言，汽车的信息数据处理量仅次于航天飞机，可以说现代汽车是集传统制造技术和现代科学技术于一身的典型产品。

了解汽车背后的人物和故事，既可以作为闲暇时的娱乐消遣，也能透过成功者的经验和失败者的坚毅，给人以启迪和智慧，这岂不是一件很令人感到惬意的事。

那就让我们从汽车的发展历史开始漫步吧。

第一节　原始形态的汽车（1886 年以前）

汽车的英文名字是 Automobile，源自希腊语 auto（自己）和拉丁语 mobile（移动），意思是“自己移动”，即依靠自身动力装置进行驱动。人类发明轮子的时间约为公元前 4000—前 3500 年。自轮子发明后，人们就一直在致力于车的研制，旨在制造出不靠人力或畜力就能运动的车。从发明轮子到成功地制造出靠自身动力前进的汽车，经历了几千年。

自远古时期以来，人类从使用树枝拖架、滑橇、雪橇、滚木到发明车轮经历了一个漫长的过程。

车的最初形态可能是树枝拖架（如图 1-1），后来演变成滑橇（图 1-2）和雪橇

① 韩晋编著 . 名车的历史 :25 款世界经典名车 . 哈尔滨：哈尔滨出版社，2007.

（如图 1–3），拖架、滑橇和雪橇都属于滑动工具。把拖架或滑橇架在滚木上就成了车的基本形式，滚木又慢慢演变成片状轮子（图 1–4）。

图 1–1 树枝拖架 ①

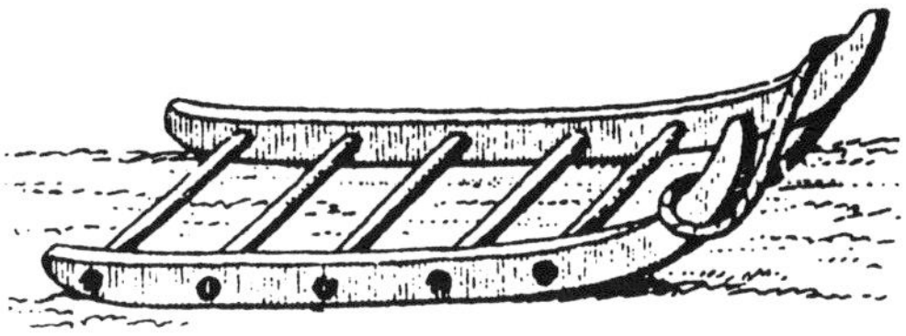

图 1–2 滑橇 ②

图 1–3 雪橇 ③

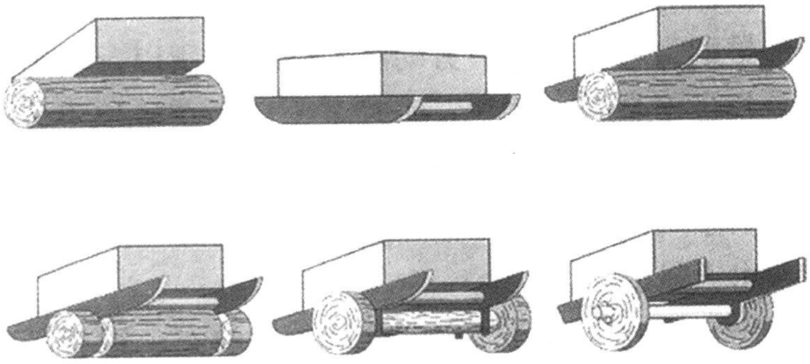

图 1–4 从滚木演变成片状轮子的过程 ④

大约在公元前 3500 年，在美索不达米亚（Mesopotamia）平原（今叙利亚、伊拉克一带）出现了早期的轮子，如图 1–5。

---

① （德）依科曼（Eckermann, Erik）著；孙伟译. 从蒸汽机到汽车：交通机动化. 北京：电子工业出版社，2006.
② 同上。
③ 同上。
④ 林平编著. 汽车史话：汽车发展史. 北京：电子工业出版社，2005.

图 1-5　美索不达米亚平原上的苏美尔人发明的实心轮[①]

到公元前 3000 年时，出现了轮轴，人们将轴装到手推车上，再把轮子装到轴上，轮子不直接和车身相连。以后，又出现了装有轮辐的车轮（图 1-6）。

图 1-6　早期的轮子[②]

相传在距今四千多年前，中华民族的先祖黄帝（公元前 2717—前 2599 年）在对蚩尤的战争中就使用了战车和指南车。

图 1-7　拉美西斯二世在战车上[③]

在埃及的壁画上，有古埃及第十九王朝法老拉美西斯二世（Ramesses II，公元前 1303—前 1213 年）在战车上的图画，如图 1-7。

2002 年出土的洛阳周王城“天子驾六”大型车马陪葬坑（东周时期，公元前 770—前 256 年，如图 1-8）规模宏大，车子类型多，摆放整齐，气势恢弘。中国古人是以驾车马匹的数量来区别主人身份的。士驾二，是指一般的贵族乘坐两匹马拉的车；诸侯驾四，是指诸侯国的国主们乘坐四匹马拉的车；天子驾六，是指天下的宗主周天子乘坐六匹马拉的车。

---

① 朱绍中等编著 . 汽车简史 . 上海：同济大学出版社，2008.

② 周兵，麦尔斯著 . 汽车百年 . 北京：金城出版社，2012.

③ 朱绍中等编著 . 汽车简史 . 上海：同济大学出版社，2008.

图 1-8“天子驾六”大型车马陪葬坑[①]

西汉时期（公元前 206—公元 23 年）发明的计里鼓车（图 1-9），是中国古代用于计算道路里程的车辆，又称“司里车”。计里鼓车上有两个木人，车行一里就击一次鼓。计里鼓车是帝王出行时的仪仗车。计里鼓车的秘密藏在一组与轮轴相连的减速齿轮机构上，两个木人被各自的中平轮控制，转一周动一次，很像现代汽车上的里程表。计里鼓车是今天的里程表、减速器的先驱，是科学技术史上的一项重大成就。

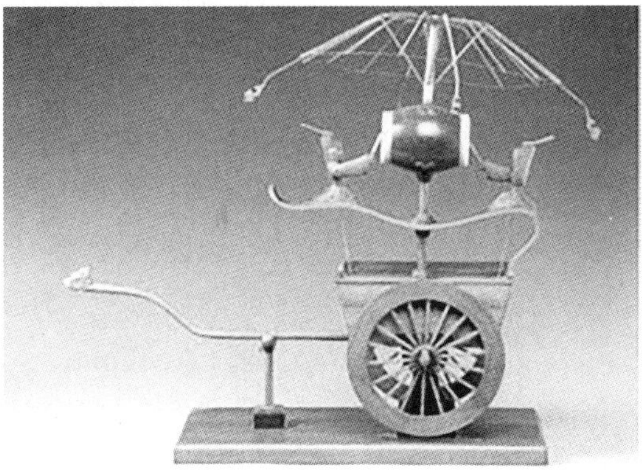

图 1-9　计里鼓车复原模型

图 1-10　三国时期马钧的指南车

据记载，三国时期（公元 220—280 年）马钧曾制造出了真正的指南车（图 1-10）。指南车是古代帝王出行的一种仪仗车，其原理是利用机械传动来指南，当车行走时，不管如何转弯，车上的木人手臂通过精巧的机构控制始终指向南方。西方学者认为它是一切控制机械的祖先，不仅在中国机械制造史上占有重要地位，在世界科技史上也有很大影响。

1600 年，荷兰人西蒙·斯蒂文（Symon Stevin）建造了风力车（图 1-11），它实际

① 朱绍中等编著 . 汽车简史 . 上海：同济大学出版社，2008.

上是在帆船上装了四个车轮，或者说是在马车上装上了桅帆。

图 1–11 斯蒂文的风力车（1600 年）①

在人类历史上很长的一个时期，人们一直在寻找可以替代人力、畜力、风力、水力的更快捷、更有力量、更有耐力、更方便的动力源。直到蒸汽机的出现，才给人们带来一线希望的曙光。

图 1–12　希罗的汽转球（公元 1 世纪）②

世界上第一台蒸汽机原理机是由古希腊数学家亚历山大港的希罗（Hero of Alexandria）于公元 1 世纪发明的汽转球（Aeolipile），如图 1–12 所示。希罗把一个空心球用轴杆装在一个加热容器上，球上有两个和圆相切但方向相反的喷口，当蒸汽进入空心球后，从喷口喷出，就会推动空心球转动，这是蒸汽机的最早雏形。

1679 年法国物理学家丹尼斯·帕潘（Denis Papin，1647—1712）在观察蒸汽从高压锅逸出后制造了第一台蒸汽机的工作模型。

1698 年英国工程师托马斯·萨维利（Thomas Savery，1650—1715）在抽气机的基础上，制造了第一台用蒸汽作为动力的矿用抽水机（图 1–13）。

图 1–13　萨维利的蒸汽抽水机（1698）③

1712 年英国人托马斯·纽科门（Thomas Newcomen，1664—1715）在萨维利蒸汽机的基础上制成了纽科门蒸汽机

① （德）依科曼（Eckermann，Erik）著；孙伟译．从蒸汽机到汽车：交通机动化．北京：电子工业出版社，2006.

② 朱绍中等编著．汽车简史．上海：同济大学出版社，2008.

③ 帅石金编著．汽车文化（第 2 版）．北京：清华大学出版社，2007.

（图 1-14）。

真正具有实用价值的蒸汽机是由英国机械师和发明家詹姆斯·瓦特（James Watt，1736—1819）在总结前人经验的基础上发明出来的。从 1765 年到 1790 年，他进行了一系列改进发明和试验，比如分离式冷凝器、汽缸外设置绝热层、用油润滑活塞、行星式齿轮、平行运动连杆机构、离心式调速器、节气阀、压力计等等。瓦特蒸汽机的效率比纽科门蒸汽机的效率提高了 3 倍多，瓦特最终制造出了现代意义上的蒸汽机。

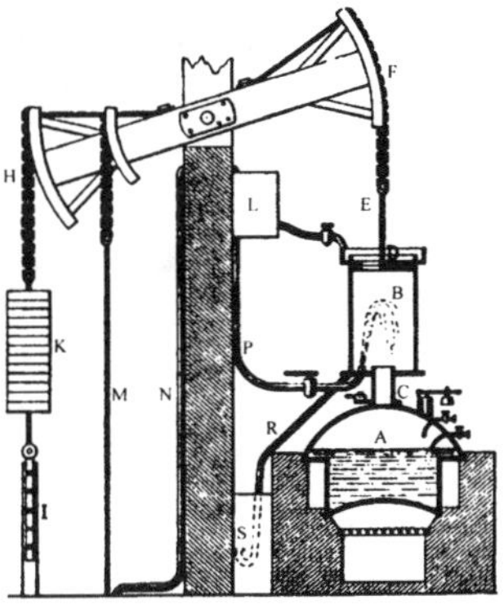

图 1-14 纽科门的蒸汽机①

瓦特的第一个巨大的改进是将汽缸与凝结缸通过一个阀门分开，这个改进提高了蒸汽机的效率，并于 1769 年取得了英国的专利，如图 1-15。他的第二个改进是将阀门的操作自动化。瓦特的创造性工作促进了蒸汽机的发展，他使原来只能抽水的机械成为了可以普遍应用的蒸汽机，并使蒸汽机的热效率成倍提高、煤耗大大降低。因此瓦特是蒸汽机的重要改良者。

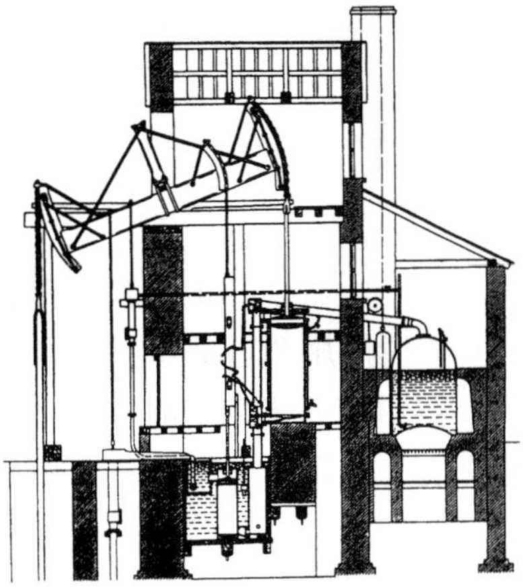

图 1-15 瓦特的蒸汽机（1769 年）②

1770 年法国工程师古诺（Nicolaus Joseph Cugnot）制造出以蒸汽机为动力的三轮汽车（图 1-16），其最高车速为每小时 4 公里，载重 7 吨。

图 1-16 古诺以蒸汽机动力的三轮汽车（1771 年）③

① 朱绍中等编著．汽车简史．上海：同济大学出版社，2008.
② （德）依科曼（Eckermann，Erik）著；孙伟译．从蒸汽机到汽车：交通机动化．北京：电子工业出版社，2006.
③ 同上。

1860 年法国人雷诺伊（Étinne Lenoir）开始批量制造燃气发动机，并把它装到了一辆三轮车上，图 1-17 是雷诺尔的燃气机三轮车。

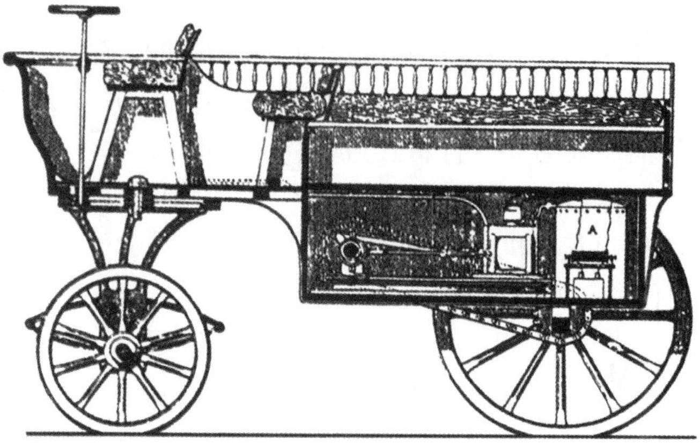

图 1-17　雷诺尔的燃气机三轮车（1863 年）①

1862 年德国商人、工程师及发明家奥托（Nicolaus August Otto）完成了自己设计的第一台四冲程工作原理的四缸试验燃气发动机。1876 年他使用改进的单缸试验机（图 1-18）创造出了四冲程工作过程。奥托的四冲程发动机结束了人们历时 200 多年寻找更快捷、更有力量、更有耐力、更方便的动力源的艰难历程。十年后，四冲程发动机成为汽车的动力源。

图 1-18　奥托的燃气发动机（1876 年）②

① （德）依科曼（Eckermann，Erik）著；孙伟译 . 从蒸汽机到汽车 : 交通机动化 . 北京：电子工业出版社，2006.
② 同上。

第二节 “奔驰一号”的诞生及其影响

19 世纪末期，随着石油的发现与开采、内燃机的发明与应用以及钢铁等冶炼业的快速发展，这些工业革命和技术创新的成果促成了第一辆以汽油作燃料、以内燃机为动力的汽车在德国的诞生。

1886 年 1 月 29 日是汽车发展历史上最值得纪念的日子。因为在这一天，德国工程师、发明家卡尔·本茨（Karl Friedrich Benz）为其研制的被称之为“奔驰一号”的以汽油发动机为动力的三轮汽车向德意志帝国专利局申请了汽车发明专利，使得该车成为世界上第一辆三轮汽车（图 1-19），这一天被公认为是“汽车诞生日”，本茨被称为“汽车之父”。其发明专利申请书如图 1-20 所示。

图 1-19 世界上第一辆三轮汽车——“奔驰一号”（1885 年）①

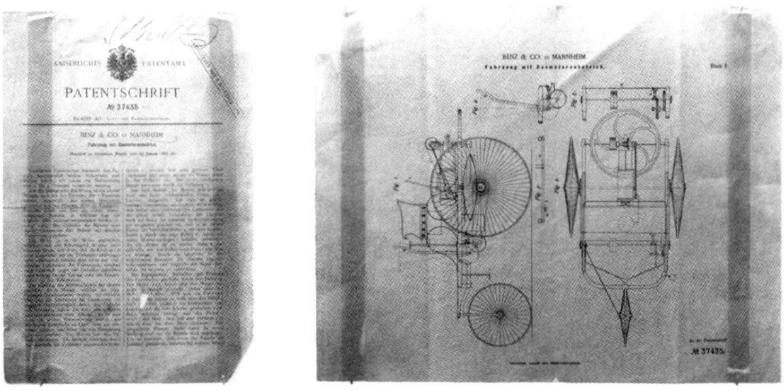

（a）专利说明书　　　　（b）专利说明书插图

图 1-20 本茨的汽车发明专利申请书（1886 年）②

---

① Peter Gerigk etc. *Kraftfahrzeugtechnik*（6.Auflage）. Braunschweig: Westermann Druck GmbH，2005.

② 周兵，麦尔斯著 . 汽车百年 . 北京：金城出版社，2012.

在汽车诞生之前，马车是除火车之外最主要的陆路交通工具。虽然自1769年古诺制成了第一辆具有实用价值的蒸汽车以后，人们也不断试图对蒸汽车进行改进，但是由于蒸汽车始终离不开锅炉，致使其车体笨重、效率低下、操作困难等问题无法根本改变。此外蒸汽机不断排出大量浓烟和蒸汽，使乘客和路人都难逃烟熏火燎之苦。还有蒸汽机事故频发，也让很多人对蒸汽车望而却步。

1876年，奥托的四冲程发动机研制成功。奥托发明的内燃机体积小、转速高、马力大，为许多发明家所青睐。他们尝试着用内燃机替代笨重的蒸汽机装到车上，由此出现了以内燃机为动力源的汽车。

图1–21“奔驰一号”汽车的结构①

1885年，本茨制成了一台四冲程单缸汽油机，以此汽油机为动力，本茨制作了一辆三轮汽车——“奔驰一号”汽车，其发动机安装在后轮车架上，通过链条和齿轮驱动后轮；为了提高乘坐舒适性，在车架和车轴间装有钢板弹簧悬架；采用钢丝辐条车轮和橡胶轮胎、前轮转向、把手制动、钢管车架等装置，使得该车具备现代汽车的一些基本特征（图1–21）。

1887年，卡尔·本茨建立了世界上第一家汽车制造公司——奔驰汽车公司。

谈到汽车的诞生，我们还不能忘记另一位伟大的现代汽车先驱者——德国工程师、发明家戈特利布·戴姆勒（Gottlieb Daimler），他同样被称为“汽车之父”。

戈特利布·戴姆勒是奥托内燃机研发团队的核心成员。1876年，奥托的四冲程发动机研制成功后，就这款发动机未来的发展方向，戴姆勒与奥托产生了分歧。奥托认为，四冲程发动机应该为工厂、矿山的大型机械设备提供动力。戴姆勒则主张，四冲程发动机应该和新型交通工具的开发联系起来，为一种全新的车辆提供动力。

图1–22　世界上第一台立式四冲程汽油发动机——“立钟”②

1883年，戴姆勒和迈巴赫对奥托四冲程发动机进行了改进，推出了世界上第一台立式四冲程汽油发动机（图1–22），并成功申报了专利。这台名叫“立钟”的汽

① 朱绍中等编著. 汽车简史. 上海：同济大学出版社，2008.

② 周兵，麦尔斯著. 汽车百年. 北京：金城出版社，2012.

油发动机体积小、重量轻、功率大、结构紧凑，转速在 600 转 / 分以上（当时大多数发动机转速不到 200 转 / 分）。其紧凑的结构和高效率尤其适合交通运输机械。

1885 年，戴姆勒和迈巴赫把他们发明的汽油机安装在一辆木制的两轮车上，世界上诞生了第一辆摩托车（图 1-23）。

图 1-23　戴姆勒发明的两轮摩托车（1885 年）①

1886 年，戴姆勒在迈巴赫的帮助下，将他们研制的“立钟”安装在一辆四轮马车上，并增添了传动、转向等机构，成功地制造出世界上第一辆四轮汽车——戴姆勒 1 号“无马之车”（图 1-24）。

图 1-24　世界上第一辆四轮汽车——戴姆勒 1 号“无马之车”②

1886 年，现代意义上的汽车终于出现在人们的面前。这是一部改变了世界的机

① Peter Gerigk etc. *Kraftfahrzeugtechnik*（6.Auflage）. Braunschweig: Westermann Druck GmbH，2005.

② 朱绍中等编著 . 汽车简史 . 上海：同济大学出版社，2008.

器，因为它的出现，人类的视野更加开阔，思维更加自由，活动更加便利。汽车历史从此翻开了崭新的一页。

第三节 人类迈入汽车时代

——汽车走进千千万万普通百姓之家

汽车发明之初，其制作采用纯手工的方式，这决定了它只能是皇家贵族极少数人能够享用的豪华奢侈品。汽车对普通老百姓是可望而不可即。

19 世纪末期到 20 世纪初叶，随着工业革命的进一步推进，生产技术不断完善，工业部门分工细化，世界第一次形成了较为成熟的现代大工业。以美国和德国为代表的新兴工业国迅速崛起，尤其是美国拥有得天独厚的自然资源、移民国家的优势、有利的政治社会环境，还有美国人的创新精神，使美国在 1894 年超越英国成为世界第一工业强国。

以汽车发明地德国为例，到 1901 年，德国共有 12 家汽车制造厂，职工总数为 1773 人，年生产汽车 884 辆；7 年后，汽车制造厂猛增至 53 家，职工达到 12430 人，年生产汽车 5547 辆，奔驰和戴姆勒是两家最大的汽车制造厂。到 1914 年第一次世界大战爆发时，德国汽车工业已基本成为一个独立的工业门类，汽车制造业有职工 5 万多人，年生产汽车 2 万辆，汽车保有量已达 10 万辆。

1900 年，美国有 1800 万辆马车，但汽车只有 8000 辆。1902 年，美国每 150 万人拥有一辆小汽车，两年后这个比例缩小到每 6.5 万人拥有一辆小汽车，到 1909 年变成了每 800 人拥有一辆小汽车。

图 1–25　福特 A 型车（1903）①

20 世纪初的美国已经完全具备大力发展汽车工业的条件。量产技术和科学管理的出现，使得汽车的大规模生产成为可能。

1903 年，一位爱尔兰血统的美国农民的儿子成立了自己的汽车公司，从此之后，世界汽车的发展因为他而改变，这个人就是亨利·福特（Henry Ford）。当时欧洲的汽车还是皇家贵族的专属品，普通人很难拥有，这个平民出身的工程师却一心想改变这种现

① 朱绍中等编著．汽车简史．上海：同济大学出版社，2008.

状，能让更多的人圆驾驶并拥有一辆汽车的梦想。当年他们就推出了性能稳定的A型车（图1–25）。福特A型车在不到一年的时间里就销售了650辆，实现了开门红。第二年，A型车月销量稳定在300辆，第三年月销量达到360辆，福特汽车公司因此成为底特律最繁忙的工厂。

从1903年到1908年T型车推出之前，福特公司成功研制了19款不同的汽车，按照字母顺序将它们命名为A型车到S型车。其中1906年问世的N型车是一款价廉物美的汽车，外形美观、性能良好，是福特的得意之作。

1908年10月1日，这是一个值得永远纪念的日子，经过几年的努力，福特T型车终于在这一天驶下了生产线（图1–26）。它与以往的汽车大有不同：它结构简单、驾驶方便、可靠耐用，最主要的是价格低廉，最初的售价只有850美元，而同期其他公司的汽车售价在2000—3000美元。T型车采用2.9升四缸汽油发动机，最大功率20马力，动力强劲；最高车速达67公里每小时；该车拥有结实的车轮、强韧的弹簧，没有设计任何为舒适和美观而附加的“多余”装置，经济实用。T型车低廉的价格和优秀的性能使它成为世界上第一辆真正属于普通老百姓的汽车，作为一种实用工具走入了寻常百姓之家，美国亦自此成为了“车轮上的国度”。

图1–26 福特T型车（1908）①

到1927年5月26日T型车停产时，福特公司在19年内共生产了15007034辆T型车，这个传奇记录保持了45年之久。直到1972年2月17日，德国大众汽车公司生产的“甲壳虫”打破了T型车的单车产量世界纪录。

T型车的生产是当时先进工业生产技术与科学管理相结合的典范，为汽车产业及制造业的发展做出了巨大贡献，在20世纪全球最有影响力汽车的评选中，福特T型车荣登榜首。

1999年，由专家和记者组成的评委在经历3年7轮投票之后，T型车在700辆候选车型中胜出，获得了“世纪之车”的称号。

可以说，T型车是真正的平民车、百姓车，它创造了汽车发展史上的传奇。

短短几十年，汽车就从一种皇家贵族享用的豪华奢侈品转变成为普通百姓都能拥有的日常交通工具，而汽车工业也随之蓬勃发展、不断壮大，并形成关联产业最

① Peter Gerigk etc. *Kraftfahrzeugtechnik*（6.Auflage）. Braunschweig: Westermann Druck GmbH，2005.

广、工业技术涉及范围最大的综合性工业门类。

福特T型车的极大成功，使得汽车走进了寻常百姓家，拥有一辆汽车已不再是梦想。这其中亨利·福特、福特汽车公司和他所发明的流水线生产模式功不可没。福特对人类社会的重大贡献，还在于他极大地促进了美国中产阶级的形成与发展，而中产阶级是社会稳定的重要基础。

在二十大报告中，习近平总书记着重指出，必须坚持在发展中保障和改善民生，鼓励共同奋斗创造美好生活，不断实现人民对美好生活的向往。随着我国人民生活品质的不断提高，我国汽车产业的不断发展，最新数据显示，截至2022年6月底，全国机动车保有量达4.06亿辆，其中新能源汽车1001万辆，突破千万辆大关，汽车也走入了中国人民的千家万户。

2021年，新能源汽车的消费者满意度已经追平了传统燃油汽车。在全球十大畅销新能源汽车车型中，有6款是中国品牌车型。2022年前五个月，自主品牌新能源乘用车消费占比超过了80%。过去10年，中国汽车产业在技术、产品、供应链等方面自研创新中不断进取，在全球汽车产业链中的大国地位越来越凸显。未来，我国汽车企业更应该坚持科技创新，以更好的产品来增进民生福祉，提高人民生活品质。

讨论与思考

1. 说说轮子的发明与改进对汽车的作用和意义。
2. 简述蒸汽机的发明与改进过程。谁是蒸汽机的发明者？
3. 亨利·福特对汽车工业发展做出的主要贡献是什么？

书目推荐

1. 亨利·福特著，梓浪、莫丽芸译：《我的生活与工作》，北京邮电大学出版社，2015.11。本书介绍了一位笑看风云、功成名就的“企业家”的心路历程；一位特立独行、洁身于金钱世界中的“管理者”的内心独白；一个爱憎分明、无私付出却又拒绝赞美的“梦想家”的真实写照。当他来到人世时，这个世界还是马车时代。当他离开人世时，这个世界已经成了汽车世界。他就是亨利·福特，有史以来最有影响力的企业家。美国学者麦克·哈特所著的《影响人类历史进程的100名人排行榜》一书中，亨利·福特是唯一上榜的企业家。

2. 小艾尔弗雷德·斯隆著，刘昕译：《我在通用汽车的岁月：斯隆自传》，华夏出版社，2014.1。斯隆，美国企业家，是一位传奇式领袖，被誉为一位成功的职业经理人，担任通用汽车公司的第八任总裁（长达25年），斯隆是在管理与商业模式上创新的代表人物。斯隆在汽车行业50多年的管理经验，不仅使自己成为20世纪最伟大的企业家，而且，他是职业经理人的概念的创始人，对现代管理理论的形成和发展做出了伟大的贡献。只有屈指可数的商业著作能够历经数十年的考验而成为经典，《我在通用汽车的岁月》就是这样一本伟大的著作。斯隆是过去 75 年来最伟大的创新者，20 世纪最伟大的 CEO。

“如果你只想选一本商业著作来读的话，我认为，斯隆的《我在通用汽车的岁月》可能是你所能读到的商业著作。”——比尔·盖茨

3. 本田宗一郎著，孙曼译：《匠人如神》，民主与建设出版社，2016.5。本田宗一郎，日本本田技研工业株式会社创始人，“二战”后日本经济奇迹的创造者之一，享誉全球的技术型企业家和创新大师，与松下幸之助、稻盛和夫、盛田昭夫并称为“日本经营四圣”。本田宗一郎是继亨利·福特后，世界上第二个荣获美国机械工程师协会颁发的霍利奖章的汽车工程师。他从学徒开始，一手缔造了世界 500 强企业。本书文字简洁，涵盖领域却非常广阔，涉及创业、学习、家庭、团队精神、技术、产品设计、时间管理、竞争、合伙人、经验、成长……本书汇聚了本田宗一郎一生的成功心得，阐述了他对事业、商业、成长、创新、人生等重大问题的看法。

4. 孙鹏飞编著：《艾柯卡》，中国社会出版社，2015.1。李·艾柯卡（美国商业偶像第一人），1924 年出生于美国宾夕法尼亚州一个意大利裔家庭。他是美国的汽车业奇才和著名企业家。艾柯卡 22 岁以推销员的身份加入福特公司，25 岁成为地区销售经理，38 岁成为福特公司副总裁兼总经理，46 岁升为公司总裁。他在福特公司时创下了空前的汽车销售纪录，他还把曾经濒临倒闭的克莱斯勒汽车公司拯救了出来，使公司获得了数十亿美元的利润，为当时处于逆境的大批企业家树立了榜样，成了他们不断前进的动力，也成了汽车界的风云人物。特别是他那锲而不舍、转败为胜的奋斗精神，使他成为了美国人心目中的英雄，受到大家敬仰和崇拜，成为了美国商业偶像第一人。

拓展阅读

汽车发展大事年表

大约在公元前 4000 年，人类发明了片状轮子。

公元前 3500 年，在美索不达米亚平原（今叙利亚、伊拉克）出现了轮子。

公元前 2717—前 2599 年，黄帝在对蚩尤的战争中使用了战车和指南车。

公元前 1303—前 1213 年，埃及第十九王朝法老拉美西斯二世使用马车。

公元前 206—公元 23 年，西汉时期我国发明了计里鼓车。

公元 1 世纪，古希腊数学家希罗发明的汽转球——蒸汽机的最早雏形。

公元 220—280 年，三国时期马钧制造出指南车。

1600 年，荷兰人西蒙·斯蒂文建造出风力车。

1712 年，英国人托马斯·纽科门制成第一台实用的蒸汽机。

1769 年，英国人瓦特对蒸汽机做出了重大改进，使其热效率成倍提高。

1771 年，法国工程师古诺制造出世界第一辆以蒸汽机为动力的三轮汽车。

1801 年，法国人胡博辛发明燃气发动机。

1804—1813 年，法国人瑞瓦茨最早尝试以燃烧式发动机用于道路车辆上。

1807 年，美国人富尔顿发明蒸汽轮机船。

1814 年，英国人史蒂芬森制造出世界上第一台蒸汽机火车。

1839 年，美国化学家固特异意外发明了硫化橡胶。

1858 年，法国人罗纳因发明了用电来点火的陶瓷火花塞。

1859 年，美国宾夕法尼亚州钻出世界上第一口油井。

1860 年，法国人雷诺研制成功电点火的煤气内燃机。

1866 年，德国科学家西门子制造出世界上第一部电动机。

1876 年，德国人奥托制造出由进气、压缩、膨胀做功、排气四个过程组成的四冲程发动机，其工作原理被称为“奥托循环”。

1878 年，英国人克拉克研制成功二冲程内燃机。

1881 年，德国西门子公司研制出有轨电车并投入运行。

1883 年，戴姆勒和迈巴赫制造出世界上第一台立式四冲程高速汽油内燃机。

1885 年，戴姆勒和迈巴赫制造出世界上第一辆两轮摩托车。

1885 年，本茨成功地制造了以汽油内燃机为动力的三轮汽车。

1886 年 1 月 29 日，本茨获得世界上第一个三轮汽车发明专利。

1886 年，戴姆勒制造了第一辆以汽油内燃机为动力的四轮汽车。

1887 年，德国企业家博世发明了断开式点火装置。

1888 年，英国人邓禄普发明了充气轮胎。

1892 年，德国工程师狄塞尔申请并获得了第一个压燃式发动机（柴油机）发明专利。因此，柴油发动机被称为狄塞尔发动机。

1894 年，法国巴黎—鲁昂 126 公里可靠性比赛——最早的汽车赛事。

1894 年，法国“世界自行车、汽车博览会”——最早的汽车展览。

1895 年，米其林制造出充气轮胎。

1896 年，操作灵活、省力方便的轮船转向舵被安装在新生产的汽车上。

1897 年，德国人狄塞尔研制成功柴油发动机。

1897 年，德国人波尔舍制造出第一辆电动汽车。

1898 年，美国的汽车首次使用了前轮盘式制动器。

1901 年，匈牙利人李恩时将两辆汽车带入上海。

1902 年，德国企业家博世开发出高压电磁点火装置。

1902 年，美国工程师沃尔特·贝克赛车时意外发明了安全带。

1903 年，法国化学家别涅狄克意外发明了夹胶玻璃。

1906 年，法国举行首次勒芒汽车大奖赛。

1908 年 10 月 1 日，福特汽车公司推出第一辆 T 型车。

1909 年，美国印第安纳州建成第一条高速赛车道。

1911 年，法国标致公司设计出了第一辆四轮制动器汽车。

1912 年，美国通用公司发明了汽车电起动马达。

1913 年，世界上第一条现代意义的汽车生产流水线在福特高地公园工厂的发电机车间建成。

1914 年，美国底特律出现第一个管理交通的信号灯。

1920 年，开始采用液压制动系统和电磁感应式高压点火系统。

1920 年，美国建成世界上第一条高速公路，全长 191 公里。

1921 年，德国兰普勒设计制造流线型汽车——“水滴”。

1922 年，汽车有了收音机。

1923 年，法国勒芒首次举办 24 小时汽车赛。

1924 年，美国通用汽车公司建成世界上第一个汽车试验场。

1927 年，通用汽车艺术及色彩部成立，通用汽车成为全球各大主要汽车厂中第一家设立艺术设计部门的汽车公司。

1928 年，最后一辆福特 T 型车下线，累计生产 15007034 辆，这个传奇记录保持了 45 年。

1931 年，德国奔驰首先在汽车上运用独立悬架系统。

1931 年，中国试制成功民生牌 75 型汽车。

1934 年，美国克莱斯勒公司的流线型汽车“气流”问世。

1934 年，法国雪铁龙公司批量生产前轮驱动汽车“雪铁龙 7A”。

1935 年，全球汽车保有量达到 3500 万辆。

1936 年，德国奔驰公司开始系列化生产以柴油机为动力的 260D 型轿车。

1937 年，由保时捷设计制造的甲壳虫型汽车成为当时流线型汽车的代表作。

1938 年，汽车史上第一辆概念车别克 Y-Job 诞生。

1939 年，汽车有了车内空调。

1939 年，汽车上开始使用液压自动变速器。

1940 年，美国班塔姆汽车公司试制成功世界上第一辆吉普车。

1945 年，德国大众汽车公司开始批量生产“甲壳虫”汽车。

1946 年，法国米其林子午线轮胎问世。

1949 年，米其林公司生产出首条低压斜交轮胎和钢带轮胎。

1950 年，英国第一场世界一级方程式赛车锦标赛在银石赛道举行。

1950 年，英国罗孚公司制造出首台用于汽车上的蒸汽透平机。

1953 年，全球汽车年产量突破 1000 万辆。

1953 年，中国第一汽车制造厂破土动工。

1953 年，汽车安装了防撞雷达。

1954 年，德国工程师王克尔制造出旋转式活塞发动机，并于 1964 年开始投入批量生产。

1956 年，中国第一辆“解放”牌卡车下线。

1958 年，中国第一辆“红旗”牌轿车试制成功。

1959 年，全球汽车保有量突破 1 亿辆。

1959 年，中国上海汽车装配厂试制成功“凤凰”牌轿车。

1963 年，全球汽车年产量突破 2000 万辆。

1964 年，中国北京 BJ212 型吉普车下线。

1964 年，德国第一辆装有转子发动机的轿车问世。

1965 年，美国颁布实施《净化空气法案》，控制汽车尾气排放。

1966 年，博世公司开始批量生产电子控制汽油喷射装置（D–Jetronic）。

1967 年，中国第二汽车厂破土动工。

1970 年，安全带开始用于驾驶员和副驾驶员座位。

1970 年，德国奔驰公司研制出模拟防抱死制动系统。

1970 年，美国第一辆“运动型多功能车”（SUV）问世。

1971 年，全球汽车年产量突破 3000 万辆。

1971 年，中国汽车年产量超过 11 万辆。

1972 年，氧传感器闭环控制的废气催化转化器用于汽车发动机。

1973 年，世界汽车拉力锦标赛诞生。

1973 年，中国第二汽车制造厂自主研发的“东风”牌卡车下线。

1974 年，大规模采用无触点点火装置。

1978 年，制动防抱死系统（ABS）开始用于轿车制动系统。

1980 年，日本汽车年产量超过美国，排名世界第一。

1980 年，日本研制成功液态氢燃料汽车。

1980 年，安全气囊被大规模安装在汽车上。

1982 年，中国汽车保有量超过 2000 万辆。

1982 年，发动机电子控制系统（Motronic）开始应用于汽车发动机上。

1983 年，中国上海大众汽车公司首辆“桑塔纳”轿车下线。

1984 年，安全带张紧装置用于汽车上。

1990 年，德国奔驰公司开发出燃料电池汽车。

1990 年，美国通用汽车公司推出现代电动汽车。

1992 年，中国汽车年产量突破一百万辆，达到 1061721 辆。

1995 年，全球卫星定位系统（GPS）开始在汽车上应用。

1995 年，中国汽车保有量超过 1000 万辆。

1995 年，批量生产采用汽油缸内喷射技术的发动机。

1997 年，共轨柴油喷射系统用于轿车柴油发动机上。

1997 年，日本丰田公司开始批量生产混合动力轿车——普锐斯。

2000 年，柴油轿车开始安装粉尘过滤器。

2001 年，电液控制制动系统批量安装到汽车上。

2002 年，中国汽车保有量超过 2000 万辆。

2003 年，德国最后一辆第一代“甲壳虫”汽车下线，累计产量达到 21529480 辆。

2004 年，中国汽车年产量达到 507 万辆。

2004 年，全球汽车年产量达到 6500 万辆。

2005 年，全球汽车保有量达到 8 亿辆。

2006 年，中国汽车年产量达到 719 万辆，成为世界上第三大汽车生产国。

2009 年，中国汽车产销量均突破 1000 万辆，超过美国，成为世界第一。

2010 年，中国首批 5 个城市开始实施私人购买新能源汽车补贴试点方案。

2011 年，全球汽车保有量已突破 10 亿辆。

2012 年，国务院发布《节能与新能源汽车产业发展规划 (2012–2020 年)》为中国节能与新能源汽车产业的发展指明了方向、明确了任务、提供了保障。

2013 年，“汽车三包”(《家用汽车产品修理、更换、退货责任规定》) 正式实施。

2014 年，对获得许可在中国境内销售（包括进口）的新能源汽车，免征车辆购置税。

2015 年，中国汽车产销量超过 2450 万辆，创全球历史新高，中国市场连续七年蝉联全球第一。

2016 年，面对万亿级的汽车市场，传统车企和互联网巨头等市场参与方纷纷加大了在智能汽车领域的布局。中国第一个国家智能网联汽车试点示范区在上海投入运营。

2017 年，中国汽车产销量 2900 万辆，其中新能源汽车产销均接近 80 万辆，同比增长超 50%。

2018 年，中国智能网联汽车道路测试管理规范正式出炉，自动驾驶技术作为智能化汽车的一个重要内容，已经被公认为未来汽车发展的主要方向。

2019 年，中国汽车保有量达 2.6 亿辆，新能源汽车保有量达 381 万辆。

2020 年，中国新能源汽车保有量达 492 万辆，新能源汽车增量连续三年超过 100 万辆，呈持续高速增长趋势。

2021 年，跨界造车再起风云，造车的门槛大幅降低，智能电动产业持续看好，助推整个行业的发展。

第二章　汽车与社会：推动人类文明进程

【学习目标】

1. 了解汽车发展历史进程中一些经典的科技创新活动及其对汽车发展所产生的深远影响。

2. 理解汽车创新活动与科技进步的相互关系。

3. 理解汽车文化所包含的内涵以及了解汽车文化的演进。

4. 能够辩证地分析汽车发展给人类生活带来的积极的和消极的影响。

5. 能够分析当今汽车发展的趋势以及应对汽车发展带来的社会问题。

【教学提示】

1. 用故事案例的方式诠释汽车科技发展的历史进程以及对人类社会所产生的影响。

2. 引导分析与汽车有关的文化形式，合理阐释汽车文化的丰富内涵。

3. 用案例分析汽车发展与城市的发展以及人类生活方式变化的密切关系。

4. 较为全面客观地分析当前汽车发展存在的主要社会问题。

5. 能够从科学发展的视角提出应对汽车发展中存在的社会问题的主要对策。

汽车是人类社会进程中最伟大的发明之一。自 19 世纪末诞生的一个多世纪以来，人类的科技创新在不断地改变着汽车，汽车的发展也在不断改变世界和身处其中的人们，汽车与人类社会已经达到了水乳交融的地步。探寻汽车发展的轨迹，可以看到技术创新的力量，可以看到人类梦想的不断延伸，可以看到城市文明的不断演进，看到人类永不停歇的智慧探索。汽车的发展促进了科技的快速发展，改变了世界文明的进程，为人类创造了崭新的价值观念和生活方式，给人类带来了无尽的欢乐，承载着人类永不停歇的前行梦想。今天，汽车更是以其惊人的发展速度渗透到人类社会活动的各个领域，成为了 21 世纪现代文明的主要标志。也正是汽车的快速发展，给和谐社会的发展带来了不可回避的麻烦和忧愁——能源危机、交通拥堵、环境污染……但不容置疑的是，人类一定会以巨大的勇气和不断创新的力量去化解汽车发展进程中带来的各种问题和困扰，不断推动汽车文明健康前行。

第一节 创新的力量

汽车百年的发展进程承载着无数经典的创新史话，创新无疑成为了汽车发展永恒的主题。党的二十大报告指出，坚持创新在我国现代化建设全局中的核心地位。在高质量发展过程中，科技创新特别是科技与产业的高度融合，将不断推动汽车行业向前发展。一次次科技的创新推动汽车技术的变革，一次次汽车设计理念的创新推动汽车外型的变迁，创新的力量使汽车变得越来越完美，使汽车更快更好地融入人类社会。与此同时，汽车的发展也在推动人类科技的不断创新和进步，不断改变人类社会的生活方式。汽车与科技的相互促进发展，推动社会快速迈入现代工业文明。

一、科技创新推动汽车不断走向成熟

早在 1886 年，德国人卡尔·本茨发明第一辆汽油发动机汽车后，汽车的技术创新就快速地拉开了序幕。不久欧洲的街头也逐渐开始出现了汽车的身影，但当时这种汽车结构非常简单，外形也非常简陋，没有封闭的驾驶舱，外形基本保持马车的特点。尤其是驾驶起来既费劲又缺乏安全保障，摇动手柄启动发动机，非常得费力又不安全，在行驶的过程中还会经常出故障，需要不断的进行修理，非常得不方便。因此，这种汽车在当时仅仅是作为一种实验品，根本无法取代马车成为真正的交通工具。虽然当时的汽车跟当今的汽车根本无法相比，无法成为真正改变人们出行方式的交通工具，但是汽车的技术革新由此拉开大幕。

19 世纪末以来的一个多世纪，创新的力量催生了科技的发展，使汽车逐步走向成熟，汽车的速度、安全度、舒适度等各方面的综合性能得到了极大的提升和优化，汽车不再是一个简单的实验品，而是真正成为了人类不可或缺的重要伙伴，改变了人类的生活方式。

（一）汽车轮胎的发展——汽车穿上了现代化的鞋子，并推动橡胶工业的向前发展

木制或铁制的车轮是早期汽车车轮的主要类型，这种车轮在当时的路面条件下行驶起来，情况非常的糟糕，造成车体非常的颠簸、不舒适。车轮材料面临着一次迫在眉睫的改进，而就在此时，一种改变汽车轮胎命运的材料诞生了，这就是硫化橡胶。1834 年，美国化学家查尔斯·固特异（Charles Goodyear）开始进行软橡胶硬化的试验。经过多次的试验，他发现了硫化橡胶在受热的时候不仅不会粘连而且弹性还较好，硫化橡胶由此而真正诞生了，轮胎制造业也由此进入了橡胶时代。卡尔·本茨发明的第一辆汽油机汽车就是使用的硫化橡胶制成的轮胎，在一定程度上提高了轮胎与地面的附着度，同时也降低了路噪，但是这种实心橡胶轮胎产生的颠簸还是比较厉害。1887 年，英国人约翰·邓禄普（John Dunlop）发明了空心橡胶轮胎，这种轮胎能较好地吸收震动，使汽车的乘坐舒适性能得到较大的改善。但真正将可拆卸充气轮胎装配于汽车上的是法国的米其林（Michelin）兄弟，1895 年米其林兄弟用装配好充气轮胎的汽车参加了法国的一场汽车赛事。米其林兄弟在赛事上的卓越表现引发了极大的轰动，他们在比赛中所使用的充气轮胎也引起了业界极大的关注，充气轮胎在汽车上运用的效果首次得到了很好的证实，因此充气轮胎也开始真正地步入了汽车家族，汽车也真正地找到了最适合的鞋子。从此以后，充气轮胎为汽车动力性、安全性以及舒适性的不断提升提供了重要的保障条件。

图 2–1　查尔斯・固特异

图 2–2　约翰・邓禄普

图 2–3　米其林兄弟。左：安德列・米其林（1853—1931），右：爱德华・米其林（1859—1940）

轮胎虽然是汽车一个比较传统的、比较简单的部件，但事实上正是轮胎这个看起来并不起眼的橡胶制品支撑了汽车工业近百年来的飞速发展。当然，也正是由于人们对汽车性能要求的不断提升，汽车轮胎也在不断地革新和发展，从而也大大推动了橡胶工业的快速变革和发展。

（二）汽车制动装置的优化——不断提高汽车的安全性能

从一百多年前汽车诞生以来，汽车的安全性就成为了人们关注的焦点。如何让汽车的速度越来快的同时，安全还能得到有效的保证，这成为了汽车人不断探索和突破的关键问题。经过一百年多年的发展，汽车的制动装置不断被革新，制动性能也跟随着制动装置的优化不断被提升。直至今天，汽车的制动装置已经能很好地保证汽车在高速行车时的安全要求，从而使车的各种驾驶乐趣不断地被释放。

早期汽车的制动装置非常的简单，仅仅能满足车辆在较低的车速下慢慢停下来，其控制逻辑只是驾驶员操纵一组简单的机械装置给制动器施加制动力，输出的制动力并不大。但由于当时的车辆质量较小、行驶速度也较低，这种机械制动方式也基本能满足车辆制动的需要。但随着汽车的不断发展，汽车越来越重，速度越来越快，简单的机械制动装置已不能满足安全的要求。这时，真空助力装置开始研制出来。1932 年生产的质量为 2860kg 的凯迪拉克 V16 车四轮采用直径为 419.1mm 的鼓式制动器，并配有制动踏板控制的真空助力装置。林肯公司也于 1932 年推出 V12 轿车，V12 轿车采用了真空加力器的鼓式制动器。随着科技高速发展的成果在汽车业界的应用，汽车制动装置类型又有了新的突破，液压制动又成为了汽车制动的新宠。Duesenberg Eight 车型开创性地使用了轿车液压制动器。通用和福特分别于 1934 年和 1939 年采用了液压制动技术。

1936 年，汽车制动方面的技术创新又迎来了一次具有重要的意义的突破，一项电液控制的 ABS 装置被博世公司研发出来并申请专利，由此拉开了 ABS 系统在汽车上运用的序幕，从而大大地提升了汽车的制动安全性。随后的几十年里，ABS 系统又不断地被革新优化。1969 年福特汽车使用了真空助力的 ABS 制动器；1971 年，克莱斯勒车应用了四轮电子控制的 ABS 装置；1979 年，默·本茨推出了一种性能可靠、带有独立液压助力器的全数字电子系统控制的 ABS 制动装置；1985 年美国开发出带有数字显示微处理器、复合主缸、液压制动助力器、电磁阀及执行器“一体化”的 ABS 防抱装置。随着大规模集成电路和超大规模集成电路技术的出现以及电子信息处理技术的快速发展，ABS 系统的性能不断被优化，成本也在不断降低。如今，ABS 装置成为汽车的标准配置。

（三）一个意外的发现——汽车转向装置的变革

1896 年，英国汽车制造商德雷克把操作灵活、省力方便的轮船转向舵安装到新生产的汽车上。但这种垂直安装的转向盘（如图 2-4）使驾驶员在操作时无法集中注意力看前进方向的路面情况，驾驶员还经常需要把身体直立起来，很辛苦，也不方便。

图 2-4　采用垂直方向盘的汽车

1897 年在英国考文垂的戴姆勒工厂里发生的一起意外事件彻底了改变了以前的汽车转向装置。一天，戴姆勒汽车厂的维修工人们正在大修一辆汽车，就在厂里的吊装工人准备把车身吊起来进行装配时，发生了一个意外，吊索的吊环滑脱，车身从空中坠落下来，正好砸在了汽车的方向盘和转向柱上，把已经装好的方向盘和转向柱压弯并向驾驶座倾斜。这起意外事件突然使工程师们意外发现了一个结果，向驾驶座倾斜的转向柱反而使得方向盘操作更加容易和方便。从此，戴姆勒的工程师就把汽车方向盘由原来的垂直式改成了倾斜式（如图 2-5），从而引发了转向装置的变革。

图 2-5　采用倾斜方向盘的汽车

（四）玻璃技术的创新——为汽车带上了安全的眼镜，并推动玻璃工业的变革

在今天看来，汽车安装的挡风玻璃和车窗并不算什么，作为汽车的标准部件也再普通不过了。但是，早期的车辆并没有挡风玻璃，开车的人都会带个风镜，以避免行车中的灰尘进入眼睛。由于没有遮挡，下车后司机也是满身的尘土。这一状况使得开车的人非常苦恼。其实，这种没有挡风玻璃的车辆既不舒适也存在安全隐患。为了彻底改变这一现状，汽车人开始了探索，从而催生了玻璃在汽车上的应用。1905 年，在美国的福特汽车上开始使用由平板玻璃手工切割而成的玻璃作为汽车的挡风玻璃，人们的驾驶舒适度得到了提高，但也存在一个极大的安全隐患，那就是玻璃的易碎性将使汽车在发生事故时加大了人员伤亡的可能性，事实上确实也发生了不少因为玻璃破碎而致人伤亡的事件。如何改变玻璃易碎的特性使玻璃使用更加安全成为了当时科学家关注的焦点。一个偶然的发现又彻底改变了一切。1903 年的一天，法国化学家别涅狄克在打扫实验室的时候，不小心将一个玻璃烧杯碰到了地上，他惊奇地发现玻璃烧杯并没有摔成碎片，而是壁面上布满了裂纹，玻璃碎片却黏在一起。后来，他想起来原来这个杯中曾经装过硝酸纤维溶液，溶液挥发干净后，瓶壁上留下一层薄膜紧紧地贴在壁面上，使得杯子没有被摔得粉碎。就是这一偶然的发现，别涅狄克开始着手探索和制造这种打不碎的玻璃，并考虑将这种玻璃运用到汽车上，可以大大减少因玻璃破碎而造成的人员伤亡。后来它被人们叫作夹层玻璃或安全玻璃（如图 2-6），就是用两层普通玻璃中间夹上一层透明的硝酸纤维素。今天，这种玻璃又已经被不易老化变色的、强度更高的、韧性更大的聚乙烯醇缩丁醛（PVB）胶片所取代。如今，这种安全玻璃被广泛应用在了人们日常生活的方方面面，如展览橱窗、高楼玻璃窗等，玻璃的变革，从造福汽车迅速延展到人类生活的各个细节。还有一种安全玻璃叫作钢化玻璃（如图 2-7），可用作汽车侧窗及后挡风玻璃。钢化玻璃其实是一种预应力玻璃。为提高玻璃的强度，通常是将普通平板玻璃经过高温加热后快速冷却，在玻璃表面形成预压应力。玻璃承受外力时首先抵消表层应力，从而提高了其承载能力，即抗拉强度，而且一旦玻璃被损坏，由于预应力的作用，它会变成细小的颗粒状，没有尖锐的玻璃碴，从而减小对驾乘人员的伤害，因此是一种安全玻璃。

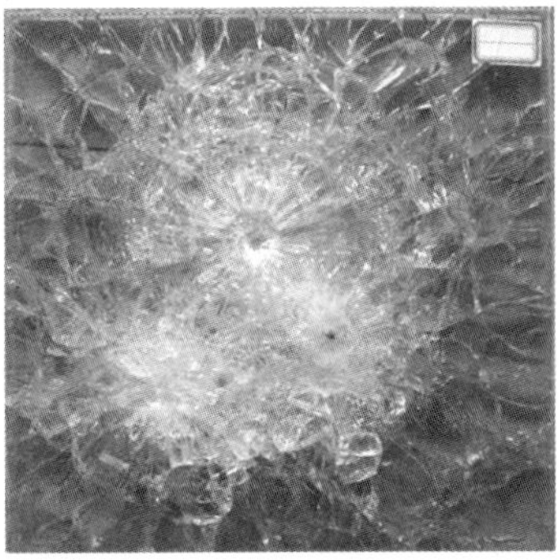

图 2-6 汽车安全玻璃——夹层玻璃及其破碎时情况

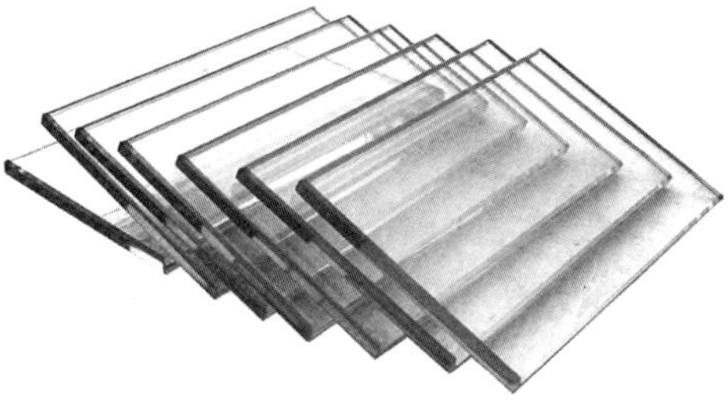

图 2-7 汽车安全玻璃——钢化玻璃及其破碎时情况

（五）人们对安全的追求催生汽车安全装置的发展

1902 年 5 月 20 日，美国纽约举办了一场汽车大赛，在这次大赛中，一名叫沃尔特·贝克尔的赛车手由于赛车失去控制，高速冲入人群，当场造成了 10 多人的伤亡，然而沃尔特·贝克尔本人却安然无恙。原来沃尔特·贝克尔赛前对车辆的一次简单处理挽救了他的性命。他在赛前检查车辆时发现汽车座椅不稳定，当时又来不及修理了，他就将皮带和绳子钉在了赛车座椅两侧的底板上，然后把自己和座椅一起牢牢地系好，就是这样的一次处理使得事故发生时自己没有飞出去。这应该就是人类历史上第一次使用安全带而取得的保护效果。今天，安全带已经发展得非常成熟，安全带已经成为车辆的标准安全配置，佩带安全带也已经成为了各国交通法规中的强制性规定。

随着汽车的速度越来越快，给驾驶员带来的不安全性因素越来越多，危害性也越高。因此，人类在不断提升汽车速度性能的同时，也在努力探索如何让汽车更加的安全。当前，有关汽车的安全设计和安全配置成了汽车制造者们考虑最多的问题。

各种安全车身结构设计、高强度钢的大量使用、激光焊接技术、安全气囊等在不断提高车的碰撞安全，车身稳定控制系统、碰撞预警系统、倒车可视系统、夜视系统等等，正逐渐成为现代汽车的安全配置，它们为驾驶者带来了全方位的安全保障，也使人们能够更多的在有安全保障的前提下体验驾驶乐趣和激情。

科技的创新发展推动汽车工业的不断演变、进化和发展，给汽车装上了飞翔的翅膀，汽车因科技的进步变得越来越完美。与此同时，汽车的发展变革要求也在不断推动着社会工业的变革和发展。

二、汽车工业的经典创新

（一）“帕纳尔系统”的全面应用，“梅塞德斯”开创汽车时代

图 2–8　埃米尔·耶利内克

在 19 世纪末，法国帕纳尔－勒瓦索公司的设计者们进行了一次汽车驱动布置形式的创新。他们将发动机装在汽车的前端，然后后端依次安装离合器、变速装置和齿轮传动装置，把驱动力传递至后轮，这种设计方案被称为“帕纳尔系统”。人们常常称这种方案为常规方案，这种布置形式成为了汽车设计史上的典范，至今许多汽车仍在沿用这种方式。

1901 年，戴姆勒发动机公司正式开始在汽车上应用“帕纳尔系统”，它首次被安装在威廉·迈巴赫设计的一辆汽车上。1901 年 3 月，戴姆勒公司一位名叫埃米尔·耶利内克（Emil Jellinek）的汽车推销商用装载“帕纳尔系统”的新赛车参加了“尼扎赛车周”，他把这辆赛车用他女儿（图 2–9）的名字“梅塞德斯”命名，而且他在赛车中取得了优异的成绩，战胜了所有的对手，一鸣惊人。从此，德国人就开始把戴姆勒－奔驰汽车习惯称之为“梅塞德斯”，“梅塞德斯”也开始开创崭新的汽车时代。图 2–10 是早年生产的“梅塞德斯”轿车。

图 2–9　梅塞德斯

图 2–10　梅塞德斯轿车

（二）福特T型车开创了汽车流水线作业的生产方式变革，极大提高了生产效率，推动了汽车工业时代的到来

1908年10月1日，底特律（美国的汽车城）开始生产一种以“福特”命名的汽车，型号为“T”型（图2-11）。这种T型汽车首次用大批量生产的部件在流水线上组装汽车，极大地提高了汽车的生产效率，而且汽车的生产成本也大大降低，使汽车真正能够成为普通老百姓的消费品。这种生产方式的变革不仅仅颠覆性地改变了当时的汽车制造业，而且为整个世界的工业界带来了生产方式的伟大变革，其重要意义不言而喻。

图2-11 福特T型车

图2-12 福特汽车生产流水线

福特的流水线作业方式（如图2-12）将一辆汽车的装配时间由原来的728个人工小时缩短为12.5个小时。随着流水线作业的不断完善，后来的生产速度已达到了每分钟一辆车的水平。由于采用了高效的流水生产作业，汽车的生产时间、生产成本大幅下降。在福特T型车之前，轿车的售价非常高，大约在4700美元左右，基本上是富人的专属产品。伴随福特流水线的大批量生产而来的是价格的急剧下降，T型车在1910年售价为780美元，1911年降到690美元，然后又降到600美元、500美元，1914年降到每辆360美元，从而让汽车成为广大消费者能负担得起的交通工具。直到1927年，福特在全球售出超过1500万辆汽车，占当时全球汽车销售总量的50%。

图2-13 安德烈·雪铁龙

（三）雪铁龙设计的前轮驱动汽车推动了汽车的设计革命，对汽车工业发展产生了深远影响

1934年，法国人安德烈·雪铁龙（A. Citroën）在汽车发展史上树起了第三个重要的里程碑。1934年3月24日，受雪铁龙委托的安德烈·勒费弗尔及其助手莫里斯·圣蒂拉创造了一款名叫“7A”（如图2-14）的前轮驱动汽车。这款汽车采用了前轮驱动、无底盘的车身结构，通过扭杆实现单轮减振以及液压制动等新的设计和技术。这些设计和技术首次在一辆车上得到全部体现，给汽车的性能得到了较大提升，事实也证明这种新的设计方案到今天也仍然未过时，成为了大多数乘用车的驱动方式。后来安德烈·勒费弗尔又设计了第二种汽车，即雪铁龙 ID/DS 型汽车，取代了“7A”汽车。

图 2–14　雪铁龙 7A

（四）“甲壳虫”汽车的神话

1931 年，戴姆勒汽车公司的总工程师费迪南德·保时捷（Ferdinand Porsche）离开了公司，在斯图加特建立了自己的汽车设计室，开始了自己的创业生涯。他一直致力于设计开发为大众使用的车型，但进展并不是很顺利，并一度陷入困境。1934 年，德国的政府要求制造一种最高时速 100 公里每小时、油耗每加仑 42 英里、能够载两个成人三个小孩的汽车，这给他的创造设计带来的新的希望。保时捷发现，和箱型汽车比起来，甲壳虫的外形设计更有优势，空气阻力更小，于是他把甲壳虫的造型结合到汽车外形的设计上。1937 年，保时捷设计制造的甲壳虫型大众汽车（图 2–16）迅速成为了当时流线型汽车的典范，并创造了惊人的销售记录，它宣告了甲壳虫汽车时代的来临。

图 2–15　费迪南德·保时捷

图 2–16　甲壳虫汽车

（五）难以超越的“迷你”汽车

图 2-17 亚历克·艾西贡尼斯

1959 年，亚历克·艾西贡尼斯带来了汽车工业发展中的又一次经典创新。他设计开发了一种“迷你”（Mini）的轿车（如图 2-18），这种车较之前的各种轿车要小很多、轻很多，车长只有 3.05 米，宽仅 1.4 米，重量仅 630 千克，配置 25 千瓦（34 马力）横置的发动机都可以实现非常高的车速。在后来的一段时间里，“迷你”车型成了一种非常受欢迎的车型，而且这种汽车还在汽车大赛中取得了非常好的成绩，其中在蒙特卡洛汽车赛中就三次赢得冠军，在其他赛事中也取得了不俗的成绩。这种“迷你”车型有它自身的技术优势：巧妙的重心分布及适当的轴距和轮距。直到今天，仍然有许多汽车公司都模仿“迷你”车的设计，微型轿车也正成为汽车家族的重要成员。

图 2-18 1959 年“迷你”车

（六）多用途厢式车引领 90 年代汽车发展的时尚

20 世纪 80 年代，法国雷诺汽车公司创造的了 Espace 牌 MPV（图 2-19）又开创了汽车设计的新时代。多用途厢式车，英文全称为 Multi-Purpose Vehicle，缩写为 MPV。MPV 设计有其独特新颖的车厢布局，车内每个座椅都可独立调节，可以做成多种形式的组合，既可组合成乘车形式，又可组合成有小桌的小型会议室。从车厢座椅位置的固定到可调，从固定空间布置到可变空间布置，标志着汽车使用概念上的变革。受 MPV 设计理念的启发，现代汽车又出现了运动型多用途车，英文全称为 Sport & Utility Vehicle，简称 SUV，它具有轿车和轻型卡车的特点。在 MPV 与 SUV 的基础上，又出现了所谓的休闲概念车，休闲车英文全称为 Recreation Vehicle，简称 RV，它在外形上突破了传统轿车三厢式的布局，车厢空间具有多用途、富于变化和适应性广的特点。正因为 MPV 的出现，创新了汽车设计的理念，也突破了原来固有的框架，从而使汽车设计从专用性到多样性不断转变。

图 2-19　1984 年雷诺 MPV

汽车工业发展史上这些伟大的变革都已记入史册，它引领了汽车科技的变革，它见证了一个时代的汽车工业发展，它加速了汽车更快地走进人类生活，同时它也不断改变着人们的生活方式和审美艺术。

三、汽车创新与科技进步的交融关系

汽车的发展与科技的发展相互促进，高度融合。从最早发明的汽车到现代汽车的文明，科技进步产生的推动作用功不可没。当然，汽车的快速创新发展，又不断刺激和促进了科技的进步，汽车发展成为了工业文明的催化剂。

（一）汽车是科学与技术密切结合的产物

汽车的发展离不开科技的创新发展。从汽车的出现到现代汽车的飞速发展，科学技术的进步起到了重要的推动作用，汽车成为了科技创新的重要产物。首先，汽车真正意义上的技术突破，应归结于内燃机的发明，内燃机为人类进入工业革命提供了新的活力，汽车由此也才开始了新的发展历程。汽车发明至今 100 多年来，各种汽车的技术创新及生产方式变革从未停歇，也使得汽车的性能得到了极大的提升，生产效率得到极大提高，汽车工业也日趋成熟和强盛。当今，汽车各项技术和现代科技紧密融合，已经达到了相当的发展高度。汽车动力性能大大提升，燃油消耗率大大降低，实现了汽车高功率、高扭矩和低油耗地完美结合。特别是新能源技术、互联网技术、卫星导航技术、多媒体技术、智能控制技术以及新材料等广泛应用于现代汽车工业中，使汽车正在快速迈向智能化、轻量化、能源多样化等新型的发展轨道，汽车又一次由于科技的革命而奔向新的时代。

习近平总书记在党的二十大报告中强调，加快实施创新驱动发展战略。加快实现高水平科技自立自强。以国家战略需求为导向，集聚力量进行原创性引领性科技攻关，坚决打赢关键核心技术攻坚战。

早在 2004 年中国汽车工业刚刚起步之时，绝大多数车企还在考虑如何在燃油车市场活下来，比亚迪就凭借发展的思维和超前行动力，在 2008 年创新推出全球首款不依赖专业充电站的双模电动车 F3DM，率先实现电动车商业化。在新能源技术这一领域中，比亚迪始终处于领导者的地位，从e平台、刀片电池的诞生，再到e平台3.0以及CTB技术，每一步都走在了行业前列，成为全行业的技术范本。截至2022年6月底，比亚迪在全球已累计申请专利3.7万项，授权专利2.5万项。在比亚迪看来，面对当前新能源汽车产业链阻力重重的大背景，技术创新是其实现突破的关键之一。

（二）汽车的发展推动科技的进步

人们对汽车速度、安全、舒适、环保等方面性能的不断追求，也促使各大汽车生产企业投入巨额资金开展研发。除了企业的投入，各主要汽车制造国家的政府也为突破汽车关键技术及其关联科技给予较大的经费支出。国家和企业对汽车技术创新的经费投入也促使了汽车技术的快速创新，进而推动了整个科技的快速发展。

汽车技术的创新发展要求，直接推动了一些相关行业的技术改造和技术创新。例如，汽车工业所需要的高性能燃油、润滑油、高强度钢材、有色金属、子午线轮胎、工程塑料、夹层玻璃和钢化玻璃、电子芯片等等，就大大促进了石油、冶金、橡胶、化学、玻璃、电子等产业的技术进步和高速发展。以下有一组数据可以更加直观地反映一些相关产业与汽车工业发展的密切度：2014年，世界汽车工业的研究报告显示，世界橡胶产量的50%、钢铁产量的15%、塑料产量的10%、石油产量的1/3都应用于汽车工业。未来，汽车工业的发展趋势及发展规模将更进一步地影响其相关产业的技术创新和发展。

汽车工业的发展不仅仅促进了科技的创新发展和进步，还促进了汽车生产方式的发展与完善。福特汽车公司开创的流水线生产、通用公司的多样化生产、丰田公司的精益化生产等生产方式的产生和发展，在不同的时代影响着工业企业的生产方式和管理方式，其产生的社会效益并不亚于一次科技创新的作用，许多的方式至今还影响着许多现代企业的发展。还有如组合机床、自动生产线、柔性加工系统、机器人、全面质量管理等新技术、新工艺、新方法，都是在汽车工业最先得到了应用和推广。

汽车是最能体现科技创新结晶的产业，它与许多相关科学技术都紧紧相连，互相促进发展。现代汽车市场的竞争实质上是现代科技的竞争，是技术创新的竞争，由此而推动的科技创新和进步将永不停歇。

第二节　梦想的延伸

人类对汽车梦想的不断追求使汽车越来越快、越来越安全、越来越舒适、越来越智能，汽车逐渐趋向完美。当然，汽车梦想并不仅仅停留在对汽车本身性能的改变，汽车梦想的延伸已经渗透到人类生活的方方面面，公路的延伸和发展、汽车服务设施的产生与发展、交通规则的形成与完善、城市格局的变迁、汽车文化生活的丰富等等，无疑不打上汽车梦想延伸的烙印。汽车梦想的延伸了不仅改变着人们的生活方式和生活节奏，而且还改变着人们的思维方式和价值观念，大大地丰富了人类的文化生活内容，从而形成了汽车文化。这一文化现象对促进社会精神文明的进步发挥了不可低估的作用，并在一定意义上引领社会文明前进的方向。

一、公路的快速发展使汽车跑得更快更远

汽车从 19 世纪末诞生后，经过了人们不断地努力改造，到 20 世纪初已经开始步入了人们的生活，成为代替马车的交通工具。但现实的问题是，当时糟糕的道路条件并不能让汽车很好地施展其才能，而且城市间没有形成便捷的公路网，人们利用汽车在城际之间的移动变得困难复杂，公路的发展已经开始成为汽车梦想延伸的必然需求。

在 20 世纪 30 年代，德国的失业现象比较严重，为了缓解失业带来的压力，德国政府开始投资修建高速公路，吸引了大量的劳动力参加。令人费解的是有 12 万多的劳动力报名参加了修建工程，但他们不计报酬、不讲待遇，工作热情非常的高，可以想见当时人们对修建高速公路的渴望多么强烈。

图 2-20　德国人修建高速公路的场景

当时德国在修建高速公路时就有比较严格的标准，如：道路双向四车道；整个路宽 34 米，中间必须设置有隔离带；每隔约 200 米会竖起一个镶嵌金属片的水泥柱，夜晚行车时灯光照射在上面会反光；道路的路面经特殊处理，雨天不打滑；道路的坡度尽量减小；有足够的视野。除此之外，高速公路还设置有紧急停靠区域、立交桥、高架桥，隔一定的距离配置加油站。整个高速公路的建设要求和标准与现今的高速公路已经很接近了。

德国修建的世界上第一条高速公路（图 2-21）于 1932 年正式开通，这条公路总长 20 公里，连接科隆和波恩两个重要城市。公路明令禁止自行车和行人在上面通行，这条专供汽车行驶的道路也成为了真正意义上的第一条“高速公路”。

1955 年，美国刚上任的总统艾森豪威尔（Dwight David Eisenhower）就提出了非常大胆的设想，他建议在全国建设规模巨大的高速公路网络，而且规模要超出德国，其主要目的一方面是为了为工人提供大量的就业机会，减少失业，另一方面是为了加速美国的道路交通建设，促进经济发展。这一设想不久就成为了现实，美国投入了

1290亿美元的巨资进行州际高速公路的建设，此次的建设规模之大，在当时是非常罕见的。它的修建总里程达到了8万多公里，这一长度足以绕地球两圈，整个高速公路网络像蜘蛛网一般布满了美国全境。州际高速公路的建成大大改善了当时美国的道路环境，使人们的远途出行更加的快速方便，提高了生活效率，美国人也越来越依赖于它。从1921年到1970年的50年时间里，由于高速公路带来的便利，美国汽车的行驶里程几乎增加了20倍，达到了1600多万公里。

图 2-21 德国 1932 年修建的第一条高速公路

不仅德国、美国的高速公路建设取得了巨大的成就，其他国家也在高速公路的建设方面不甘落后。日本在1957年利用世界银行的贷款从美国和德国引进了最先进的建设技术，开始了高速公路的建设。法国目前拥有1万多公里的高速路，由于采取了吸收大量民间投资的方法，法国高速公路的建设速度得到了有力地推动，由此法国拥有着全世界最发达的公共交通系统。

中国的第一条高速公路——沪嘉高速公路（图2-22）于1984年12月21日动工兴建，历时近4年的时间，于1988年10月31日正式建成通车。沪（上海）嘉（嘉定）高速公路是204国道（上海至烟台）的入沪路段，南起上海市区祁连山路，北迄嘉定南门。高速路全长20.5公里，宽45米，4车道，设计时速为120公里。在该条公路建成后的20多年里，中国国家高速公路的建设飞速发展，截至2020年底，我国高速公路通车里程16.10万公里，稳居世界第一。高速公路对20万以上人口城市覆盖率超过98%。二十大报告总结，过去十年，我国提出并贯彻新发展理念，着力推进高质量发展，推动构建新发展格局，实施供给侧结构性改革，制定一系列具有全局性意义的区域重大战略，我国经济实力实现历史性跃升。已建成世界最大的高速铁路网、高速公路网，机场港口、水利、能源、信息等基础设施建设取得重大成就。

图 2-22 中国第一条高速公路沪嘉高速公路

公路的建设和发展让汽车的行驶速度越来越快，人们的出行更加快捷和方便，但是随之而来的交通事故也不断增多。1964年，美国联邦高速公路管理局的研究人员惊讶地发现：在高速公路上，低速行驶的汽车出事故的风险反而要大于速度相对较高的汽车，而且当车速在每小时90至115公里之间的时候，事故发生的概率最低。

从这以后各国参考这一研究结果制定出了自己的高速公路限速标准，现今中国大多数高速公路的限速范围都在此范围内。

公路成为了连接城市间的重要符号，庞大的公路网形成了城市间的大动脉，不断影响着人们的生活方式和经济发展。公路的发展加速了城市间的交流，也加速了人们在城市间的迁徙。当一个地方衰败下去的时候，人们就从这里迁徙到别的地方。迁徙—居住—发展—再迁徙，公路延伸了人们向往美好生活的梦想。自从有了发达便利的公路，人们的生活空间和工作空间得到了延伸，人们可以不受约束地在城市之间自由穿梭，时间和空间都得到了释放。

今天，汽车还在快速发展，道路还在不断延伸，汽车将向着更快更远的方向继续前行，人们的生活也因汽车梦想的延伸在不断改变着。

二、交通规则的形成与发展推动了出行文明

随着汽车梦想的延伸，各种围绕汽车的服务设施开始产生并不断发展，交通规则的形成与不断完善逐渐改变人类的生活和工作方式，推动着汽车文明的形成。

（一）交通规则的形成（这是汽车出现以后才有的）、路口信号灯的出现、现代智能交通控制的产生推动了人类出行文明进步

汽车的出现和不断发展，使得人们逐渐改变了原有的交通出行方式，道路上的车辆逐渐开始变多，人车混杂的道路乱象也开始引发一系列的交通安全问题。这些交通安全问题促使人们开始不断开发和建立起新的交通设施和设立新的交通规则来管理道路交通，如道路人车分流的实施、交通信号灯的出现、道路各种标志线的出现、道路各种交通指示牌的出现、道路各种监控装置的出现等等。因此，正是由于汽车的不断发展促使了交通设施的不断创新、道路交通规则的不断完善，直至现在各种智能交通控制的应用，大大改善了道路交通安全状况，推动了人类出行文明的不断进步。

（二）汽车改变了人们的工作方式

汽车大大缩短了人们出行所花时间，从而让人们延伸了工作的空间距离。自行车将人类的工作距离增加到10公里以内，汽车则将工作距离延伸到50公里以上。这大大地扩展了人们的工作距离，为选择更加理想的工作创造了更多的机会。在国外，汽车的普及给人们选择不同的工作带来了极大的方便。在美国，几乎所有的成年人都能驾驶车辆，驾驶汽车已成为求职的一个最基本条件。驾车上下班成为了最主要的方式，汽车成为了工作的重要交通工具。随着科技的进步，汽车的各项功能不断得到扩展和完善，汽车上的通信、办公设备的配置率越来越高，人们在行车的过程中，在车上就可以进行工作上的联系、沟通、指挥和决策，大大改变了人们的工作方式。

（三）各种围绕汽车产生的服务设施和活动中心不断改变人们的生活方式和生活内容

随着汽车的不断发展，围绕着汽车而衍生出的新元素也不断呈现，如高速公路、

高速公路服务区（如图 2–23）、汽车旅馆（如图 2–24）、汽车餐厅、汽车商店、汽车电影院、加油站、洗车行、美容店等，它们已经成为汽车生态不可缺少的重要部分，并改变着人们的生活方式。当今，人们习惯在周末和节假日开车去旅行，享受大自然的美景，心旷神怡。在这一生活方式的变迁中，高速公路服务区、汽车旅馆、汽车餐厅、汽车商店、加油站等得到了充分地利用，成为了汽车生态系统中不可或缺的重要部分。

图 2–23　高速公路服务区

图 2–24　汽车旅馆

汽车作为一种方便的交通工具，促进了各国的城市化进程。由于汽车能实现“门对门”的交通，这意味着人们可以自如、快捷地出行，对于住宅区域的选择可以更加广泛，中心城区和郊区的功能将因此重新界定。城区可以作为行政、商贸或金融中心，郊区可以作为住宅区，人们在那里可以呼吸更新鲜的空气，享受郊区的田园风光或更雅观更绿化的居住环境，生活质量得以改善或提升。

（四）汽车极大地丰富了人们的文化生活

随着现代汽车的飞速发展，汽车依然形成了一种文化，汽车文化的内容在不断丰富。汽车不仅推进了物质文明的发展，也通过丰富的汽车文化促进了人类精神文明的发展。由汽车衍生出来的精神文化产品内容丰富、形式多样，包括影视作品、游戏、邮票、车模、报刊杂志、广告，还有各种各样的汽车运动、各种车展和汽车博物馆等。如著名的 F1 方程式赛车（如图 2–25）、中国的北京车展（如图 2–26）、德国的斯图加特汽车博物馆（如图 2–27）、美国电影《汽车总动员》《变形金刚》和中国的《头文字D》等，这些汽车文化元素的深受欢迎，也反映了汽车对人类文化生活的深远影响。如今，这些丰富的汽车文化元素正带上时代的色彩去感染和影响着人们，可以说汽车已经成为人们日常生活的一部分，汽车文化已经是人们文化生活的一部分。

图 2–25　F1 方程式赛车

图 2–26　北京车展

图 2–27　斯图加特汽车博物馆

（五）汽车加强了人们的文化融合，推动了现代文明

汽车的大量普及扩大了人们的生活空间和活动范围，以往受地域空间限制所形成的城乡文化差异随着人们在扩大了的、相互重合的生活空间中的交流与互动得到不断改善。跨地域间的经济交流、人才交流、文化交流在现代交通纽带的连接下真正得以发展起来，地域间的文化得以快速融合，大大地推动了现代文明的进程。例如今天，汽车直接促进了旅游业的发展，人们出门旅游的机会越来越多，旅游地越来越远；同时，汽车进入家庭后，一些有车的家庭或个人为了满足自身求知、好奇和休闲的需要，自己驾车深入到山区乡间的各个角落，让自己在全新的环境下放松自我，同时又把城市家庭的生活方式带到了乡村，增加了乡村社会的消费需求，更重要的是将发达地区的现代意识和文化带到了社会各个角落。

汽车促进了城市和乡村的文明与进步。汽车的发展改变了城市落后的交通面貌；

汽车的发展推进了乡村交通建设，使乡村依托城市的辐射力得到更好地发展；汽车的发展缩小了城乡差距，方便了城乡之间的联系，促进了城乡的交流和发展。

作为最便捷、舒适的交通运输工具，汽车的使用沟通了人类思想，从最初的浅层次贸易交流开始到如今深层次的民族文化交流，从单一的形式到如今丰富多彩的形式，汽车及汽车文化架起了通向人类文明的桥梁。

汽车是人类文明的一种体现。汽车文化的形成创造了崭新的社会形态、文化知识和道德因素，整个人类社会的思想和价值观念等都因此发生了巨大的变化，汽车载着人类进入了新文明。

汽车的梦想还在延伸，汽车将朝着更快、更远、更文明的方向演进。它将承载人类对速度和激情的梦想飞向远方。

第三节　城市的血液

随着汽车开始作为交通工具应用以来，汽车的发展和普及毫无疑问地加速了城市的发展进程，城市因为汽车的发展而不断繁荣，城市的发展因为汽车而不断改变原来的格局，汽车与城市交融发展，汽车名副其实的成为了城市的血液。纵观世界许多城市的发展史，汽车工业的壮大为城市的发展打上了深深的烙印，一部城市的发展史就浓缩为了汽车的发展史，汽车成为了城市的代名词和符号，城市因为汽车而闻名。如美国的底特律、德国的斯图加特、日本的丰田、中国的长春等。除此之外，汽车的大规模普及扩大了人们的工作和生活范围，以汽车为载体和工具的人类活动打破了旧的城市空间布局的限制，不断促使人流、物流和信息流在城市中心与周边区域之间进行新的格局调整，从而形成了现代都市圈、大城市带、卫星城等新的城市组织形态，大大促进了城乡一体化发展，加强了城乡多维度的文化融合。汽车的发展与城市的发展密切相关，紧紧相连，汽车已经成为城市发展的重要动力，不断影响着城市的发展，城市的发展也在某种程度上促进了汽车以及汽车文化的发展。

图 2-28　阳光下的底特律

一、汽车的发展加快城市化进程，促进城市繁荣

（一）城市因汽车而繁荣，因汽车而闻名

20 世纪初，美国的一些城市迎来了移民潮，美国的密歇根州底特律市就成为了许多移民的梦想之城，

许多的墨西哥人和南方的黑人都移民到这里。在这个时期，由于底特律具有比较好的原材料和交通优势，一些投资汽车生产的企业家们开始在这个美丽的城市建立汽车工厂，拉开了底特律汽车工业发展的大序幕。由于汽车工业的发展带动了许多相关产业的发展，大量的工人都被吸引到这座城市，开始了他们投身汽车工业的职业生涯。现在，底特律市通用广场有一座非常著名的雕像，其雕像的意义就是再现当年一个家庭从遥远的地方刚刚踏上底特律城市的那一刻（图 2-28），这也是为了纪念当年成千上万家庭移居到底特律而设立的。也正是这个城市的汽车工业发展保障了成千上万移民的工作和生活。

在快速发展的汽车工业的影响下，底特律的城市发展表现出了空前的繁荣。底特律市成为了美国第一个铺设水泥公路的城市，第一个安装城市交通信号灯的城市，也是美国第一个拥有高速公路的城市。也就是因为底特律汽车产业的巨大发展，使得每 5 个美国人就拥有 1 辆汽车，而且世界上每生产 4 辆汽车，就有 1 辆汽车出自于底特律。这里成为很多汽车人的梦想之城。

作为世界汽车工业巨头的通用公司、克莱斯勒公司以及福特公司的总部都在底特律，底特律的发展完全见证了美国乃至世界汽车工业的发展。虽然在 2008 年的世界金融危机中，底特律的汽车工业遭遇到了前所未有的重创，但自 2011 年以来，在美国政府的资助下，底特律的汽车工业又开始焕发生机，主要的汽车公司的销售额均实现了增长，为美国经济复苏起到了重要的促进作用。现在，在底特律周围有许多卫星城市，如沃伦、大急流城、弗林特等都市，集聚了许多了汽车零配件生产企业，主要为底特律汽车公司提供零配件。

图 2-29　位于底特律的通用汽车公司总部

1938 年，德国政府开始准备大规模发展汽车工业，因此，他们选择了一个地方作为汽车的主要生产基地，这个地方就是位于德国北部的沃尔夫斯堡城。它是由一些小城和小村庄合并建立起来的，可以说沃尔夫斯堡市是因为汽车而诞生的城市。

大众汽车公司就是从这个城市起步并不断发展起来的，可以说沃尔夫斯堡是 20 世纪欧洲最重要的汽车工业城市，也是欧洲最年轻的城市之一。

图 2–30　位于沃尔夫斯堡的大众汽车公司总部

沃尔夫斯堡的发展离不开汽车工业所带来的繁荣。当今，沃尔夫斯堡已经不仅仅是德国一座生产汽车的工业城市，而且还成为了与汽车相关的，体现汽车文化元素的，具备服务、展览、娱乐功能的汽车城主题公园。汽车和汽车相关产业带动了城市繁荣，并使当地居民都能依靠汽车业的成功来发展他们的事业。从 1950 年到 2010 年的近 60 年中，沃尔夫斯堡的人口从 15000 人发展到了 12 万人。汽车的繁荣已使沃尔夫斯堡成为了一座世界闻名的汽车城。

在汽车工业高速发展的时期，也有许多其他的城市像底特律和沃尔夫斯堡一样因为汽车而繁荣和闻名，如德国斯图加特、日本丰田、意大利都灵、法国比扬古、中国长春……汽车成为了这些城市的骄傲，汽车繁荣了这些城市，这些承载汽车工业发展的城市仍将因为汽车而前行。

图 2–31　位于德国斯图加特的戴姆勒汽车公司总部

图 2–32　位于日本丰田市的丰田汽车公司总部

图 2–33　位于意大利都灵的菲亚特汽车公司总部

图 2–34　位于中国长春的一汽总部

（二）汽车的发展加速了城市化进程，汽车已然成为了城市的血液

1. 汽车产业的发展无疑为城市化的兴起和发展提供了强劲的产业支撑和经济增加点。汽车产业具有高投入、高产出、长链条、高利润和集群式发展的产业特点，汽车产业的发展包含宽泛的内容，包括前端的汽车原材料、配件的生产制造，中端的整车研发与生产，后端的汽车销售、服务、信贷、咨询、保险等等，甚至还延伸到汽车影院、汽车酒吧、汽车旅游等诸多汽车文化领域，这些领域的快速发展都可以成为城市经济增长的重要力量。当前，汽车消费在城市的大量普及已经明显地推动了汽车产业的结构升级，并拉动了钢铁、橡胶、玻璃等相关产业的快速增长，同时也衍生了许多围绕汽车消费服务而产生的新业务形态，这不仅大大促进了城市的物质文明建设，也在一定程度上带动了城市的精神文明建设。

2. 与汽车有关的城市服务业快速发展，不断丰富和优化城市的产业发展结构。当今的汽车产业利润竞争已由前端制造转移到后端服务，因此全球著名的跨国汽车公司都在致力于汽车服务领域的业务拓展与转型。福特公司总裁杰克·纳赛尔说过一句经典的话："我们并非要成为世界上第一流的汽车制造商，而是要成为伟大的、消费者满意的服务性企业。"丰田汽车公司前社长奥里硕也说过，综合服务型企业是丰田公司的目标。未来，城市的一个新兴发展亮点就是围绕汽车的消费产生的各种服务形态，这将不断带动汽车的消费升级，而且丰富汽车消费者的城市文化生活。

3. 汽车发展对于协调城市化与工业化之间的良性互动发展具有特别重要的作用。对于广大发展中国家而言，汽车大规模地进入家庭对于解决"城市化落后于工业化"的矛盾具有重要作用。一个重要原因就是围绕汽车而兴起和发展的产业群成为推动发展中国家经济增长的强劲动力，依托汽车产业的大量就业机会也会促进人口进一步向城市集中，从而提高城市化率。

二、汽车的普及改变了城市格局，城市郊区化、卫星城成为城市发展的新形态

汽车的普及扩大了人们的生活和工作半径，一方面促进了城市功能的延伸，另一方面促进了城市郊区化、郊区城市化的融合发展，而城郊的融合发展反过来又会有利于汽车大众消费的进一步扩张。由于有了汽车这种灵活便捷的交通工具，人们可以选择在城市郊区生活、在城市中心区工作。当越来越多的人向城市郊区聚集时，卫星城就会诞生，原有的城市功能也会随之得以扩散和迁移。因此可以说，汽车是城市功能扩散与聚集的物质载体。

进入 20 世纪 70 年代以后，许多发达国家的城市发展空间已接近临界点，由于城市发展空间的极度紧张，城市的建设成本和生活成本不断提升，人口密度巨大、生活空间狭小、交通拥堵等城市问题凸显，噪音、污染、安全、“热岛效应”等“大城市病”大大降低了人们的生活质量，同时也引发了一系列的社会矛盾。为了应对此种状况，越来越多的人开始由大城市中心向近郊疏散和转移，在大城市周围形成了若干个网状的“卫星城”。若干城市边缘地带越来越靠近，直至连为一体，形成壮观的大城市带和城市群。如美国东北部和中部地区的波士顿—纽约—华盛顿城市群、五大湖沿岸城市群、旧金山—洛杉矶—达拉斯—休斯顿的新兴城市群、伦敦—利物浦大城市带、巴黎—布鲁塞尔—阿姆斯特丹—波恩大城市群、日本东部地区的东京—名古屋—大阪三大都市圈组成的“东海道太平洋沿岸城市群”，已经发展成为全球著名的“城市群”。而助推这一壮观现象形成的，是汽车的普及和四通八达的公路网络。

汽车社会极大地推进了城市郊区化和郊区城市化进程，促进了城市结构的改变。进入汽车社会以前，世界主要城市的城市形态和城市结构存在一元化的特征，即人口和人们的非农业活动基本上局限于城市内部，城市范围狭小，功能也比较单一。城市中心区的主要功能是吸收和聚集周围的物质与非物质要素，城市功能的扩散与辐射效应受到交通条件的限制。进入汽车社会以后，情况发生了翻天覆地的变化。由于有了汽车这种便捷的大众交通工具，人们的活动半径大大增加，人口流动更加便利，城市功能的扩散效应开始得到强化，不仅人口迁移到郊区生活和工作，而且商业、服务业、机关、教育等人类活动也开始向郊区扩散，城市结构得以彻底改变。

三、汽车发展催生城市新型的文化形态

汽车大众消费将有利于丰富人们的城市文化。城市文化的丰富与发展是城市化的精神产物，“汽车文化”也是城市文化的重要组成部分，而“汽车文化”是以汽车大众消费为前提的。在今天的发达国家，由于汽车高度普及，汽车旅馆、汽车影院、汽车医院、汽车餐厅等以汽车为载体的文化形态和文化内容丰富了人们的物质和精

神生活。周末全家驾车郊游，去公园和海边享受闲暇和阳光，这种“汽车文化”已经成为人们生活不可缺少的精神财富。我们应该有理由相信，“汽车文化”必将随着我国汽车普及程度的提高而成为一种新型的城市文化形态。

“汽车社会”以及“汽车文化”的渗透对于推进弗里德曼第二层次上的城市化（即“城市化Ⅱ”）起到了重要作用。“汽车社会”以及“汽车文化”是人类围绕汽车生产和消费而产生与变化的精神产物，它首先是在城市兴起和发展的。随着汽车的普及，人们的活动空间也由城市向郊区扩展，与之相应地，“汽车文化”也随着郊区城市化而繁荣起来，并被赋予了全新的内容。这样，一个以汽车为物质载体的文化形态——“汽车文化”和“汽车文明”不仅随着城市化的进程不断发展，同时也推动和丰富了城市化的精神内涵。

第四节　汽车发展的社会问题与出路

当前，汽车的发展成为了一把双刃剑，既推动了经济社会的发展和现代化进程，给人类的生活带来了便捷和享受，同时也给人类社会带来了烦恼。由汽车快速发展引发的诸多社会问题给人们的生活带来种种困扰。2020 年全球汽车保有量达 14.91 亿辆，平均 5 个人占有一辆汽车。地球的资源与环境已经不堪重负，汽车的快速发展引发的能源、环境与社会问题已不容忽视，否则人类将为此付出更为沉重的代价。二十大报告提出，积极稳妥推进碳达峰碳中和，立足我国能源资源禀赋，坚持先立后破，有计划分步骤实施碳达峰行动。深入推进能源革命，加强煤炭清洁高效利用，加快规划建设新型能源体系，积极参与应对气候变化全球治理。“双碳目标”是党中央深思熟虑做出的战略决策，关系到中华民族的伟大复兴和永续发展。

一、汽车发展引发的社会问题

1. 能源紧缺问题。传统燃油汽车使用的燃料主要是汽油和柴油，而汽油和柴油都是从石油中提炼而来。近年来，随着世界汽车保有量的不断升高，对石油的消耗也在日益增加，使得世界石油资源被过度消耗，已经达到了一个非常危险的境地。当前，全球的汽车保有量近 15 亿辆，全球的石油消耗量接近 1 亿桶 / 日，其中汽车对石油的需求占据了 2300 万桶 / 日。如果未来的汽车工业发展不开发出新的可再生能源替代汽、柴油或者不改变现有的发展模式，石油能源危机将更加突出，汽车工业的可持续发展也将面临能源瓶颈。

2. 环境污染问题。汽车对人类生态环境的污染主要包括汽车尾气排放对大气的污染以及噪声污染。传统燃油汽车排放的尾气给环境造成了较大的污染，包括自然界出现的光化学烟雾、雾霾、酸雨以及全球的气温变暖，这些都与大量传统燃油汽车的尾气排放密切相关，从而给人们的身体健康和出行安全造成了严重的影响。与此同时，汽车噪声对人体有多方面危害，如出现头痛、头晕、脑胀、耳鸣、失眠、心慌等症状，也可影响到如消化、分泌系统等其他系统。目前汽车噪音也已成为一个主要污染源。

3. 交通问题。在世界上许多国家的大中城市发展中，都面临着共同的难题，那就是由于汽车保有量的迅速增加而引发的城市交通问题。这一问题在经济发展水平较高的特大城市尤为严重，主要的交通问题包括道路交通拥堵、停车难、交通安全无法保障等。各国政府都在加大力度来治理这些困扰人们生活的交通问题，取得了一定的成效，但还是没有从根本上完全解决这一问题。可以说在当今世界，没有一个城市政府能够自己完全有效地解决交通问题的困扰。事实上，交通问题决不是一个单纯的技术问题，它关系到经济、社会、环境、科学技术等众多方面，牵扯到诸多利益的协调，随着观察问题角度的变化，形成了一系列相互矛盾的观点。

有关汽车发展带来的负面影响和社会问题，详见第八章。

二、汽车与社会和谐发展的出路

汽车的快速发展确实带来了许多影响社会持续和谐发展的问题，人类必须正确的面对这一现实问题，以科学、智慧的方法去解决它，促进汽车与社会的和谐发展。仅仅靠盲目的限制汽车工业发展和汽车消费是“治标不治本”的方法，不仅不能从根本上解决问题，还会影响和制约社会经济发展和现代化进程。治理汽车发展带来的能源紧缺、环境污染、交通拥堵等问题需要另辟蹊径。科学的解决办法应该是加快汽车绿色发展的科技创新，加快城市的智能化交通系统发展，创新和优化交通管理体系，倡导理性、绿色的汽车消费和使用观念。汽车应该发展，烦恼也应该消除，汽车与社会应该更加和谐、健康地向前发展。

（一）推动汽车科技创新，大力发展节能、环保、智能汽车，科学解决能源紧张、环境污染以及交通安全问题

科技创新无疑是解决汽车发展带来的能源紧张、环境污染以及交通安全问题的最好办法之一。全球主要的汽车生产制造国家都在加大科技创新力度，推动汽车向绿色环保、安全、智能方向发展。因此，新能源汽车、无人驾驶以及“车联网”技术成为了当下汽车发展的热点领域。

新能源汽车是采用非常规的车用燃料作为动力来源（或使用常规的车用燃料、采用新型车载动力装置），综合车辆的动力控制和驱动方面的先进技术形成的技术原理先进的、具有新技术和新结构的汽车。新能源汽车类型包括混合动力汽车（HEV）、纯电动汽车（BEV，包括太阳能汽车）、燃料电池电动汽车（FCEV）、氢发动机汽车、其他新能源（如高效储能器、二甲醚）汽车等各类别产品。目前，全世界积极发展的新能源汽车技术主要集中在三个方向：纯电动汽车、混合动力汽车

和燃料电池汽车。

纯电动汽车是完全用电能来进行驱动的汽车，目前的电动汽车主要采用电机进行驱动。纯电动汽车最大的优点在于节能环保，发展困境主要表现在电池储能技术的局限使得其续航里程难以满足使用要求。目前，包括中国在内的许多国家也在不断地加快科技创新改进储能问题，包括超级电容在电动汽车上的使用，石墨烯材料作为电池材料的研究和应用，都将大大改善纯电动汽车的性能。纯电动汽车已经在许多国家得到推广和应用，如美国生产的特斯拉 Model S、日本生产的日产 Leaf 以及国内生产的北汽 EV160、比亚迪 E6 等车型都是性能和市场反响较好的纯电动车型。

图 2-35　特斯拉 Model S

图 2-36　日产 Leaf

图 2-37　北汽 EV160

图 2-38　比亚迪 E6

混合动力汽车是指车辆的动力驱动系统由两个及以上同时运转的单个驱动系统联合组成的车辆。根据不同类型动力源的组合，混合动力的车型可以分为很多种，但目前全球主要推广应用的混合动力汽车都是油电混合动力汽车，即采用传统的内燃机（柴油机或汽油机）和电动机作为动力源。按照所使用的燃料类型的不同，混合动力又可以分为汽油机与电机组合的混合动力和柴油机与电机组合的混合动力。目前在国内市场应用的混合动力，主要都是汽油发动机与电机组合的混合动力，而国际市场上柴油混合动力车型发展也很快。混合动力汽车目前仍然是新能源汽车发展的主流，尤其是近年来推出的插电式混合动力汽车深受市场的欢迎。插电式混合动力车可以在城市短距离行驶时完全用纯电模式，而长途行驶可以使用燃油模式，既能保证短途的节能又能保证长途的续航，比较符合市场的期待。国内生产的插电式混动车型比亚迪秦、比亚迪唐市场销量斐然。

图 2-39　比亚迪秦

图 2-40　比亚迪唐

燃料电池汽车主要是指以氢气作为燃料，通过电离反应产生电流，从而依靠电能驱动电机使车辆行驶的汽车，其主要的能量转换路径是由化学能转变为电能然后转变为动能。燃料电池的化学反应过程只会产生水这种物质，不会对环境产生污染，因此使用燃料电池的车辆也是无污染车辆。值得一提的是燃料电池的能量转换效率非常高，要比普通的内燃机高 2 至 3 倍，因此从能源的利用效率和环境保护的角度考虑，燃料电池车辆都是非常理想的车辆。近些年来，世界上一些发达的汽车生产国家也在努力地开展燃料电池车辆的研究。如戴姆勒 - 克莱斯勒、福特、丰田和通用等全球知名的汽车公司都已经宣布，计划在不久的将来向市场推出燃料电池车型。当前，燃料电池轿车还主要处在研究试验阶段，以燃料电池为动力的运输大客车在北美的几个城市中作为示范项目正在进行。当然，目前在燃料电池汽车的开发中仍然存在着许多技术性的难题，如燃料电池组的一体化，电动汽车燃料处理器和辅助部件的高度集成化和低成本化等。燃料电池车的推广还任重道远，但方向是坚定的。

近年来我国新能源汽车行业发展迅速，新能源汽车市场占有率屡创新高；随着国产品牌新能源汽车出海，我国新能源汽车产业将进一步建立全球竞争力。党的二十大报告提出，积极稳妥推进碳达峰碳中和，协调推进降碳、减污、扩绿、增长，完善能源消耗总量和强度调控，重点控制化石能源消费，逐步转向碳排放总量和强度“双控”制度。积极参与应对气候变化的全球治理。新能源汽车产业是我国制造业低碳转型的重要领域。

随着智能控制技术以及通信技术的高速发展，无人驾驶汽车的研究进入了汽车制造商的视野，并且制造商们在不断地加大资金投入和研究力度。事实上，如果无人驾驶汽车能够真正地实施，道路交通安全可以得到改善，而且人们生活会更便利。无人驾驶汽车的主要原理是依靠车内的计算机系统为主的智能驾驶仪，依据车载电子地图以及周边传感器数据来实现无人驾驶。近年来，由于许多汽车生产企业及互联网公司的共同努力，无人驾驶汽车已经从概念逐渐转变成为现实。除了谷歌之外，梅赛德斯－奔驰、宝马、特斯拉和丰田等知名汽车公司都已经发布或即将发布具有无人驾驶功能的车型。如在美国拉斯维加斯举行的 2015 年国际消费电子展（CES）上，梅赛德斯－奔驰无人驾驶概念车 F 015 Luxury in Motion 的全球首秀成为了这场年度盛事上的最大看点。它向世人预示了汽车在未来将会给人们的出行方式带来怎样的变化。通过这款具有前瞻性的无人驾驶汽车，梅赛德斯－奔驰不仅向消费者展示了梅赛德斯－奔驰在无人驾驶、车辆与交通状况的移动互联融合等技术方面的前沿预想，更为人们描绘了在未来汽车将如何超越单纯的交通工具属性，实现人类交通出行方面在时间与空间上的最大自由度，最终成为人类“第三生活空间”的愿景。但无人驾驶汽车真正的推广应用仍需时日，除了技术还有待改进完善以外，相关的道路交通安全法规也必须要进行相应的调整和完善。

图 2–41　梅赛德斯－奔驰无人驾驶概念车 F 015 Luxury in Motion

（二）促进智能交通系统的形成与发展

交通安全以及交通拥堵一直是困扰城市交通的突出性问题，但解决起来确实非常的困难。当前，随着智能控制及通讯技术等高科技技术的快速创新发展，智能交通系统的建设具有了技术支撑。智能交通系统的形成和优化在一定程度上可以提升交通安全程度和缓解交通拥堵。有关研究指出，采用智能交通技术可以有效提高道路交通管理水平，每年仅交通事故死亡人数就可减少 30% 以上，并能提高 50% 以上的交通工具的使用效率。正因为如此，世界主要的发达国家都不惜投入巨额资金，进行大规模的智能交通技术研究试验，有些甚至已经建成了比较完善的智能交通体系。智能交通系统将是 21 世纪交通发展的主流，这一系统可使现有公路使用率提高 15% 到 30%。

智能交通系统（Intelligent Transportation System，简称 ITS）是未来交通系统的主流和发展方向，它是将先进的信息技术、数据通讯传输技术、电子传感技术、控制技术及计算机技术等有效地集成运用于整个地面交通管理系统而建立的一种在大范围内全方位发挥作用的，实时、准确、高效的综合交通运输管理系统。经过30多年的研究和发展，ITS的开发应用已取得了较大成果。美、欧、日等发达国家和地区都已经完成了ITS体系建设框架，并在重点的领域进行大规模的推广应用，取得了较大的成效。国内的智能交通系统的发展也拉开了大幕，在一些主要的经济发达的大城市，智能交通信息系统都已完成数据采集设备的铺设工作，并已得到了广泛的应用。政府对智能交通系统的建设也日益重视，少数一线城市的智能交通管理已达到较高的应用水平，ETC收费、停车场资源引导、道路信息发布、路况信息推送等基于智能交通系统的服务都已完全实现，并应用成熟。未来智能交通将基础设施、运载工具、出行者、服务提供者等各交通运输参与方通过信息网络与价值链连接起来，交通信息将按市场引导、价值驱动的原则在各利益相关方之间自由流动，并将产生新的应用服务模式，推动智能交通产业化的形成和发展。

（三）完善交通安全法制体系以及倡导绿色文明出行

当前，随着汽车技术的快速发展以及智能交通体系的应用，交通安全法规体系也应随之逐步的调整和完善。严格驾驶员的安全驾驶守则、提高道路交通安全规范、加大交通违规处罚力度、公开公平严格执法等，这些都是交通安全体制所包含的内容，只有这样整个社会交通安全的积极性才能得到提高。另外，应该积极倡导人们绿色文明出行。出行方式及出行文明程度既能反映出一个国家和一个地区的经济发展水平，也映照出一个社会的和谐文明程度。建设健康文明的汽车使用观，要正确认识汽车安全、汽车文化、汽车社会，树立正确的汽车安全观、消费观、环保理念，这样才能营造人、车、道路之间的和谐环境。无论是汽车驾驶者还是行人，都应该提高安全意识、环保意识以及社会公德意识。

汽车发展的车轮还在滚滚向前，人类因为汽车带来的烦恼还在继续，人类也不能因为烦恼而阻碍汽车的发展。明智的发展思路是，人类用高科技的创新与管理的创新来消除汽车发展给人类带来的烦恼。汽车应该发展，烦恼也应该消除，汽车与社会应该更加和谐、健康地向前发展。

讨论与思考

1. 根据当今世界汽车工业发展的现状，请大家充分发挥想象，思考未来汽车技术会朝什么方向发展？会给人们的生活带来怎样的变化？

2. 中国已经进入到了汽车社会，汽车的发展给人们带来了便利和舒适，同时也给人们的生活带来了烦恼，请大家结合中国汽车社会发展的实际，谈谈中国如何建设和谐的汽车社会？

第三章　车界精英：书写汽车传奇

【学习目标】

1. 了解汽车诞生的历史过程。
2. 掌握本茨及戴姆勒对汽车发明的突出贡献。
3. 了解现代汽车相关技术发明的历史。
4. 了解汽车诞生发展的历史背景和关键人物。
5. 了解中国汽车工业的发展历史和人物。
6. 了解当代汽车发展的新趋势和代表人物。

【教学提示】

1. 正确地理解汽车发明过程及开拓者们的贡献。
2. 能够根据汽车的发明创造历史，将创新精神应用到工作生活中。
3. 通过技术创业者的创业过程，学会正确处理技术、市场和管理的关系。
4. 激发学生汽车学习的热情和追求卓越的生活态度。

汽车和汽车工业发展的历史，是一部科技改变人类生活的历史，而这些历史进程的推手无疑是那些不断将科学技术应用于汽车革新的设计者们和执着于汽车普及的梦想家们。他们对汽车速度和品质不断追求的激情、梦想和执著以及他们的聪明才智，浇灌了汽车工业文明之花。二十大报告指出，教育、科技、人才是全面建设社会主义现代化国家的基础性、战略性支撑。必须坚持科技是第一生产力、人才是第一资源、创新是第一动力，深入实施科教兴国战略、人才强国战略、创新驱动发展战略，开辟发展新领域新赛道，不断塑造发展新动能新优势。要坚持教育优先发展、科技自立自强、人才引领驱动，加快建设教育强国、科技强国、人才强国，坚持为党育人、为国育才，全面提高人才自主培养质量，着力造就拔尖创新人才，聚天下英才而用之。

一百多年来，汽车的设计者们不断地将科技发明的最新成果应用到汽车产品中，创造出许许多多不断进步的汽车产品，确保了汽车能够适应人们在不同时代的体验要求，也令汽车业逐渐发展至今时今日的庞大产业。与此同时，这些庞大工业的管理者们不断将工业和管理的先进技术注入到汽车的创造中，推动着汽车乃至整个工业的成本改善和效率提升，为人人都能够享受汽车所带来的生活乐趣这样一个伟大梦想注入了坚实的基础。

今天我们在享受汽车工业文明的成果的时候，汽车已经不再仅仅是一件简单的物器，它承载着无数人的梦想和逾百年的文化积淀。这些汽车品牌的创造者和文化的传播者努力将他们对汽车品质的执着追求的理想和追求极致的生活态度传递给世界，让人们可以拥有更加丰富多元的精神享受。而这其中，汽车运动的功劳不可磨灭，它极大地推动了汽车技术的进步，也令汽车文化得到了更加广泛的传播；同时车手们不仅直接参与了汽车的技术改进，也成为了汽车文化的传播使者。

不管是孜孜以求为汽车技术带来福音的科学家、源源不断将新技术用于汽车设计的工程师们，还是那些高瞻远瞩、化繁为简提升汽车工业的管理巨匠，亦或是技艺超群、魅力无限的车手们，他们身上都流淌着对汽车的热情和梦想，他们坚定、执着地为梦想奋力前行，才有了我们今天越来越方便和有趣的汽车生活。

他们都是汽车界的精英，书写了汽车世界的传奇故事，为无数的后来者点亮未来之路。今天，我们就一起来翻开历史，寻找这些传奇的足迹！

第一节 车界精英之奠基者

汽车的诞生，是一代代机械师们站在前辈巨人们的肩膀上，不断创新总结的结果。这个过程既有为汽车核心的发动机提供基础科学实验的科学家，也有各个时代的汽车设计者们，尤其是19世纪欧洲大量的机械和动力工程师们。他们对更快更便捷的交通工具近乎狂热的投入，终于换来了汽车的诞生。

他们不仅是汽车和汽车工业的奠基人，而且为以后的人类社会世界带来了极为深远的影响。他们当中有很多人最后也成为了最悠久的那些汽车品牌的创始人，为人类汽车发展史留下了宝贵的财富。他们的人生历程对于那些怀揣技术梦想、满腔热情的青年们是无比强烈的激励。他们用行动告诉我们，只要有梦想并全心付出，就可以改变世界。

一、汽车之父卡尔·本茨

图3-1 卡尔·本茨

说到汽车，他几乎是绕不开一个人的，那就是后来被汽车界称为“汽车之父”的卡尔·本茨。他通过艰苦的研究和实验，最终发明了汽车，并将其商业化，创造了享誉全球的“奔驰”汽车品牌。他是19世纪德国工程师们的杰出代表。尽管如此，他的人生经历诸多坎坷，那他是如何历尽艰辛发明的汽车呢？

卡尔·本茨的全名是卡尔·弗里德里希·本茨。本茨的父亲在一次火车事故中不幸离世，1844 年 11 月 25 日，本茨以遗腹子的身份，出生于德国卡尔斯鲁厄（Karlsruhe）一个手工业者家庭。

从学生时代起，本茨就对自然科学十分感兴趣。在母亲的意愿下，1860 年，本茨成功被卡尔斯鲁厄综合科技学校录取并进入学校学习，在这里他有幸遇到了两位深信“资本发明”学说的老师，这对本茨的一生产生了极大的影响。在学校里本茨学习了重要的机械构造、机械原理、机械制造经济核算、发动机制造等课程，为以后的事业打下了基础。但是由于家境贫寒，他还要靠打工维修手表来赚取零花钱，后来还在机械厂当过学徒，在制秤厂里做过绘图员，在桥梁建筑公司担任工长。

像每一个饱受生活煎熬的年轻人一样，本茨也希望拥有自己的企业。1872 年，本茨与奥古斯特·雷特（August Ritter）共同创建了一个属于自己的工厂——“奔驰铁器铸造和机械工厂”——并用自己的名字命名，专门生产建筑材料。不幸的是，由于经济不景气，工厂经营不下去了，最后面临倒闭。当时，他的机械制造车间和铸造车间只能依靠抵押工具来维持，而后在未婚妻的资助下买下了雷特的股份，公司才得以存续。

本茨无力偿还朋友的借款，走投无路时，他想起了老师教给他的“资本发明”理论。为了解决当前的金融危机和给自己人生一个转机，他决定制造可以获取高额利润的发动机。本茨立马投入到了对发动机的学习中，并领到了两冲程发动机和四冲程发动机的生产执照。为了使公司走出困境，本茨集中精力研制二冲程发动机。之所以会选择这个攻关方向，是因为奥托发明了四冲程发动机之后，道兹燃气发动机厂就此申请了专利。经过两年的刻苦钻研，本茨改革并创新了发动机的构造，也避免了先前容易出现的爆炸事故。1879 年，本茨发明了第一台单缸煤气发动机，转速 200r/min，功率约 0.7kW。为了使他研究的发动机真正运用到车辆上，本茨接着又发明了转速调节器和电池打火器，并申请了专利。然而这些发明并没有真正让奔驰公司走出经济的窘境，奔驰公司依然面临着破产的威胁。

这位饱经挫折的德国男人并没有被这些困难打败，他的妻子也在背后全力支持他。后来奔驰公司引入了曼海姆的宫廷摄影师埃米尔·比勒的投资，同时银行也开始贷款给奔驰公司。1882 年，本茨的公司转型为股份公司，并改名为曼海姆燃气发动厂。但没有想到的是，这次改制却给本茨一次严重的打击。他当时不是以技术发明者的身份进入公司，而是以领导者的身份进入，只拥有可怜巴巴的 5% 的股份，完全没了发言权，而且其他合伙人还干涉他的开发工作。本茨在无奈之下，离开了他一手创造的公司。

图 3-2　奔驰 1 号（梅塞德斯·奔驰博物馆）

告别了曼海姆燃气发动厂之后，本茨又找到了投资商埃斯陵格和罗泽。三人志趣相投，在1883年建立了合伙公司——莱茵燃气发动机厂。公司发展很顺利，本茨改进了奥托四冲程发动机，1885年，终于成功研制了单缸二冲程汽油发动机。他把发动机安装在三轮车架上，发明了第一辆不需要用马拉的三轮车。本茨申请了汽车发明专利，并于1886年1月29日获得了专利证书。这是第一份正式的汽车发明专利，所以后来这一天被认为是汽车的诞生日，卡尔·本茨也就顺理成章地成为汽车发明之父。

本茨的汽车由于技术不成熟，经常出现抛锚的状况，被别人嘲笑为“散发着臭气的怪物”。生性腼腆的本茨担心出丑不敢在公共场合驾驶它，更别说要通过它挣钱了。为了改变这种窘境，1888年8月，一直在本茨身后默默支持着他的夫人贝瑞塔·林格果断地做出了一个勇敢的决定，这个决定不仅改变了本茨的一生，更是加快了人类前进的步伐。

1888年8月5日的清晨，当卡尔·本茨还在睡梦中时，贝瑞塔便叫醒了她的两个孩子，驾驶着丈夫本茨的三轮汽车从曼海姆城到100多公里外的普福尔茨海姆，去看望自己的祖母。车开到半路，油箱里燃料用完了，当时没有加油站，母子3人只好推着汽车到街上去买汽油，才得以重新上路。然而途中还遇到了坡道上不去、刹车失灵的突发状况。经过了一天的长途跋涉，贝瑞塔和她的两个儿子在傍晚的时候终于到达了目的地普福尔茨海姆。她兴奋不已，立即给丈夫本茨发了一封电报：“汽车经受住了考验，速申请参加慕尼黑博览会。”接到电报后本茨两手发抖，激动得说不出话，简直不敢相信这是真的。

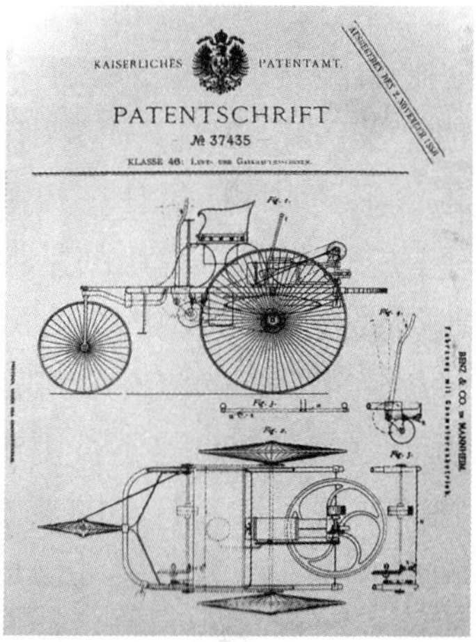

图 3–3　第一张汽车发明专利证书（1886年1月29日）

1888年9月12日，本茨的发明在慕尼黑博览会上获得了很多人的关注，引起了非常大的轰动。当时的报纸是这样写的——“星期六下午，人们怀着惊奇的目光看到一辆三轮马车在街上行走，前边没有马，也没有辕杆，车上只有一个男人，马车在自己行走，大街上的人们都惊奇万分。”慕尼黑博览会后，大批大批的客户开始向本茨订车。

此后，本茨的事业开始蓬勃发展。1883年3月，本茨开始创建“奔驰公司和莱茵燃气发动机厂”，经过五年的不懈努力，莱茵燃气发动机厂成为了德国第二大发动机厂。技术实力强大、资本充足了的本茨决定研制最先进的高端汽车。1893年本茨把万向节传动装置引入机动车，成功研制了性能先进的“维克托得亚”牌汽车。它采用了本茨专利的3升发动机，方向盘安装在汽车中部。尽管该车的性能先进，但它的价格高达3875马克，昂贵的价格使得这个高端线路的汽车成为公司的滞销品。虽然“维克托得亚”牌汽车为本茨带来极高的荣誉，但在经济上并没有给到他多大的好处。

1894 年，本茨在听取了商人给的建议后，开发生产了便宜的“自行车”（定价 2000 马克）。这种“自行车”销量特别好，一年就销出了 125 辆。因为这是世界上第一种批量生产的机动车，因此它为奔驰公司带来了很高的利润收入。1896 年，本茨又发明了“对置发动机”，为厢式发动机的发明打下了坚实的基础。本茨对前期生产的“维克托得亚”牌汽车进行改进，将车厢座位设计成了面对面的 18 个，便成为了世界上的第一辆公共汽车。

1899 年，奔驰公司改组命名为奔驰莱茵汽车股份有限公司，成为世界上最大的机动车生产厂家。1903 年，公司为了与竞争对手戴姆勒竞争，请来了由巴尔巴鲁领导的法国设计组。但由于对法国设计组的研发方向不认同，本茨宣布不会再主持公司具体工作，转入了监事会。1906 年，本茨和长子欧根在德国拉登堡成立了“奔驰父子公司”，先是生产发动机，后来生产了奔驰父子牌汽车。

“一战”以后，由于福特汽车大量涌入，本茨的汽车公司和戴姆勒的汽车公司都面临着经营困难。为了生存，两家公司于 1926 年合并，成为戴姆勒－奔驰公司。此时本茨已经 82 岁，而戴姆勒（另一位汽车的发明者）早已经去世。遗憾的是，这两位汽车发明巨匠虽住在相距仅 80 公里的两座小城，但却从未见过面，这成为汽车史上的一大憾事。幸运的是他们的继承人不负众望，将两位伟人的事业做得更强更大，最终戴姆勒－奔驰汽车公司成为了世界一流的百年企业。

三年后，为汽车梦想奋斗了一生的卡尔·本茨去世。卡尔·本茨坚韧的品质铸就了他的成功。他不被困难所折服，始终坚持自己“资本发明”理论，用对汽车的执着实现了制造汽车的梦想，也改变了整个世界。不仅如此，本茨在经营自己的公司时，在技术角度之外，从市场的角度去做出决断，对二冲程发动机的研究和从高端汽车果断转型都是很好的体现。以市场需求为导向，对技术的精益求精，这也是奔驰公司能够传承百年的基因所在。

有趣的是，中国出现的第一辆汽车正是奔驰汽车。1901 年，袁世凯从香港引进了一辆奔驰小轿车献给慈禧太后。小轿车送进皇宫后，很多思想保守的大臣纷纷上奏章，劝慈禧不要乘坐，以免中了洋人的邪气，坏了祖宗的章程。但慈禧却一心想坐坐“洋车”，开开眼界。但是当慈禧见到司机坐在自己前面时，认为这样有辱她的身份，硬是要司机跪着开车。人跪着当然是无法开车的，无奈之下，慈禧不得不去坐回她那显尊显贵的十六抬大轿了。

二、戈特利布·戴姆勒

虽然卡尔·本茨先申请了汽车发明专利，被确认为汽车发明的标志，但事实上同时代很多工程师们都在进行着同样的研究。其中戈特利布·戴姆勒几乎与卡尔·本茨同时独立地发明了汽车，因此戈特利布·戴姆勒和卡尔·本茨在汽车历史上被人们称作汽车发明的两位父亲。两人生活在同一时代（两人相差仅十岁），但在汽车发明前几乎是没有交集的，但却几乎同时发明了汽油汽车，都为汽车的诞生做出了重要的贡献。

图 3–4 戈特利布·戴姆勒

即便如此，卡尔·本茨和戈特利布·戴姆勒两人的人生轨迹却是很不一样的。一位是幼年清贫，为改变生活而选择了发动机的研制，另一位却是在寻找到人生伴侣的同时找到了志同道合的朋友，最终走上了汽车发明之路。两人虽然命运不同，却最终殊途同归，更为戏剧性的是两人后来创建的汽车公司最终合二为一，成为了今天赫赫有名的戴姆勒－奔驰公司。

1834 年 3 月 17 日，戈特利布·戴姆勒于德国符滕堡雷姆斯河畔舍恩多夫的一个手工业工人家庭出生，父亲是一位面包店老板。戈特利布·戴姆勒是家中的次子。

戴姆勒从小就对工程技术特别感兴趣，每周日都会到绘图学校学习机械制图。1848 年，仅 14 岁的戴姆勒便开始在铁炮锻造工厂学习制造猎枪。几年后，戴姆勒完成了出师之作，制造出了一支双管猎枪。按照德国传统，学成后的学徒工应该先到国外谋生，于是戴姆勒选择了去法国，在那里他学到了不少机械制造的知识和技巧。

图 3–5　威廉·迈巴赫

1852 年，18 岁的戴姆勒在德国斯图加特的工业补习学校学习，并在 1857 年进入斯图加特高等工业学校进修。1859 年戴姆勒进入工业补习学校，他在梅斯纳蒸汽机车工厂工作，实习时倍受关照。1861 年，戴姆勒成为了英国曼彻斯的阿姆斯特朗·霍特瓦士工厂的研究生。1862 年，在参观了伦敦世界博览会后回到德国，在斯特拉夫的机械工厂协助斯特拉夫的儿子海因里希制造水泵、水车。在英国和法国经过一段时间的锻炼后，戴姆勒又回到德国成为了一名技术绘图员。

1867 年，33 岁的戴姆勒与恩玛成为夫妻，并被聘请为卡尔斯鲁厄机械工厂的技师长。在这里戴姆勒结识了比他小 12 岁的机械动力天才威廉·迈巴赫（后来娶了戴姆勒妻子的闺蜜为妻），并成为了一生的挚友。在迈巴赫的影响下，戴姆勒决定参与制造蒸汽机车。13 岁时，不幸的迈巴赫经历了父母先后离世的痛苦，之后被慈善机构收养。迈巴赫从小就对机械技术及数字方面有着浓厚的兴趣和过人的天赋，慈善机构发现后，就让他加入在读学校的工程研讨会。在绘画、设计方面拥有过人天赋的迈巴赫表现突出，迅速引起了车间主任戴姆勒的注意。此后戴姆勒便将迈巴赫作为自己的主要助手，并对迈巴赫进行培养，迈巴赫由此也成为了戴姆勒的得力助手和一生的合作伙伴。

1872 年，戴姆勒受到奥托（即著名的内燃机发明家尼考罗斯·奥古斯特·奥托）

与兰根邀请，与迈巴赫一起转入德意志道兹燃气发动机厂，出任技术主管，协助改进四冲程发动机。在此期间，戴姆勒了解了奥托四冲程发动机的原理和发展潜力，他暗中决定今后也要朝机动车方向努力。10年后，坚持做小型高速汽油机的戴姆勒、迈巴赫与坚持做工厂动力源的发动机的奥托、兰根意见发生了分歧。1882年，戴姆勒离开了公司，随后，迈巴赫也离开了。

离开了道兹燃气发动机厂后，戴姆勒用75000金马克在斯图加特郊外的康斯塔特鸽子街买了一栋别墅，他把花园里的温室进行了扩建，然后改造成了一个试验车间。同时，他把花园的道路也拓宽了，让马车可以进出。戴姆勒有一个大胆的设想：把汽油作为发动机的燃料，然后再将发动机装在水陆空交通工具上。戴姆勒为了这个设想，把所有的积蓄都花在了这栋成为试验场地的别墅上。

试验车间搭建好后，戴姆勒集中精力研制炽热管点火器发动机，并申请了专利。人们不明白的是，为什么戴姆勒要从点火器入手呢？原来，他在道兹燃气发动机厂做技术主管期间，发现奥托四冲程发动机点火装置复杂，是不能形成较高转速的，改进点火器也就改进了发动机。

在申请专利的时候，戈特利布·戴姆勒深知除了点火器外，自己的炽热管点火器发动机与奥托的四冲程发动机有很多大同小异的地方，于是将专利申请书写得非常巧妙，只突出点火器的创新性。但这个专利仍然使得他的前东家道兹公司大为恼火，他们警告戴姆勒，如果不将炽热管点火器技术无偿地转让给道兹公司的话，他们就会将他告上法庭。戴姆勒当然不肯轻易屈服，于是他与道兹公司走上法庭，一番据理力争之后，戴姆勒成功地保住了自己的专利。

1882年，迈巴赫发明了“凤凰”型发动机和喷雾化油器，不过这两项专利都记在了戴姆勒名下。1883年底，戴姆勒改进了奥托四冲程发动机，试验成功第一台戴姆勒卧式发动机。这台发动机采用炽热管点火器和控制阀两项革新技术，达到了600r/min的转速，其他发动机转速只有120—180r/min，由此可见，改进的发动机是一个新的革新。1884年，戴姆勒设计出了性能更好的立式发动机（取名立钟，风冷，1/4马力，最高转速为600 r/min），并于1885年4月3日获得德国专利。这台发动机转速高、功率大、质量轻，很方便就能将它安置到马车上。同年，他将这台发动机安装在木制双轮车上，并将它取名为“骑式双轮车”，由其儿子保罗驾驶。后来这辆双轮车申请到了德国专利，成为世界上第一辆摩托车。

在1886年，戴姆勒在斯图加特订购了一辆名叫“美国”的豪华马车。他对外声称这辆马车是送给夫人的生日礼物，但实际上这辆马车是用来做实验的。他把一个功率达到1.5马力（1马力=735瓦）的立式发动机装到了马车上，从而生产出了世界上的第一台四轮汽车。

图 3–6　戴姆勒 1 号

此时，卡尔·本茨已经获得了三轮汽车的发明专利，所以被公认为汽车发明之父。但与卡尔·本茨的思路不同，戈特利布·戴姆勒是按着马车的结构来设计发动机的，然后把发动机加装在马车上，而卡尔·本茨则是根据发动机的特点设计整车（三轮车架），与四轮马车的区别较大。所以，历史上将两人都称为汽车之父。

将发动机移植到了马车上之后，戴姆勒接下来的目标就是制造机动船。他倾尽所有的资产新建了一个有 23 名技工的试验工厂，专门生产船只发动机。虽然新工厂的效益不错，但是很快陷入财政危机。无奈之下，他只能引进合作伙伴。

1890 年，戴姆勒同另外两个合伙人一起，共同创立了戴姆勒发动机公司。当时迈巴赫担任技术主任。由于待遇不是很好，这位技术奇才选择离开公司，这让戴姆勒十分着急。恰巧这时他又与另一合伙人杜特霍弗尔发生了意见分歧，杜特霍弗尔认为要专心生产固定式发动机，而戴姆勒则认为汽车的前景良好，应重点出击。两人的意见无法统一，于是戈特利布·戴姆勒想出了一个两全其美的方法：他让迈巴赫独立负责汽车研究，并不再属于戴姆勒发动机公司。

没有了迈巴赫的戴姆勒发动机公司开始走下坡路。戈特利布·戴姆勒这时受慢性心脏病的影响，在公司的管理方面也出现了很多失误。1893 年，他因为怀疑公司的发展前景，拒绝购入 102 只股票，从而失去了一个获得绝对控股的大好机会，这却给了两个合伙人联手排挤他的机会。为了将戴姆勒挤出戴姆勒发动机公司，两个合伙人借助银行的力量要求公司偿还 40 万马克的贷款，否则就宣布戴姆勒发动机公司破产。如果要想避免破产，戴姆勒就必须低价出售他名下的专利和股份。为了避免公司破产，同时也为保住自己的声誉，戴姆勒不得不以 66666 马克的价格出卖了自己的专利和股份，然后离开了戴姆勒发动机公司。

把戴姆勒排挤出公司之后，戴姆勒发动机公司并没有因此走出亏损的泥沼。1895 年戴姆勒发动机公司邀请迈巴赫加盟，但遭到了拒绝。迈巴赫称没有戴姆勒在他肯定不会回去。但昔日将其排挤出公司的杜特霍弗尔根本没有一丝反悔的意思。在这关键的时刻，迈巴赫想出了一个绝招。当时迈巴赫发明的凤凰发动机非常成功，以至于让英国的一个工业小组愿意出高价收购。他们向戴姆勒发动机公司提出 35 万马克的诱人价格，但与此同时却有一个不可思议的附加条件：戴姆勒发动机公司要邀请戴姆勒回公司。杜特霍弗尔对这个附加条件十分恼火，但公司面临的困难又让他不得不做出让步。无奈之下，杜特霍弗尔眼睁睁地看着戴姆勒和迈巴赫大摇大摆地回到公司。戴姆勒在董事会担任首席顾问和督察总监的职位，迈巴赫担任技术主管的职位。他们两个的回归果然给公司带来好运，戴姆勒发动机公司很快走上了欣欣向荣的发展轨道，并于 1897 年推出“凤凰”牌小客车。

可惜的是，慢性心脏病越来越严重地折磨着戴姆勒，在 1900 年 3 月 6 日，这位饱经风霜的传奇发明家离开了人世。

埃米尔·耶利内克是戴姆勒发动机公司的主要股东、当时的奥地利驻法国尼斯的领事，同时也是戴姆勒汽车的热情拥护者。1903 年，埃米尔·耶利内克用其女儿的教名“梅赛德斯”（Mercedes）命名的小客车进入生产。耶利内克前置发动机有高达 35 匹的马力；引擎更轻、动力更大；轴距更长；重心更低；装置的前车灯和挡风板、双门 5 座位敞篷车的造型更趋近于现代轿车的特征，这一系列改进都极大地提升了戴姆勒公司在商业界的地位。

1926 年 6 月 29 日，戴姆勒公司和奔驰公司合并，成立了戴姆勒 – 奔驰公司，之后他们生产的所有汽车都命名为“梅赛德斯 – 奔驰”（Mercedes–Benz），而且沿用了梅赛德斯的三叉星标致。

与卡尔·本茨一样，戈特利布·戴姆勒都是在不断发明中取得成功的，敏锐的市场嗅觉让他能够坚持对高速的小型发动机进行全心的投入和冒险，并最终坚持到了最后，获得了成功。同时，戴姆勒的成功也再一次印证了兴趣是最好的老师，从小对机械充满兴趣使得他能够不断地在技术的道路上前行，并最终发明了汽车。另外，戴姆勒与天才少年迈巴赫的亦师亦友肝胆相照的情谊，使得他在成功的道路上有了一个可靠而忠实的伙伴。这也是对今天的创业者们的一个启示：兴趣相投能够坚守相随的团队伙伴是创业成功的重要条件。

三、汽车发动机的奠基人——尼考罗斯·奥古斯特·奥托

卡尔·本茨和戈特利布·戴姆勒都是站在了巨人尼考罗斯·奥古斯特·奥托的肩膀上，完成独立发明汽车的伟大创举。尼考罗斯·奥古斯特·奥托，四冲程内燃机的发明者，他的出现改变了人类的动力源，为汽车的发明奠定了基础，也为整个工业动力的发展起到了革命性的作用。

1876 年尼考罗斯·奥古斯特·奥托制造出第一台四冲程煤气内燃机，当时他正在读大学。这台发动机就是至今已生产出的数以亿计的四冲程内燃机的样机，他的发明将法国人阿尔方斯博·罗夏的内燃机理论付诸现实。

图 3-7 尼考罗斯·奥古斯特·奥托

1832 年，尼考罗斯·奥古斯特·奥托于法国霍尔照森镇出生，不幸的是没出生多久父亲就离世了。奥托在学校里面是一个非常优秀的学生，但 16 岁时，他毅然从中学辍学，到社会上参加工作，先是在一个小镇上的一家杂货店工作，之后在法兰克福市当一名伙计，接着又当一名推销员。他从工作中学到了很多经商的经验。

1860 年，奥托听闻比利时人艾蒂安·勒努瓦（Jean-Joseph-Etienne Lenoir）发明了燃气机，即第一台可使用的内燃机。奥托了解到，如果利用液体燃料将勒努瓦燃气机开动，使它不需要与一个煤气管道相连接，这样它的用途会大大增多。很快他就制造出了一种汽化器，可是由于已经有人发明出相似的配置，专利局退回了他的专利申请，。

奥托并没有因此感到气馁，而是奋力改进勒努瓦燃气机。早在 1861 年，他就想着要发明一台使用四冲程的全新型引擎。于是，1862 年 2 月奥托发明了一台四冲程引擎工作样机。由于在使用这台新引擎的过程中遇到了难题，特别是在点火装配方面的难题，不久他便把它搁在一旁了。紧接着他又制造了“常压引擎”，这是一种靠煤气做动力的革新二冲程引擎。

1863 年，奥托申请获得该项革新的专利，并且找到了给他提供资金帮助的同伴尤金·兰根。他们合伙创立了一个小公司（就是后来德意志道兹燃气发动机厂），继续改进引擎。1867 年，他俩改进的二冲程引擎在巴黎世界博览会上夺得了冠军，从此销量暴增，公司利润急速增长。1872 年他们聘请了才气非凡、管理经验丰富的工程师戈特利布·戴姆勒协助生产引擎。

虽然二冲程引擎为公司带来了很大利润，但奥托一心想的还是他最初设想的四冲程引擎。他坚信四冲程引擎如果对燃料与空气的混合物先压缩再点火，这在效率上将会比任何勒努瓦二冲程引擎都要高得多。奥托在 1876 年设计出了一个改进的点火系统，安装上这个系统便可以发明出一台高效率的四冲程引擎。1876 年 5 月，第一台四冲程引擎的样机被制造出来了，并在第二年获得了专利。由于四冲程引擎在性能和功率上明显优于其他引擎，因此很快成为了市场的佼佼者，同时各类型的勒努瓦引擎很快被市场淘汰。仅仅十年，四冲程引擎就销出了三万多台。

但在 1862 年，法国人阿尔方斯博·罗夏已经制造出一种基本相似的引擎并获得了专利。而奥托并不了解有关他发明的任何情况，原因在于他的发明从未进入汽车市场，实际上他也没有制造出一台样机。于是 1886 年，奥托制造的四冲程引擎所获得的德国专利权被罗夏的专利起诉推翻了。然而即使奥托公司失去了专利权，但四冲程引擎依然很畅销。到 1891 年他逝世时，他已经财产万贯了。

四、伟大而悲情的柴油发动机之父迪塞尔

图 3–8　鲁道夫·迪塞尔

鲁道夫·迪塞尔曾说："伟大者，不是为自己而活，而是为了大家。"以鲁道夫·迪塞尔这句话作为开头，是对一位伟大的科学家的尊敬。迪塞尔博士一生对人类贡献巨大，被同时代的人们称之为发动机领域的爱迪生，但他一生却命运多舛。他向人们展现了从优秀、卓越到伟大的区别，只有真正更伟大的梦想才能成就一个伟大的传奇。

1858 年 3 月 18 日，鲁道夫·迪塞尔出生于法国巴黎，他的父亲是德国奥古斯堡的精制皮革制造商，母亲是纽伦堡人。他童年时期在巴黎受教育。在 1870 年，普法战争爆发，两国关系走向了恶化，迪塞尔全家只能逃往伦敦。由于生活非常困难，才 12 岁的迪塞尔被送到奥格斯堡的一个叔叔家里，并且迪塞尔在那里就读了职业学校，并成为最优秀的毕业生。1875 年，他因表现非常出色获得了奖学金，进入慕尼黑科技大学学习机械制造专业，成绩十分优异，而且得到著名的机械教授林德的器重。

就在 1876 年他读大学时期，德国人尼考罗斯·奥古斯特·奥托制造成功了第一台四冲程煤气发动机，也是法国技师罗夏内燃机理论第一次得到实际运用。这一成就使当时从事机械动力研究的许多工程师受到了鼓舞，其中不仅包括后来汽车的发明者卡尔·本茨和戈特利布·戴姆勒，也包括对机器动力兴趣十足的年轻人鲁道夫·迪塞尔。

迪塞尔在 1879 年毕业了，当时的他 21 岁，在瑞士温特图尔的一家机械厂工作，担任零件设计员。工作两年后迪塞尔转到了巴黎担任林德冷藏企业热机工程师、推销员和安装工。在平时工作中，他觉得感蒸汽机的效率十分低下，从而萌发出了设计新型发动机的念头，并开始储蓄资金。1885 年，迪塞尔辞去了制冷工程师的工作，在法国巴黎创立了属于自己的发动机实验室。

那时走向成熟的发动机有奥托所发明的点火式内燃机，他研制的发动机所用的燃料是煤气，在储存、携带方面都不方便，而且效率又不高。相比致力于改进奥托发动机的卡尔·本茨和戈特利布·戴姆勒，迪塞尔的想法则要超前得多了。他想完全舍去发动机中的点火系统，依靠压缩空气发热，燃料喷入后使燃料自燃做功，这完全区别于吸入燃气混合气后点燃做功的方式，迪塞尔的原理被后人称为"压缩式内燃机"原理。当然迪塞尔会有这样的想法也是有原因的，由于当时并没有发明高压点火线圈和分电器，点火装置非常简陋且稳定性差，迪塞尔想跨越这个技术障碍完全是可以理解的。而后，迪塞尔从法国的约瑟夫·莫勒特（Joseph Mollet）制造的气动打火机上找到灵感，并继续努力地探索下去。

迪塞尔前进的道路像所有伟大的发明家一样困难多多。而且让他始料未及的是，他的所有设想实现起来要比发明点火系统复杂得太多太多了，燃料问题就是他所遇到的第一个困难。在对汽油和植物油（花生油）进行了种种尝试都没有成功后，迪塞尔寻找到了之前用于取暖的重馏分燃油——柴油作为机器的燃料。对比来说，柴油比汽油的性质稳定得多，要点燃比较不容易，而且柴油若是点燃了便会冒出大量的黑烟，因此它又不能像煤油那样起到同样的照明功能。但柴油稳定的性质却恰恰适合于压缩式内燃机，因为在压缩比非常高的情况下柴油也不会出现剧烈爆震，迪塞尔所要的就是这个效果。

而压燃式发动机的结构强度是一个不容易解决的问题。在一次实验中，汽缸上的零件像炮弹碎片一样四处飞散，险些造成人员伤亡。实验的不成功导致迪塞尔的资金也日渐变少。他不得不回到制冷机工厂谋生。但迪塞尔面对困难不低头，他充分利用许多业余时间继续他的实验，让自己的机器进一步完善。

最终，经过近20年的认真研究，迪塞尔于1892年向全世界展示了自己实用的柴油动力压燃式发动机。这台柴油机吸入纯空气到汽缸后，用活塞来对空气进行强力压缩，使空气体积缩小15倍左右，温度上升到500—700摄氏度，接着再用压缩空气把雾状柴油喷入汽缸，使其与缸中高温纯空气混合，因为汽缸这时已经有了较高的温度，所以自行燃烧做功是出现在柴油喷入后。迪塞尔在1892年2月27日取得了此项技术的专利。1893年，内燃机的原理在杂志上发表了。

为了让他的设想得以实现，他找到奥格斯堡机器制造厂作为合伙者——这便是今天奥格斯堡－纽伦堡机械工厂股份公司的前身。这里的条件让迪塞尔顺利地制造出这种新式发动机，而当时迪塞尔的年薪是30000马克。1893到1897年间，发动机的各方面性能在迪塞尔的改进中不断完善。他把气缸的压力提高到80个大气压以上，把原先的烧煤粉改成烧液体燃料，把定温加热改成定压加热，把无冷却改成用水冷却。在奥格斯堡当他亲手点燃发动机的那一刹那，一次新的科技革命诞生了。

即便他的柴油机还并不稳定，迪塞尔还是迫不及待地把它投入到了商业生产。急于向市场推出20台柴油机是这位只懂得技术并不懂得商业运作的发明家犯下的一生中最大的错误。1897年，在发动机厂投产之际，就有好几家公司纷纷要求订货。但因为技术不过关，发动机接连遭到了退货，这不仅让迪塞尔承受巨大的经济负担，还影响柴油机在人们心中的印象，在随后的几年里几乎没有厂家或私人乐意装配柴油机。所以没有资金来源还欠下了很多债，这使得迪塞尔的晚年走向贫穷，他的发明也不再受推崇。

这位天才的科学家在生活上是非常不幸的。1898年，严重的神经虚弱降临在迪塞尔身上，于是他在慕尼黑待了一段日子并进行了临近的疗养。1913年9月29日，年仅55岁的他乘船通过英吉利海峡时——根据报道迪塞尔准备参加一个在伦敦举行的柴油机制造商协会年度会议——却消失得无影无踪，震惊了世界。由于正处在“一战”边缘的时期，所以对于他的死因说法不一、各式各样。有人说他的植物燃料发动机威胁到石油巨头的利益而被谋杀，有人说已经研制成功柴油潜艇的军方是幕后推手，也有人说其财务破产，精神上受不了打击而自杀。

迪塞尔的命运令人叹息，但他却和很多的科学家一样是值得让人尊敬的：他们不断探寻着科学，但成就却不被人们认同，直到多年之后他们的成就才得以发扬光大。柴油发动机的发明对后世的工业动力产生了非常大的影响，为现代工业的发展找到了至关重要的大功率动力源，使得工业生产的效率提高了极多。迪塞尔希望自己的发明能被大规模地装载在汽车上，就在1936年时，奔驰公司生产出了第一台柴油机轿车260D，而此时迪塞尔已经去世23年了。

五、汽车工业先驱阿尔芒·标致

当卡尔·本茨和戴姆勒各自发明发动机和汽车、各自开创企业生产发动机和汽车并在各种人事之争中盘旋时，法国一个家族企业的年轻继承人已经看到了汽车的巨大潜力，并下定决心将它发展壮大，成为家族工业化的一部分。这个人就是法国标致汽车公司的创始人——阿尔芒·标致。他是汽车工业的先驱，将汽车生产带入了一个工业化生产的时代。这个“富二代”是如何将自己的家族生意扩展到汽车产业并迅速扩张开来的呢？

图3–9　阿尔芒·标致

当阿尔芒·标致（Armand Peugeot）在1849年3月出生时，标致家族已经是雄踞一方的显贵了。到阿尔芒出生时，标致家族的经营已经十分兴隆，工厂生产自行车、缝纫机、弹簧以及锯条等小五金产品。阿尔芒1岁时，狮子的标志已经出现在了标致的产品上。而当时，阿尔芒·标致的父亲伊迈尔·标致打理着整个公司的所有业务。

按照家族企业传统，成年后的阿尔芒接手了公司的管理权，并持续着公司的传统生产项目。然而阿尔芒·标致偏是个机械迷，打小就对十分复杂的机械有着浓厚兴趣。1882年标致著名的“Le Grand Bi”大自行车亮相于世，因为没有链条传动，这辆车被做成了前轮尺寸远大于后轮的样式。而后在阿尔芒的带领下，安装有链条传动机构的标致系列自行车开始批量生产，这可被称为创举。从那时起，标致开始了轮子上的生意。

阿尔芒在1888年时拜访了著名的汽车设计师戈特利布·戴姆勒先生，他预见了汽车这项全新发明的巨大潜力，并想在这个行业有进一步的发展。1889年，当时40

岁的阿尔芒和著名的蒸汽动力学家莱昂·塞波莱（Leon Serpollet）合作，研制出了一辆名为塞波莱－标致之车的三轮蒸汽动力汽车，并在庆贺法国大革命100周年的巴黎万国博览会上展出，轰动一时。

这是阿尔芒冲破自己家族百年基业首次跨专业的尝试，但那时的阿尔芒已经认识到蒸汽机的不足，他认为这种粗笨的机械装备是不会有太大发展空间的，因此精明的法国实业家阿尔芒很快又将目光转向了动力强劲且轻巧的汽油发动机。在戴姆勒先生的熏陶下，阿尔芒开始着手准备内燃机汽车。很快，第一辆燃烧汽油的标致Type 2汽车于1890年在瓦朗蒂诺面世，搭载了戴姆勒发动机，接着次年开始批量生产。后来标致陆续推出了Type 3型、首次使用了充气轮胎的Type 11型等车型。

1896年，阿尔芒在里尔建立了“标致汽车公司”，集中于卡车和旅行汽车的独立生产。而此时他的侄子们于勒、皮埃尔和罗伯特则继续生产工具、动力三轮车和自行车。而后阿尔芒则开始研制自己的水平双缸发动机，接着研制出装上了标致自己的发动机的Type 14、敞篷汽车Type 15、对座式Type 16等车型，并且选用米其林充气轮胎。

因为那时的汽车是极度高端的奢侈品，所以标致也精于走向高端。1903年，阿尔芒开始缩减了生产线，集中制造生产Type 50、Type 54和Type 56型几款汽车，深受欢迎。从1904年开始直至“一战”之前，阿尔芒从未停止过新车的开发，几乎每年推出一款新车型。

为了在欧洲众多的新生汽车公司中生存下来，阿尔芒将赛车作为推广的主要手段，并取得了巨大的成功。儒勒·古（Jules Goux）驾驶标致获得了500英里印第安纳伯里斯车赛的胜利，他冲破记录地创造了平均170.558公里的时速。此后，这辆安装了两个凸轮轴、4个汽缸并且每个汽缸有4个气门的标致车在该项赛事中持续60年的神话拉开了序幕！

通过赛场，阿尔芒·标致成功地让标致汽车获得了市场的认可。1913年标致产量一翻再翻，总产量达到9338辆，不仅占了当时法国全国汽车产量的50%，而且在市场的占有率更是高达20%，也就是说在当时的法国街道上，每5辆车型中就有一辆是标致汽车。

第一次世界大战在仅1年后全面爆发，当时很多汽车厂商受到波及而陷入困境，然而阿尔芒的车厂却没有因此受到影响。不仅如此，这个精明的法国实业家甚至通过及时的战略调整，抓住机遇让自己的汽车品牌在“一战”期间继续发展壮大。不过遗憾的是阿尔芒并没能看到战后标致的辉煌表现，这位法国汽车业的先驱者在1915年1月不幸病逝，永远地离开了他热爱的汽车制造业。

阿尔芒·标致是一位成功的企业家、实业家，准确地发现了汽车市场的巨大潜力，致力于汽车市场的推广，并通过在赛车比赛中的优异表现，成功实现了标致汽车工业化的生产，为汽车工业的发展奠定了重要的基础。而这种精确的战略眼光和顺应时代潮流的经营策略，让标致汽车百余年来始终立于不败之地。

小贴士：

你知道电动汽车是什么时候出现的吗？

现在在我国发展得如火如荼的电动汽车，看起来是不是很有科技感和前沿性？实际上，早在1838年，苏格兰人罗伯特·戴维森（Robert Davidson）就创造了一种电动火车头，这个电动火车头可以达到4英里每小时的速度（6.4公里每小时），到今天为止在路上行驶的有轨电车还是1840年英国的专利，这就是最早的电动汽车。这可比我们的现代燃油汽车早了好几十年呢。

电动汽车发明后，其风头还曾经比传统燃油车更劲，直到后来石油的大规模开采和发动机的不断改进后，电动汽车才在20世纪20年代退出了历史舞台。但在21世纪，它又焕发出了新的青春。

第二节　车界精英之开拓者

19世纪末，汽车在一群疯狂的内燃机工程师的持续改进中诞生并发展起来，并逐渐的开始了工业的生产。但这个时候的汽车与当今的汽车还无法比拟，仍然处在和蒸汽机车、电动汽车竞争上岗的时代。限于生产水平，当时的汽车仍然是富商和贵族们以及狂热机械师们的价格昂贵的玩物。但汽车的出现令人兴奋，前景无限，一群敏锐的机械师和实业家们已经在盘算着怎样从中得到更大的销量和利润。他们在相互学习和竞争中将汽车工业推向了现代工业文明之巅，在各自的国家建功立业，在全球市场中开疆辟土，开拓出现代汽车工业的巨大产业。汽车的生产效率飞速提升，汽车普及迅速。这群开拓者是如何从林立的汽车企业中脱颖而出的呢？

一、现代汽车工业之鼻祖——汽车大王亨利·福特

如果说卡尔·本茨和戈特利布·戴姆勒是汽车的两位父亲，阿尔芒·标致在欧洲把汽车生产发展成一个工业，那么真正的现代汽车工业的鼻祖必定是美国的亨利·福特。因为亨利·福特将流水线生产带入了汽车工业，从而为整个汽车工业的效率提升做出了决定性的贡献。人们都说亨利·福特是将美国装在轮子上的人，这一点也不假。而这正是福特的自动化生产线为美国的汽车普及带来的贡献。他真正地将人类社会带入了汽车时代，汽车不再仅仅是大亨富豪的玩物。

完成这一创举的亨利·福特光是一个疯狂的机械达人是不够，要管理福特这个富可敌国的庞大的商业建筑，更需要福特独特的管理哲学和手腕。他在企业管理上

也为后人留下了宝贵的财富。

图 3–10 亨利·福特

亨利·福特于 1863 年 7 月 30 日在美国密歇根州韦恩郡的史普林威尔镇出生。父亲威廉和母亲玛利·福特是爱尔兰的移民。威廉是一位农场主，家中有 6 个孩，亨利·福特是最大的。亨利还很小的时候，母亲就难产去世了，亨利的童年是苦涩的。亨利从小就不喜欢从事农事，但是却喜欢鼓捣机械，并因此而闯了不少祸。父亲威廉·福特对此感到担心，更希望这个长子能够承担起家庭的重任，安心在农场干活。为此，父子关系日渐紧张。

福特生来就是一个非常有天赋的机械师，12 岁时他就建立了一个自己的机械坊。13 岁时为了让父亲不必跳下马车去打开农场的大门，他给父亲设计了一个简单的开门装置。同年，他第一次看见了一台蒸汽引擎，他赶忙跳下他的马车去与操作引擎的工程师攀谈，福特对工程师所介绍的一切向往不已。

1879 年，福特离开了父亲的农庄独自来到了底特律。他白天在密歇根汽车公司维修汽车，晚上在珠宝店维修钟表。维修钟表时，他逐渐发现，大多数钟表只要采用标准部件并精密分工，可以大大简化钟表的结构，这样制造成本会大大降低，性能也会更加好。于是他设计了一种简化了的手表，成本仅每只 30 美分，产量达每日 2000 只。他认为这样的计划是非常可靠可行的，但是他没有年销售 60 万只的能力。于是，福特最后放弃了这一计划。但是，部件简化、大批量生产、低价销售的经营思路却在此时大体形成了。

1882 年福特不情愿地回到了农场，并于 1888 年结婚。据福特回忆，他在 1890 年就开始试制双缸发动机。在农场小打小闹几年后，福特最终于 1891 年离开了农场和父亲，从此开始了新的人生。

1893 年的圣诞节，福特汽油机试验成功。1896 年的春天，福特第一辆汽车研制、试验成功。1899 年，福特又研制出了三辆汽车，为此他在当地被公认为汽车领域的杰出人物。

于是，福特先后于 1899 年和 1901 年与人合作成立了两家汽车公司，但都因为质量问题和成本高昂，使得销售惨淡而公司经营失败。

福特并没有被两次失败的经历吓倒，为了谋求在汽车行业的发展，他付出了更大的努力。他自驾赛车四处表演展示，并不断改进汽车结构。由于获得了各种比赛的胜利，他被新闻界誉为“速度之魔”，一跃成为“全美第一流的汽车司机”。

1903 年 6 月，福特与别人第三次合作，并按股份制模式成立了福特汽车公司。即便公司仅有 10 位员工，但他们却制造出了性能稳定的 A 型汽车，不到一年就销出了 650 辆。1906 年，N 型、R 型、S 型等车随即问世，两年之内总共售出 8000 多辆。

N 型车是福特最喜欢的作品之一，它不仅使福特摆脱了贫困的生活，而且为日后公司发展奠定了良好的基础。1908 年秋，令人瞩目的 T 型车隆重问世了。

图 3-11　福特 T 型车

亨利·福特一生都念念不忘农场朴素和简单的生活。因此可以看到他设计的 T 型汽车构造非常简单，非常朴素，没有任何一个零件是多余的，没有任何一个装置是为舒适而设计的，但是这款车非常实用，非常容易修理。他自认为是“农夫之子”，对上流社会有着强烈的厌恶感。他曾经说过，你只要拥有一辆福特汽车，你可以去到任何地方，除了上流社会之外。

亨利·福特将手工作坊式的汽车生产引入到全新的流水线生产的大工业时代，不仅降低了生产成本，而且大大提高了汽车的生产效率。汽车生产从几百个小时一辆到 10 个小时一辆，直接将作为富人们玩物的汽车变成了所有人都可以享有的交通工具。这个跨越是人类历史上前所未有的进步，这既符合福特的性格，又实现了他的梦想，更加实现了人类千百年来的极速追求。

亨利·福特在汽车流水线的建设上非常舍得投资，他希望的是高度精密、高度组织、高度专业化的生产过程。虽然公司赢利很多，福特却不肯分红，这引起了其兄弟的强烈反对并在 1917 年上法庭对福特提出控诉。但汽车生产线的改进不仅改变了汽车的制造，而且大大提高了汽车行业的进入门槛。

所谓成也萧何败也萧何，T 型车成就了福特，也差点毁灭了福特。为了减少模具更换损耗的时间和避免模具品种繁多带来的各种额外费用，福特公司只生产单一型号、单一颜色的 T 型车。此时斯隆领导的通用汽车公司采用的是多品牌、多品种的产品策略，在这种特色化策略的攻势下，亨利·福特依然坚持自己，他的应对策略就是坚持既定方针，以降价来应对。1920 年以后，随着人们收入的提高，人们更加追求汽车的多样化和舒适性，T 型车靠降价促销、靠“生产导向型发展”的策略最终还是站不住脚跟。

老年的亨利·福特不容许任何人对他倾尽毕生心血打造的流水线和T型车提出任何建议，可想而知福特的销售额不断下降，人才流失，濒临倒闭。1946年，亨利·福特让位给孙子亨利·福特二世，此时福特公司的亏损达到每月1000万美元，而由于福特公司的巨大规模和第二次世界大战期间政府的订货，福特公司这才免遭倒闭。1947年4月7日，享年83岁的亨利·福特因脑溢血死于底特律。

亨利·福特晚年的行事和决策备受争议，但其对人类历史的卓越贡献是不可磨灭的。他对于机械技术的专注和梦想的坚持，的确是值得所有人尊敬的。创业之艰辛如此，但亨利·福特从未放弃，用他对汽车热爱的本能，在没有受过任何高等级教育的情况下，能够将流水化生产的精髓变成企业生产的实践，并不断完善，巨资投入生产革新，对20世纪的工业化带来的巨大震撼和示范推动了整个美国乃至全世界的工业生产技术的发展。他生产的T型车顺应了当时所处的时代的需求，因此取得了巨大的成功。但随着市场环境的变化，福特没能够再次完成思想转变，固执于个人私念，阻碍了企业的发展，是企业管理中的大忌，但这也恰恰成为了企业股份制发展和企业治理发展的重要参考和案例。

二、威廉·杜兰特在通用汽车的跌宕人生

只有和优秀的对手竞争，才能让自己变得更加优秀。福特遇到的挑战正是来自同一个国家的同行们共同组建的通用汽车公司。而这个公司的缔造者正是木材商人出身的威廉·杜兰特（William Crapo Durant）。而在这个公司打败福特的同时，这个宏图大略的战略家却几经沉浮，黯然地被扫地出门。他的命运令人唏嘘，但不可否认的是，他是一个商界的奇才，为美国乃至全世界的汽车工业发展做出了不可磨灭的贡献。因为如果没有他，亨利·福特和他的继任者们可能还躺在T型车里睡觉，世界汽车的生产效率和多样性也将会大大降低。

威廉·杜兰特出生于美国马萨诸塞州波士顿市，10岁起就与母亲一起住在外婆家。美国内战末期和战后初期，其外祖父担任马萨诸塞州州长。

图3–12 威廉·杜兰特

杜兰特生活在一个经济背景较好的家庭里，但17岁时就从学校辍学了，在祖父的木柴厂打工当办事员。具有商业头脑的他不久之后就把自己的业务拓宽延展到了专利药品、雪茄和房地产等其他利润更高的行业。24岁时，杜兰特便已经成为了富林特（Flint）保险公司的合伙人。1886年，他投资1500美元与道拉斯·道特（J. Dallas Dort）在弗林特市一起创立了一家马车制造公司。杜兰特具有丰富的销售经验和出色的才华，在他的领导下，马车公司的发展蒸蒸日上，

成为当时美国最大的马车制造商。

20 世纪初，汽车作为一个新鲜事物出现在人们的视野中，要在汽车行业谋求发展也是相当困难。1904 年 8 月，杜兰特接手了销售额低下、负债累累的别克汽车公司。在纽约汽车展览会上，他将别克汽车带到了那里展出。令人惊喜的是，他带回来了 1108 辆轿车的订单，而在这之前，别克的销量只有 37 辆。然而公司生产能力有限，最后只造出了 20 辆，远远达不到订单量。公司赔偿了大笔违约金，信誉度也随之急剧下降。

杜兰特严格要求自己的汽车公司生产出适合恶劣驾驶环境的轿车。他们组建了一个冠军赛车队，在 1909 年前赢得了半数以上的美国公路赛。杜兰特不断通过比赛推广自己的汽车。

杜兰特花费了 4 年的时间辛苦经营公司，1908 年，别克已经成为当时美国顶尖的汽车制造商，人们蜂拥购买别克汽车，使得销量不断上涨，别克的产品也成为当时市场上最畅销的一个消费品。在人们的心目中，杜兰特从“马车国王”转变成了“汽车天才”。可以说，杜兰特推动了美国的发展，他在成功经营自己企业的同时也使密歇根的富林特成为美国发展最快的城市。

随着别克汽车业务的蓬勃发展，杜兰特开始给自己定下一个宏伟的目标，他在筹划着一个更庞大的收购计划。这是一个极其宏大的企业并购计划，他采用了以股票换股票的方式将 20 多家汽车制造厂、汽车零部件制造厂及汽车推销公司合并起来。1908 年 9 月 16 日，通用汽车成立，这个时候他已经成功将 13 家汽车公司和 10 个部件与零部件生产商合并。

在通用汽车公司成立之后，具有丰富的马车制造及销售经验的杜兰特认为汽车业应该生产出各式各样的款式和品牌的汽车，来满足不同的收入阶层的不同需求和喜好。

通用汽车的多品牌战略在一开始就大获成功，但到了 1911 年，通用汽车公司由于扩张太快，下属各企业分散独立经营，且杜兰特既没有建立公司管理机构，也没有建立现金储备机制，仅仅依靠销售汽车获得的利润来支付原材料费用及职员工资，这是远远不够的。再加上此时福特生产的 T 型车以低价销售，占据了别克汽车的大半市场，公司开始出现亏损的状况，陷入了严重的资金危机中。在这种情况下，杜兰特走投无路了，他把目光转向了财团。财团接受了通用汽车的举债请求，但同时他们又开出了极为苛刻的条件，原因在于他们认为出现这种危机是由杜兰特仓促的冒险行为引起的。他们不仅要求杜兰特停职，而且还要通过信托方式控制通用汽车。无奈之下，杜兰特只好离开了他一手创造出来的通用汽车。

尽管杜兰特被辞退了，但是他依旧热爱他的汽车事业。他用从朋友那儿借来的资金与曾经是别克车队冠军的路易斯·雪佛兰创建了雪佛兰（Chevrolet）汽车公司，开始制造雪佛兰汽车。这一经济车型受到了很多人的追捧，很快占据了汽车市场。

聪明机智的杜兰特将手中部分雪佛兰的股份换成通用的股份，直到 1916 年，他成功地将通用公司转到自己手中，并把它转变成雪佛兰旗下的一家子公司。他开始重新组建立新的通用公司，仅仅 4 年，通用汽车公司就已经扩大为 1916 年的 8 倍。

通用汽车公司的成功使得杜兰特变得有些骄傲自大，他不接受董事会的建议和领导，凭着个人力量维护经营着公司；他不注重公司的内部管理，只是研究如何扩大公司规模；他不协调公司各经营部门之间的关系，使得分公司内部管理混乱；他不关心公司的产品战略规划，导致分公司生产出来的产品互相重复，难以形成“一致对外”的市场竞争格局。1920—1921 年间，通用公司经营系统奔溃，出现了严重的危机。公司的产品质量下降，汽车销量骤减，加上原先订购的原材料源源不断地运来，材料堆积，资金周转和流通出现堵塞，公司亏损严重，处于破产的边缘。1920 年 11 月，董事会主席皮埃尔·杜·彭特（Pierre du Pont）收购了杜兰特在通用的股份并将他从公司辞退。

当经济大萧条来临时，杜兰特投入自己所有的精力苦苦经营自己的公司，但由于资金流动问题，最终还是经营不下去了。1936年，杜兰特宣布破产并于1947年过世了。

杜兰特是一个具有宏图大略的成功企业战略家和销售天才，能够将诸多企业整合成一个通用公司实属不易。即便杜兰特最后没有成功，但是他一手创造出来的通用汽车公司却成功地存活下来。后来斯隆等人接手经营了通用公司，在他们的成功经营下，通用公司成为了现在世界上最大的汽车公司。在经营哲学上，坚持多样化的战略思想是市场营销思想的雏形。但是杜兰特却在公司治理上面显得苍白无力，也没有能够及时地进行管理的专业化，从而导致公司连续因管理混乱而失败。不能不说这是由其年少成名而形成的自我膨胀的性格所致，值得后人警醒。

三、精英设计师保时捷家族的开路人——费迪南德·保时捷

福特 T 型车的最终失败，让我们看到了多样化市场的重要性，因为汽车已经逐渐从单纯的交通工具变成了人们品味和身份的象征。一个经典的车型能够流芳百世，而这离不开设计师们高超的设计水平，能够保证汽车在性能良好的同时还要符合时代的审美需求和成本要求。

图 3–13　费迪南德·保时捷

历史上有诸多的精英设计师，他们的作品或惊艳一世，或广泛流传，人们称之为经典。然而，在精英设计师家族中，费迪南德·保时捷率领的保时捷家族成就最为出众，其儿子、孙子已成为举世闻名的设计师，设计出了一代代经典的车型。而且他还是德国最大的汽车企业——大众汽车和最豪华的汽车公司——保时捷公司的缔造者，这两家公司至今仍由他的家族传人们掌控。

费迪南德·保时捷这位风靡全球的汽车设计大师也是我们现代汽车模样的开拓者。他的设计理念是“设计应该是实用的，但是这种实用是不需要向消费者灌输、让人们一目了然的”。费迪南德·保时捷于1875年9月3日生于奥匈帝国利贝雷茨附近玛弗斯多夫（现在捷克境内）的一个铁匠家族。当他还很小的时候，他就开始对机械和新兴的电子学充满了浓厚的兴趣，非常喜欢自己动手做实验。保时捷白天会在苏台德地区的中心赖兴贝格（今捷克利贝雷茨）父亲的店铺里帮忙和学习手艺，晚上就去当地的技术学校学习以增长见识和丰富自己的学识。

1893年，年仅18岁的保时捷只身来到维也纳，通过面试进入贝拉爱格电子公司（Bela Egger）做学徒，并利用空闲的时间到维也纳工学院旁听各类与机械和电子相关的课程。在短短几年的时间里，他就从一个普通工人晋升为检验室的负责人。

22岁时，保时捷发明的轮毂电机得到了英国授予的专利，次年就担任了这家电子公司实验部门的经理，并结识了当时与贝拉爱格电子公司属于合作关系的车厢制造商路德维希·洛纳（Ludwig Lohner）。1898年，保时捷加盟维也纳洛纳车身工厂，开启了他的汽车生涯。

19世纪末期到1920年，电动车高速发展。1898年，保时捷设计了名为Lohner-Porsche的双座电动车并于1900年正式在巴黎博览会上展出。即便这台电动汽车没有发动机、没有变速箱、没有传动轴，但它却成功引起了全世界的瞩目，遗憾的是1.678吨的铅酸电池限制了其性能。当时测试汽车表现的最好方法就是进行比赛。保时捷马上对其进行改进设计，并在后轮添加了一组轮毂电机，最终它以35英里（56公里）每小时的速度创造了奥地利的汽车速度纪录。

但续航里程短成为了这台电动汽车最大的致命点。为了改变这种窘境，保时捷设计了一款新型混合动力车Lohner-Porsche Semper Vivus。保时捷将两台水冷的De Dion Bouton 3.5马力汽油机安置在车身中间，并分别驱动两台发电机，通过功率2.5马力的发电机为轮毂电机提供电力，剩下的电能则进入电池组内储备着。此外，发电机还可以成为发动机的起动机，比1997年才上市的第一代丰田普锐斯领先近一个世纪！

后来保时捷又设计了Mixte电动汽车车型，并不断改进，取得了很好的比赛成绩。

1906年，保时捷被聘任为戴姆勒公司奥地利分公司技术部经理。这一年，由于成功设计了“玛哈”牌汽车而获得了他有生以来的第一枚勋章（颁发给杰出奥地利汽车工程师的Poetting奖项）。后来他又设计了外表呈流线型、发动机功率为85匹（63千瓦）的著名赛车“亨利王子”（Prince Henry）。在1910年，他带着三辆自己设计的赛车参与比赛，在175辆“高手”之中一举拿下前三甲，举世闻名。

1914年第一次世界大战爆发，保时捷被任命为斯柯达军工厂的技术总监。“一战”之后保时捷继续在奥地利戴姆勒公司工作并于1922年设计出了著名的“萨莎”（Sascha）赛车，这个引擎排量1.1升的小赛车在当年的探戈·佛列罗大赛上（环西西里岛拉力赛）大放异彩。1926 年，戴姆勒 - 奔驰公司合并后，保时捷为梅赛德斯设计了 S、SS 以及 SSK 等一系列车型。在公司的董事会上，保时捷主张开发小型轿车，但这不但没有得到任何股东的支持，反而因此受到排挤，他只能从公司退出。1929 年保时捷进入奥地利斯太尔公司（Steyr automobile）担任技术总监，但是斯太尔很快被戴姆勒 - 奔驰收购，保时捷不愿再面对戴姆勒的老股东，再次选择了退出。

1930 年 12 月 16 日，保时捷辞职后，成立了自己的公司——保时捷汽车工作室。他聚集了一批德、奥汽车业的精英，基地建在德国汽车工业中心斯图加特（奔驰公司所在地）。

1932 年，希特勒制定了国家汽车要求，并宣布国家每年将补贴 50 万马克，以支持车企参加国际性的活动。一开始，大家都认为这笔钱将完全属于奔驰。但是随着汽车联盟公司（奥迪前身）掌门人厄尔岑（Baron Klaus von Oertzen）等人的游说，这笔奖金一分为二，让奔驰大为光火。保时捷为汽车联盟设计的后来被称之为“银箭”的赛车脱颖而出。这辆赛车的车头约占 1/3，车尾占 2/3，汽车前后重量比为 1:1，油箱安置在车的中部——无论油有多少都不影响汽车的重心位置。它成为唯一能与早已成名的“奔驰”一较高下的车型，先后打破了当时的 8 项世界纪录，赢得了场地比赛、越野比赛、登山等比赛的冠军。

希特勒对汽车非常痴迷，并将“国民轿车”的设计全权委托保时捷，并要求采用新的风冷技术。保时捷在之前的 Type 32 的基础上，缩小车的体积，降低车的价格，推出了后来广为人知的甲壳虫汽车。

1937 年 5 月，大众汽车公司成立。1939 年 8 月大众汽车公司生产首批“大众”车。然而，由于“二战”，保时捷生产民用汽车的梦想迅速破灭，战前总共生产的 210 辆“甲壳虫”车全部装备德国军官。在战争期间，保时捷不仅管理着大众工厂生产军备产品，还为纳粹德国设计了多种军用车。他和保时捷公司的成员在甲壳虫底盘上做改动，开发出了 Type 62、Type 81、Type 82、四轮驱动的 Type 87 以及水陆两栖车 Type 166 等诸多越野车。

第二次世界大战后，保时捷被押解到美国，接下来被转移到巴黎等其他地方。1945 年 12 月 15 日他被列为战犯，但实际上费迪南德·保时捷先生从不穿纳粹制服，拒绝希特勒的好意，包括要求他加入德国国籍、将大众的工厂命名为“保时捷工厂”等。保时捷在 1948 年被保释出来。1951 年 1 月 30 日，保时捷从沃尔夫斯堡返回斯图加特的途中不幸中风逝世，享年 77 岁。他的杰作，特别是不朽的“甲壳虫”，却永远留在车迷的心中，累计生产和销售 2100 多万辆。保时捷的一生是汽车设计的传奇一生，其技术和思想超越时代，引领未来。从轮毂电机到电动汽车再到混合动力汽车，都足以彪炳史册，但更为大家所熟知的是他设计的各种车型，从亨利王子型到银箭再到甲壳虫，每一款都是传世经典，其汽车设计成就是超越古今的。他为汽车设计领域留下了宝贵的财富。

四、精益生产的开创者丰田

由于汽车率先在欧洲和美国诞生和大规模生产，东方世界仍处在封建蒙昧末期和频繁混战中，汽车这个当时最先进的工业成果的光芒还没有照进亚洲。所以，亚洲国家没有像欧美国家一样有大量的机械师和发明家，直到“二战”前后亚洲的企业家们才开始有精力去思考引进汽车的生产。而这一进程率先在日本得以进行。

显然亚洲是汽车工业的后来者，但精打细算的亚洲商人们却将汽车的生产销售控制水平带到了一个欧美国家都无法企及的高度，并在亚洲这块汽车的处女地上开拓出广阔的市场，最终取得了和欧美先驱同样的地位。

那这一切的缔造者是谁呢?

他就是日本丰田汽车株式会社的创始人——丰田喜一郎。

图 3–14　丰田喜一郎

丰田喜一郎于 1894 年 6 月 11 日生于静冈县敷知郡吉津村，其父亲丰田佐吉既是日本有名的纺织大王，也是日本大名鼎鼎的“发明狂”。从东京帝国大学工学系机械专业毕业后，丰田喜一郎来到父亲的“丰田纺织株式会社”当了一名机师。经过 10 年磨练，丰田喜一郎担任管技术的常务经理。

然而，目光远大的他并不满足于眼前的成就。当时，美国平均每 4 人拥有一辆汽车。于是，丰田喜一郎做了这样的构想：如果国内每 10 人拥有一辆汽车的话，1 亿日本人需要 1000 万辆；按汽车的平均使用寿命 10 年计算，每年需要 100 万辆新车；这是一个令人神往的巨大市场。

丰田佐吉去世以后，公司总裁的职位由丰田喜一郎的妹夫丰田利三郎担任。

1933 年，在丰田喜一郎的一再要求下，公司设立汽车部，并将一间仓库的一角划作汽车研制的地点。丰田喜一郎以此为基地，于当年 4 月购回一台美国雪佛兰汽车发动机进行反复拆装、研究、分析、测绘。

1933 年 9 月，丰田喜一郎着手试制汽车发动机，拉开了汽车生产的序幕。1934 年，他托人从国外购回一辆德国产的 DKW 前轮驱动汽车，经过连续两年的研究，于 1935 年 8 月造出了第一辆“丰田 GI”牌汽车。在此之前的 1934 年，他擅自做主购买了约 180 公顷土地，积极准备创建汽车厂，但由于和利三郎意见对立，只好分手单干。

于是，利三郎同意丰田喜一郎于 1937 年 8 月 27 日另立门户成立“丰田汽车工业株式会社”，地址在爱知县举田町，创业资金为 1200 万日元，拥有职员 300 多人。丰田汽车公司刚刚成立，席卷资本主义世界的经济危机强烈地冲击着日本经济，初期的投资已经消耗殆尽，公司已经到了山穷水尽的地步。此时侵华战争爆发了，丰田公司与其他许多生产厂家一道被纳入了战时军需工业品的生产轨道，陆军将其所有库存货车一次购光，这才使其摆脱了危机。

在丰田喜一郎老家的大厅中挂着一个条幅，从来没有摘下来过，上书“百忍千锻事遂全”七个大字。从 24 岁起，喜一郎就梦想“要生产出几千辆、几万辆、几十万辆汽车，让日本的道路上跑的全是丰田的汽车”。

丰田喜一郎的目标是，以“福特”和“通用”的汽车为追赶目标，争取造出与这两家公司在日本组装的汽车同等水平的汽车。他把重点放在“丰田的汽车一定要符合日本的具体情况”上。

从制定规划、募集人才、筹措资金、购地建厂，到设计、制造、试验、总结、改进，直到组装成整车，丰田喜一郎无不亲自参与，和设计师、工程师、技术工人“一起拼命”。

到 1952 年病逝为止，丰田喜一郎带领“丰田人”在制造日本国产汽车的道路上一往无前、奋勇前进，先后研制出了 A 型六缸直列汽车发动机、A1 型轿车、AA 型轿车、AB 型四门敞篷旅行车。

丰田喜一郎对丰田的贡献，不只在于他造出了日本的国产轿车，更在于他为丰田今后的发展奠定了各方面的基础。

如今丰田的“提合理化建议”制度可谓举世皆知，对提高丰田汽车质量、使丰田能够一直走在世界汽车业界前列起着至关重要的作用。丰田喜一郎十分尊重生产第一线员工的意见，经常会征集他们的建议进行工作改善。1951 年 5 月，丰田公司正式制定了“提合理化建议制度”。这一制度的意义并不仅限于收集与业务相关的发明方案，由于每一个员工都可以自由地就任意问题提出各种建议，因此在加强员工的参与意识、提高员工的劳动热情方面也取得了良好的效果。

战后的日本经济萧条、社会混乱，百姓生活十分艰难。在这种背景下，丰田的经营也遇到了空前的困难。1949 年年底，公司急需约 2 亿日元的过年周转资金，经营的艰难程度已经到了“如果得不到银行融资便会倒闭”的境地。喜一郎亲自出面同银行交涉，希望银行提供融资以解燃眉之急。银行方面尽管答应提供帮助，但是有附带条件，那就是要“从根本上重建丰田汽车公司”，并且在第二年（1950 年）年初提出了“重建法案”。其中直接关系到丰田经营者和全体员工切身利益的最重要的两点是:“分离销售公司”与“裁减过剩人员”。由于和工会僵持不下，丰田喜一郎方面发表了包括“募集 1600 名志愿辞职员工”内容的重建法案。6 月 5 日，他宣布辞去公司总经理职务，主动承担了他所说的“高层干部的责任”。此后，1700 名员工自愿提出辞职，丰田后来为这些自愿辞职的员工在其他企业就职给予了帮助。在劳资关系的处理上，丰田喜一郎为后来的日本企业树立了典范。他注重员工福利，形成“家”的企业文化，培养员工的忠诚度，对稳定生产和产品品质非常重要。

丰田生产体系（Toyota Production System，TPS）由日本丰田汽车公司的副社长大野耐一最早创建，是丰田公司的一种独具特色的现代化生产方式。它顺应时代的发展和市场的变化，经历了20多年的探索和完善，逐渐形成和发展成为今天这样的包括经营理念、生产组织、物流控制、质量管理、成本控制、库存管理、现场管理和现场改善等在内的较为完整的生产管理技术与方法体系。

TPS由准时化生产（Just-in-Time）和自动化（Jidoka）这两大支柱组成。TPS的维护和改进是通过遵循PDCA的科学方法，并且反复地进行标准化操作和改善而实现的。

1952年3月27日，丰田喜一郎驾鹤西去，享年57岁。两年后，丰田的全体员工赠送了一座丰田喜一郎胸像，把它建在丰田汽车总公司大楼前，永远纪念这位日本“国产车之父”。

五、亚洲的机械工程专家本田宗一郎

本田宗一郎是继亨利·福特以来唯一最杰出的机械工程企业家，而且他是日本战后经济奇迹的创造者之一。他创立了“HONDA”（本田）品牌，现成为世界上最大的摩托车生产厂家。虽然他出生在一个贫困的家庭，但却有着惊人的发明天赋，拥有470项发明和150多项专利。

图3–15　本田宗一郎

本田宗一郎于1906年11月7日出生在日本滨松市磐田郡光明村一个铁匠家庭。在有8个兄弟姐妹的家庭里面生活是很艰辛的，但大家都生活得很开心。

宗一郎不想一直在农村里面待着，所以他早就决定小学毕业后就到东京一家名汽车修理厂“技术商会”工作。宗一郎在技术商会6年的时间里一直悉心向学，很快掌握了汽车的全部修理技术。老板非常支持他，给了他200日元，他带着这笔资金返回家乡自己开了一家店——“技术商会滨松支店”。宗一郎不到30岁就家财万贯了。他自己当了老板，吩咐雇员去修车，他依然去捣鼓他喜欢的机器。

1934年，宗一郎突然提出了放弃汽修业务、转行零配件生产的想法。这是由于经过市场调查，宗一郎发现，汽车零配件供不应求，而汽修业的竞争也日益激烈。因此他毅然提出要转变发展方向，为往后的发展奠定了坚实的基础。

1937年，宗一郎成立了“东海精密机械公司”并制造出了汽车的关键零配件活塞环——“东海精机活塞环”。丰田汽车工业公司大批购进这种活塞环。当时“二战”战争经济的刺激，大大推动了“东海精机”的发展。

“二战”之后，日本经济萧条，宗一郎把自己所有的股份都卖给了丰田。之后他转向了纺织机器，着手改良织布机。他盖了座160平方米的房子，取名为“本田技研所”。但是，这很快就便出现了问题。宗一郎由于投入大笔资金，手头资金已所剩无几，而新织布机还没试制出来。

在我们每个人的人生中，都会有无数次机遇来到身边，只不过有的人拥有慧眼，看到并抓住了它们，这些人被我们称为成功者，宗一郎可以算是拥有慧眼的人之一。在好友公司仓库里，他注意到了角落一堆盖满了尘埃的杂物。这是陆军通信设备上的微型发动机，当时已经派不上用场。宗一郎很兴奋，用低价把它买来，并安装到自行车上充当动力源。这种被称为"吧嗒吧嗒"的机动自行车出现了并博得大众群体的认可。在交通混乱、车辆拥挤的城市里，人们都希望拥有属于自己的便捷交通工具。汽车太贵买不起，这种便捷自行车自然受到众多人的喜爱。而农村里的人也正好用这种自行车把米、菜从农村运到城里贩卖。所以"吧嗒吧嗒"一问世，销量极好，第一批产品被一抢而空。

为了满足人们的需求，本田宗一郎大批购进微型发动机，本田技研所的员工们日夜加班生产，月产量从最初 300 辆到后来 500 辆、700 辆，但发动机明显已经不够用了。最终本田宗一郎决定卖掉祖传的家产，筹集资金，和朋友河岛一起生产出 A 型发动机，这是宗一郎亲手制造的第一台发动机（50cc 的微型发动机）。这就是最早的"本田摩托发动机"，从此本田 A 型摩托开始投入大批量生产。

宗一郎的成功吸引了很多的目光，很多人都在仿制本田式的"机器脚踏车"。为在摩托车领域占有一席之地，1948 年 9 月，他亲自任社长，正式创建"本田技术研究工业总公司"，从此本田汽车进入了大发展的时代。

随后，宗一郎以 A 型车为基础，相继研制出性能更好、功率更大的 B 型和 C 型发动机。他将 C 型发动机装在自行车上并去参加了东京日美对抗赛，还夺得了冠军。宗一郎并不满足于现状，继续研制出一种 98CC、2.3 匹马力的 D 型发动机。因发动机功率太大了，宗一郎就改进车身，终于试制出以速度寄托自己的理想的第一辆新车，所以这辆试验车被命名为"理想号"。这是从自行车到摩托车的一次巨大的飞跃。

宗一郎是个很明智的人，他认为发动机在技术上不断进步的同时，公司的管理也需要进步。他深知自己专长是搞技术而不是搞管理，因此公司迫切需要管理营销人才。1949 年，管理专家藤泽武夫加入本田的公司，本田获得了迅速发展。

1951 年 7 月 15 日，"理想号"摩托车试车成功。本田相继又研制出了"奔利""天使"和"佳普"号。公司的规模也不断扩大，效益不断提高，同年，宗一郎成为日本最年轻的"蓝绶带奖章"获得者。

然而，1954 年，宗一郎的决策出现了失误。他向银行借贷，但市场的变化使得资金周转出现问题，公司负债累累。同时，"理想"等型号摩托车的质量出现了问题，销售额直线下降。宗一郎临危不惧，他让藤泽借来大笔优惠贷款，自己则投入全部精力改进"理想"号，最终危机解决了，丰田公司继续运营。事后，宗一郎感慨道："人没有刺激和压力就不会进步，困难痛苦时的智慧才是最可贵的！"

1973 年，本田公司采用 CVCC 发动机生产"西比古"轿车，第二年又生产出"阿科德"（雅阁）轿车，顾客蜂拥而至。1973 年，66 岁的本田宗一郎选择退休，继任人是一个普通的技术专家，这让整个世界都很震惊！因为无私豁达的宗一郎认为，企业是社会的，而不是个人所有的！

本田宗一郎说过："人生就像是驾驶飞机。技术上也没有什么，只要会掌舵，起飞并不难。要紧的是降落的时候，如果操纵失败，那就血本无归"，"我希望，在人生的最后一段，当要降落的时候，能够平稳地落地。如果能被赞为名驾驶员，那就再好不过了。"的确，本田宗一郎是个"名驾驶员"。他和战后的日本一起走过了经济腾飞和辉煌，每一次打击和挑战，他都能在紧要关头临危不惧，平安度过。本田宗一郎为后人留下了一段传奇！

汽车和汽车工业发展的历史，是一部科技改变人类生活的历史，而这些历史进程的推手无疑是那些不断将科学技术应用于汽车革新的设计者们和执着于汽车普及的梦想家们。他们对汽车速度和品质不断追求的激情、梦想和执著以及他们的聪明才智，浇灌了汽车工业文明之花。

一百多年来，汽车的设计者们不断地将科技发明的最新成果应用到汽车产品中，创造出许许多多先进的汽车产品，确保了汽车能够适应人们在不同时代的体验要求，也令汽车业逐渐发展至今时今日的庞大产业。与此同时，这些庞大工业的管理者们不断将工业和管理的先进技术注入到汽车的创造中，推动着汽车乃至整个工业的成本改善和效率提升，为人人都能够享受汽车的生活乐趣的伟大梦想注入了坚实的基础。

今天我们在享受汽车工业文明的成果的时候，汽车已经不再仅仅是一件简单的物器，它承载着无数人的梦想和逾百年的文化积淀。这些汽车品牌的创造者和文化的传播者努力将他们对汽车品质的执着追求和追求极致的生活态度传递给世界，让人们可以拥有更加丰富多元的精神享受。而这其中，汽车运动的功劳不可磨灭，它极大地推动了汽车技术的进步，也令汽车文化得到了更加广泛的传播；同时车手们不仅直接参与了汽车的技术改进，也成为了汽车文化的传播使者。

不管是孜孜以求为汽车技术带来福音的科学家，还是源源不断将新技术用于汽车设计的工程师们，不管是那些高瞻远瞩、化繁为简提升汽车工业的管理巨匠，还是技艺超群、魅力无限的车手们，他们身上都流淌着对汽车的热情和梦想，他们坚定、执着地为梦想奋力前行，才有了我们今天越来越方便和有趣的汽车生活。他们都是汽车界的精英，书写了汽车世界的传奇故事，为无数的后来者点亮未来之路。

第三节　车界精英之中国版图

当欧洲和美国正在如火如荼地进行内燃机和汽车的发明的时候，闭关锁国两百年的满清王朝正开始被列强瓜分和凌虐。从慈禧太后的第一辆中国进口的奔驰到这条东方巨龙苏醒过来，已经过了快一个世纪。这段时间，世界的汽车工业已经走向现代工业文明了，而中国还是一片空白。辛亥革命成功后孙中山在1920年发表《建国方略》，其中对汽车是这样设想的："最初用小规模，而后逐渐扩大，以供四万万人之需要。所造之车当合于各种用途，为农用车、商用车、旅行用车、运输用车等。一切车以大规模制造，实可较今更廉，欲用者皆可得之。"这个设想到今天尚未完全实现。

新中国成立以来，一代代汽车志士奋力开拓，汽车工业从无到有，经历了难以想象的困难。今天，汽车精英们正在为自主品牌汽车的强大而奋斗，也正是他们正在刻画着汽车的中国版图。而且，我相信，那些自立更生在市场中摸爬滚打起来的、更有活力的汽车企业和梦想家们才是中国汽车真正的未来。

与国外汽车的创业故事不同的是，新中国特殊的发展路径使得中国的自主品牌的创始过程有一些另类。国外的汽车企业初创之时，大多处在汽车的发明和发展阶段，加之国外对技术人才和专利的重视和尊重，使得绝大部分汽车企业的创始人都是汽车的动力或机械专家以及汽车的兴趣爱好者。而国内改革开放先富起来的一代人的资本决定了汽车梦想的实现。虽如此，我们在短短的20年间走完了国外近百年的汽车普及历程，这与这些实业家的探索和奋斗是密不可分的。党的二十大报告总结，在过去十年中，我们加快推进科技自立自强，全社会研发经费支出从一万亿元增加到二万八千亿元，居世界第二位，研发人员总量居世界首位。基础研究和原始创新不断加强，一些关键核心技术实现突破，战略性新兴产业发展壮大，载人航天、探月探火、深海深地探测、超级计算机、卫星导航、量子信息、核电技术、新能源技术、大飞机制造、生物医药等取得重大成果，进入创新型国家行列。二十大报告还对发展制造业提出了一系列新目标、新要求、新举措，为汽车产业发展提供了广阔空间。而这些汽车精英们终将成为中国汽车在世界版图上占有一席之地的操盘者。

一、中国汽车的奠基者——饶斌

饶斌，原名饶鸿熹，1913年3月3日出生在吉林市一个旧官僚家庭。1931年1月，18岁的饶斌就读于由"满铁"主办的满洲医科大学。

1931年"九一八事变"后，一心不屈服于当亡国奴的饶斌积极投身于抗日救亡活动，其中就曾3次参与上海学生赴南京的请愿斗争。1933年4月饶斌加入了中国社会主义青年团。

在1937年"七七事变"后，饶斌下定决心弃文从武，前往山西参加八路军，并加入了中国共产党。1938年，饶斌担任晋西北临时省委宣传科科长一职，在不久的时间内便担任中共山西省委秘书长。1939年初，他担任中共静乐地委副书记兼宣传部部长。接着饶斌在1940年1月担任了晋绥八地委书记，又在1942年时，担任晋绥党校教育长一职，而后于1945年9月抗战胜利后，他奉命被调到东北工作，担任辽宁省委组织部副部长。

中共抚顺市委书记吴亮平于1946年2月被调往北满。届时的饶斌被调任中共抚顺市委书记。到了抚顺后，饶斌带领抚顺地（市）委领导班子，根据中共中央东北局的部署，在城乡做了大量的工作。他在广大城乡进一步深入开展减租减息，反奸清算，抓紧建党、建军、建政方针建设。

在 1946 年 3 月 18 日，抚顺地（市）委在抚顺大华电影院召开全市党政军党员干部大会，决策撤出抚顺市区，实行战略转移的战略部署。为了更好地实行战略转移，饶斌决策部署并分别派出了干部到抚顺县马圈子、新宾县城和五龙口及红庙子、平顶山等地探测。在地方县区委和政府的大力支持下，把物资、粮食运了出来，筹建了医院、仓库、油坊、被服厂等，稳扎稳打建起了后方基地。饶斌在同年 3 月 21 日与抚顺市党政军机关一同撤出抚顺市，便转移到了新宾县境内，开始了艰辛的创建农村革命根据地的斗争。

1946 年 5 月，饶斌被调任吉林市委书记。同年 7 月，饶斌任职图们卫戍司令兼东北民主联军总部驻图们办事处主任。紧接着在 1947 年 11 月，担任哈尔滨市委组织部长。并于 1949 年初，担任哈尔滨市市长一职。

在新中国成立后，为了满足国家经济建设、国防技术以及人民生活的需要，中国政府决定开创属于自己的汽车工业。中央在计议人选时，毛泽东想起了以前在哈尔滨见过的饶斌。在印象中的他高大英武，于是毛泽东便问：“是那个当市长的白面书生吗，他够厉害吗？”在收到肯定的回答之后，毛泽东满意的点了点头，至此中央正式任命饶斌为长春第一汽车制造厂厂长。在 1953 年 7 月，饶斌把第一锹黑土抛向了毛泽东亲自题词的一汽建设奠基石，从此中国的汽车工业开始起步。

图 3–16　第一辆红旗轿车

1958 年 2 月 13 日时，毛泽东深入一汽视察，他对在旁一起陪同视察的饶斌提到：“什么时候能坐上我们自己造的小汽车呀？”受到毛泽东的鼓舞后，不到一年的时间，一汽员工就研制出了新中国的第一辆小轿车“东风”。“东风”这一取名源自毛泽东“东风压倒西风”的论断。

东风样车在1958年5月21日上午9点准时开到怀仁堂门前，停于小花园内。下午两点，毛泽东来到了停车的小花园。司机钱海贵赶忙打开了车门，毛泽东便在林伯渠秘书长的陪同下坐进轿车，围着花园跑了两圈过后，车回到原地停下。下车后的毛主席心花怒放地说：“终于坐上我们自己生产的小轿车了。”就在毛泽东参观样车后的第二天，刘少奇也过来试坐了车。接着第三天，周恩来也前来，并且观察得更细致入微。而后朱德、陈毅、贺龙等中央领导也先后来参观了东风样车。其中朱总司令还坐着东风围着花园转了一圈。而不同的是，看了东风的贺龙却说：“车太小了。”

在1958年8月1日，饶斌带领红旗轿车组不仅成功试制了中国的第一辆轿车，而且同时还研制了一辆检阅车，在同年的9月28日调试完毕后，马不停蹄赶往北京参加中华人民共和国成立9周年的庆祝活动。饶斌领导的一汽于1959年9月28日在人民大会堂东门举行了别开生面的交车会，20辆红旗汽车一字排开，值得骄傲的是，都是由党和国家领导人亲自领车。

不幸的是饶斌在1962年初患上了浮肿病，家中每日会把有限的白菜叶子加盐，煮成菜粥给饶斌喝。1963年9月间，经中组部的安排，饶斌被调到南京汽车制造厂任职副厂长。饶斌在1964年时，又奉命到了武当山下，任湖北第二汽车制造厂筹备组组长一职。在二汽，饶斌一干就是16年。二汽建成投产后，饶斌调回北京。20世纪80年代初，饶斌先后被任命为机械工业部部长以及中国汽车工业公司董事长。

1984年7月，“全国汽车零部件新产品起步布点会议”在上海召开，饶斌亲临会议现场并作了4个小时的动员报告，提出了零部件新产品的想法，要为引进合资企业国产化做配套服务，并且要不留余力引进先进的汽车零部件项目，要把上海发展为轿车零部件国产化配套的试点地，提供给上海一些汽车零部件厂“吃小灶”的机会。1987年7月15日是解放牌卡车出车30年的纪念日，饶斌回到一汽参加了解放牌卡车出车30年的纪念大会。在会上，饶斌突然十分激动地讲起了轿车：“一汽第一次创业是我国从无到有的一种创业，我和同志们参加了此次活动，也从中学到了汽车工业建设的本领。第二次创业就是这次完成换型改造的任务，我也在其中一直关注支持你们。第三次创业是生产正在起步的小轿车，汽车工业建成支柱产业的创业就要起步了，但是我可能干不动了，但我愿做一个桥梁，供同志们在这桥梁上健步跨过去。希望在有生之年能够看到这个胜利的到来。”这就是饶斌对我国汽车工业的美好祝愿。

1987年8月，饶斌辞去中国汽车工业最高领导职务来到了上海。他在同年8月28日下午起草了一份上海发展轿车工业的全面设想。就在第二天，由于心脏病突发，经抢救无效的饶斌不幸去世，享年74岁。

在中国工业史上，有两个由饶斌主导的举足轻重的大事，其一是建立长春第一汽车制造厂；其二是上海汽车与德国大众合资成功生产桑塔纳，结束了中国不能生产汽车的历史。实际上，前者不仅仅决定着一个企业的合资命运，而且还关系到一个行业的发展前景，并深远地影响着未来中国30年里汽车工业的走向。而当中国汽车工业走到历史岔路口的时候，是饶斌把握住了方向盘，他适时选择了合资生产，不仅仅是引进技术这样简单。

饶斌去世后，便有中国汽车工业的同行们这样评价他道："汽车就是他的生命，中国汽车业之父饶斌"，"如果说有一个人的经历能够完整地反映中国汽车工业最初30多年的发展历程，这个人毋庸置疑应该是饶斌"，"如果没有饶斌的全心投入，中国汽车工业又是另一种景象，大家尊称他为'中国汽车业之父'是当之无愧的"。

二、"疯子"李书福的汽车版图

素有"中国汽车工业之父"之称的饶斌先生致力于汽车国产化，并为其确立了方向，为中国汽车市场打开了一扇大门，合资汽车企业蔚然成风，为中国汽车市场提供了新的活力。但国人明白，以市场换技术的设想终究不是终极之道，只有自主研发才能掌握自己的命脉。

由于中国特殊的体制，汽车企业大多脱胎于计划经济，市场化多年也不可能完全根除国有企业的通病，在自主品牌的建设之路上步履蹒跚。虽然我们缺少欧美激情澎湃的机械师型的汽车企业家，但民营企业对汽车的热情依然让我们看到了希望。

虽然他们还很稚嫩，但他们依然努力地去追赶，将实现中国自主品牌汽车的梦想付诸实践，他们正在刻画着中国汽车工业在全球未来市场的版图。而这其中的一个就是人称"疯子"的吉利汽车的李书福。

李书福于1963年诞生在一个农民家庭里，在四兄弟中他排行第三，在台州他度过了整个学生生涯。但是，刚刚高中毕业的他却没有选择继续求学，受家庭环境影响，他在1982年，用父亲给的120块钱开始试水照相生意，也很快获得了第一桶金。

在李书福迈出经商第一步的一年之后，因为喜欢捣鼓，他买来了一些零件，自己开始捣鼓照相机。在他洗相片的过程中，他惊奇地发现有一种药水可以使废弃物中的金银分离出来，他把提取出来的金银出售到杭州，之后他开始有了新的想法，他关闭了照相馆，致力于卖金银这个买卖。

1984年李书福在去一个小鞋厂定做皮鞋时，发现有些工人在为冰箱做元件。那时候，冰箱在北方一些城市还绝对是供不应求。他看见后，回家也着手于生产，收入也非常可观，由此，李书福获得了黄岩县石曲冰箱配件厂厂长一职。

有经济头脑的他感觉到了另一笔财富的到来，他开始决定生产"北极花"牌电冰箱，但是由于1985年国家没有承认电冰箱这种商品，因此他生产的电冰箱不可能获得国家批准生产。

1989年6月，国家电冰箱实行定点生产，民营背景、戴着乡镇企业"红顶"的北极花自然没有列入定点生产企业名单，李书福只好放下了当时已经有一定名气的北极花电冰箱，怀揣上千万元来到深圳，到深圳大学求学。这是李书福第一次外出学习，到目前为止，他分别在深圳、上海、哈尔滨三地的大学进修学习过，他能说一口较流利的英语。

他在深圳大学求学期间，发现装修用的铝合金促销量非常好，他回到台州后便联系自己的兄弟开始事业第二春。销售这种材料获得的成功给他以及他的家族带来了非常大的利润，使他拥有了上亿的资产。

因为之前北极花失败的经验教训，他在 1993 年用数千万的代价收购了浙江一家有生产权的邮政摩托车厂，他与行业龙头“嘉陵”生产出“嘉吉”摩托车，又率先开发出四冲踏板式发动机，因此不出一年便占据了国内踏板车的龙头地位，他生产的踏板车还远销国外。

图 3–17 第一辆“吉利豪情”下线

摩托车生意的成功使他在 1994 年有了一个更疯狂的决定，就是造汽车。尽管得不到有关部门的同意，但是他却打着造摩托车的幌子，征了 850 亩地，筹建了吉利豪情汽车工业园区。

聪明的他在 1997 年看准了四川一家生产小客车却濒临破产的企业，他投资 1400 万元，成立了四川吉利波音汽车制造公司，并如愿拿到了小客车和面包车的生产权。

第一辆没有准生证的“吉利豪情”在 1998 年 8 月 8 日正式下线。过了三年，在 2001 年 12 月，吉利因为第七批车辆生产企业及产品公告获得了轿车生产资格，因此吉利拥有了临海、宁波、上海浦东三个汽车生产基地，吉利完成了进入汽车工业的基本战略架构。

李书福投资汽车的疯狂决定收到了回报。这段时间正是中国汽车市场爆发增长的阶段。据吉利汽车公布的数据显示，2010 年 2 月份其汽车总销量为 28712 辆，而且拥有了远景、金刚、金鹰、自由舰、优利欧、美人豹、熊猫、帝豪等一系列的车型，对比09年同期增长了54.2%。同时吉利销量最好的三款汽车为自由舰、吉利金刚及远景，分别为9460辆、5156辆及3884辆。

此时的李书福已经不再仅仅是前期成长和摸索阶段的投机小商人了，他把目光瞄准了更远的地方。自主品牌的发展已经进入到了一个关键的时期，如何摆脱吉利汽车低端形象和提升产品的品质，是李书福和吉利汽车所面对的最为棘手的问题。

“疯子”李书福再次做出了惊人的决定。

吉利与沃尔沃在2009年年底达成收购协议，虽然吉利收购沃尔沃受到了相当一部分业内人士的不看好，因为他们都觉得吉利与沃尔沃在年销等方面都不在一个档次，但是他却因此成为了全球的焦点，《华尔街日报》更类比他为亨利·福特。

为这次收购，吉利花费大量的财力和人力物力，因为是自告奋勇收购的，又因为对方有着百亿的欠债，吉利从银行贷款30多亿元，又从香港资本市场调用20多亿元，总欠款60多亿元，对此，吉利负债额超过100亿元。为这起收购，李书福组建了强大的中介团队：著名的富尔德律师事务所作为收购的法律顾问，负责收购项目的所有相关法律事务，包括知识产权、商业协议、诉讼、雇佣、不动产、经销商及特许经营等；洛希尔投资银行作为收购项目的财务顾问，负责对卖方的总体协调；博然思维集团作为项目的公关顾问，负责项目的总体公关策划、媒体战略制定和实施；而国际“四大”的德勤负责收购项目的财务咨询，对沃尔沃公司的财务、税务、包括成本节约计划和分离运营分析、养老金、资金管理和汽车金融进行尽职调查和分析。

收购前的种种迹象表明，李书福吉利收购沃尔沃的举动是认真的。现在看来，无论是融资方案这一方面，还是对核心技术技巧性的处理，以及与工会的协调，李书福都赢得了本来充满敌意的对方的尊重、信赖和认可。特别的是，李书福表现出了对对方相当的尊重和敬意，他在沃尔沃品牌的“血统”上，组建了一个国际化的董事会，照顾了瑞典人的自尊，平息了彼此的担忧。这和很多如处在青春期的中国民营资本在海外收购时的躁动和狂妄形成了鲜明的对比。

北京时间2010年3月28日21点，吉利汽车与美国福特汽车正式达成并签订协议。中华人民共和国工业和信息化部部长李毅中、福特汽车董事长穆拉利以及瑞典副总理兼企业能源部长莫德·奥勒夫松（Maud Olofsson）共同出席了签署仪式。在新闻发布会上，瑞典沃尔沃汽车公司工会组织不仅支持吉利的收购计划，并为吉利与福特签署收购协议放行。

李书福为照顾工会双方的利益，表示沃尔沃会长久在比利时和瑞典驻留下去。不过，他很快改口强调要“永远驻留下去”。

2015年1月10日，吉利与新大洋在兰州宣布将共同投资10亿元组建合资公司——新大洋电动车科技有限公司（以下简称“新大洋电动车”），以联手打造和推广知豆品牌纯电动汽车。这是继吉利在2013年携手康迪电动汽车集团成立康迪电动车有限公司（以下简称“康迪电动车”）后，所组建的第二家合资电动汽车公司。按照李书福的设想，未来康迪电动车将主攻城市迷你公交车，新大洋电动车的销售市场则主要面对私人。

从一个农民子弟到坐拥亿万资产的汽车大亨，李书福用了近30年的时间，其间做过很多的“生意”。有人说，他沾了改革开放的光，站在了一个好的时代，成就了今天的业绩。但同浙江农村出来的千千万万的小生意人不同，他把自己从小生意人的投机中逐渐地解脱出来，进入到了大规模的汽车生产行业中，这不能简单地归之为运气。他继承了江浙人经商的传统，能够从细微处发现商机，迅速行动，为自己迅速的积累了人生的资本。同时在中国这样一个处在高速发展和变革的时代的国家，他的大胆和闯劲为他赢得了先机，加上自身的精明，使得吉利汽车能够迅速飞驰。这样一个胆大精明、敢想敢干的实业家，为汽车产业注入了实用和效率的观念，为中国过去20年来民营企业在汽车工业中找到了位置，也给中国汽车工业带来了新的希望。

三、从锂电大王到电动汽车先行者的王传福

电动汽车在未来的汽车市场中必定会是一个重要的角色，中国对电动汽车的市场发展寄予厚望，认为这是中国汽车工业实现弯道超车的一个重要的契机。而自主品牌的汽车企业也做好了最好的准备，摩拳擦掌，接受试练。这其中就有从锂电大王投身到比亚迪品牌的电动汽车的王传福。他们用自己的行动在为中国能在未来电动车市场格局中占有一席之地而顽强努力着。

1995年借钱创办公司，14年后王传福成为中国经济快速道的代表人物，也成为各大财经杂志的封面和财富排行榜的NO.1。

1966年王传福出生在安徽无为县的普通农民家庭里，兄弟姐妹共8人，全部依靠父亲的木匠活养大。在他13岁和15岁的时候，父母亲相继去世，家境便每况愈下。但他在哥哥王传方的坚持下，王传福于1983年考上了中南矿冶学院（后更名为中南大学）冶金物理化学系，之后王传福获得北京有色金属研究总院硕士学位。

在校期间，自信开朗的王传福不仅在学业上表现优秀，在课余更以“舞林高手”的外号闻名。

毕业后，王传福放弃了出国留学的绝佳机会，但很快升任为比格电池有限公司的总经理。当时一部大哥大非常昂贵，价格达到3万元，王传福便觉得充电电池大有可为，于是辞职南下，向做证券投资的表哥吕向阳借了250万元作为自己项目的启动资金，在深圳莲塘的旧车间，创办了比亚迪公司。他白天搞科研、跑市场，晚上就铺床被子，就地而睡。

经过1996年的一番商场鏖战，比亚迪镍镉电池产销量竟然做到了全球第一，取代三洋成为台湾大霸电子的电池供货商，之后继续迅猛地占领市场。

2003 年 1 月在电池市场叱咤风云之后，王传福又有惊人举措，以 2.7 亿元收购西安秦川汽车 77% 的股权，比亚迪成为中国第二家民营轿车生产企业。

完全两码事的造电池和造汽车，在热衷技术的王传福眼里，没有多大区别。

他在涉足汽车领域之前看了上百本汽车类的技术书籍，认为汽车是个难度不高的低科技产业。他笑着说："对于我们来说，手机电池已经面临饱和的危险，汽车不过就是一堆钢铁，造车就像造玩具一样。"

这个决定，让香港的机构投资者大吃一惊。投资者们很快实施报复，比亚迪的股票在短期内连连大跌，市值蒸发掉 30 多亿，更让比亚迪其他的股东顾虑重重。

庆幸的是，比亚迪推出的首款车型——比亚迪 F3 打赢了第一仗。之后，F3-R 两厢版和 F6 相继上市，微型轿车 F0 在奥运会后登场。王传福更是满怀激动："现在电动汽车时代已经来临，引领世界汽车市场的，不是美国人，也不是德国人，而是中国人"，比亚迪终令汽车市场不能小觑。

在王传福雄心勃勃地从锂电行业跨入汽车产业的同时，其经营哲学却一致备受争议。

他首推"机器加人大于机器人"的低成本生产模式。

巴菲特在 2008 年 9 月 27 日成为比亚迪最大的海外股东，以 2.3 亿美元认购比亚迪股份有限公司 10%的股份。据报道，台湾首富郭台铭对巴菲特投资比亚迪感到十分愤怒，问道："巴菲特一直标榜只投资有诚信、长期经营的公司，为何要投资比亚迪？巴菲特敢不敢驾驶比亚迪汽车上下班？"

巴菲特入股之初，在 2008 年曾派助手赴深圳参观比亚迪电池车间。助手在车间吃惊地发现，一排排工人坐在操作台前，仅仅依靠简单的机器加双手就包装出了成千上万的电池，如同 18 世纪的纺织女工一样。

他认为中国企业家很幸运，获得了这一优厚的资源，因为这一排排的工人在王传福眼中就是廉价的代名词。他引以为傲的低成本生产模式是"机器加人大于机器人"。

比亚迪人工代替机器生产的手机电池的淘汰率很高，通常在 20%—30%。在给客户诺基亚提供大数量的产品时，比亚迪通常会按照订单量多生产几十万块。而自动化程度高的日本企业，产品淘汰率在 5% 左右。

与动辄上千万元乃至上亿元的固定设备投入相比，在王传福看来增加的人力和淘汰率完全可以接受。王传福在 2003 年收购秦川后将"人工 + 夹具"模式推广到汽车领域。

比亚迪与上海大众、北京现代等自动化程度较高的合资企业的生产车间的不同之处在于每个工位通过夹具固定车身，将总装工序进行了详细拆分。大部分工作均由人工完成，即使是在自动化程度较高的冲压和涂装车间也是如此。

"总之能用人手的，就尽量不用机器。"一位熟悉比亚迪生产的业内人士说。王传福深知，在中国廉价劳动力的市场之中，他认为不愁招不到人。所以比亚迪曾长期秉持低成本人工的策略，对此曾有报刊深入报道。

这种建立在人力哲学上的公司体制，在很多人看来，让比亚迪一路取得了成本优势，但同时也产生了极大的负面影响。

争议不断，但比亚迪却在一路前行。

比亚迪参加了2009年年初的北美国际汽车展，展出了其双模电动车F3DM以及纯电动车E6，后来又相继推出了S6和G6，但品质却有了质的飞跃。比亚迪和戴姆勒在2012年的3月30日各出资50%推出了合资品牌“DENZA”（腾势），并宣布双方在中国合作研发电动车事宜全面展开。

王传福是中国一代民营企业家的缩影。在抓住了中国的人口红利的机会中，他胆识过人，强势管理，通过低成本获得了最佳市场，他不断超越前者，在争议中不断壮大前行。这些有关于他的一切争议，都将推动中国民营企业进一步健康、有力地发展。致富模式的背后，他的成功隐藏着中国经济的悄然变化。

能否顺应中国经济的转型升级，让比亚迪未来在世界电动车版图上占有一席之地，王传福任重道远。

第四节　车界精英之未来领袖

世界上最大的汽车系统供应商德国博世公司董事沃尔夫·亨宁·沙伊德勒在第65届法兰克福车展明确表示，“汽车行业的未来属于电动汽车，而目前唯一的疑问就是电动汽车时代何时会到来。”的确，目前电动汽车已经成为各个国家占据未来汽车市场的首攻目标，各个国家政府都出台了相关的政策扶持措施，生怕在这一轮竞争中被打败。

同样，随着汽车电子控制系统的发展，智能化和信息化也成为了汽车应用发展的另一个方向，以前只有在电影中出现的各种智能化汽车在不久的将来就会成为现实。

究竟谁能够在这轮竞争中脱颖而出，成为未来市场的领袖呢?

一、天马行空的技术狂人埃隆·马斯克

大家也许都看过《钢铁侠》，非常熟悉小罗伯特·唐尼扮演的钢铁侠。现实生活中钢铁侠的原型埃隆·马斯克是一位技术狂人。他是很多新兴的高科技公司的创始人，比如支付宝的“鼻祖”PayPal、惊世骇俗的Tesla Roadster电动跑车，还有开启了太空运载的私人运营时代的SpaceX。

1971年6月28日，埃隆·马斯克（Elon Musk）于南非地区出生。在很小的时

图 3-18　埃隆·马斯克

候他就表现出了过人的才华。马斯克的父亲是一名工程师，因此 10 岁时他就拥有了第一台计算机，并且自学了编程。12 岁时，他编写了一个太空小游戏，并以 500 美元高价售出。

18 岁时，马斯克移民美国；20 岁时，他进入了宾夕法尼亚大学学习商业和物理。大学时期，他就意识到互联网、可持续能源、空间探索这三个领域对人类未来的发展有着巨大的影响。

1995 年，马斯克到斯坦福大学学习应用物理和材料科学的硕士课程，但他认为互联网商机无限，两天后他就辍学了。同年，他和弟弟开发了一个在线内容出版软件 Zip2。1999 年，Zip2 被收购，马斯克拿到了他人生的“第一桶金”。

随后，马斯克与合伙创办了 PayPal，这是他在网络支付领域的最突出的贡献，是支付宝等平台的“鼻祖”。仅仅 3 年，PayPal 就达到了 1.1 亿的用户量。2002 年 10 月，eBay 以 15 亿美元的股票收购 PayPal，而马斯克拥有其中 11.7% 的股份，约合 3.28 亿美元。2002 年 6 月，他就已经创办了自己的太空运输公司“SpaceX”。他说服了 NASA（美国国家航空航天局）一批像他一样的技术疯子与他合作。自此，这个航天机构开始研制世界上最便宜的运输火箭，并用于星际移民。

从一开始，SpaceX 公司的宗旨就是简单，这样不仅保证了火箭最大的安全性，还节省了生产成本。“猎鹰 1 号”采用了全新的节能型引擎，这种引擎的设计没有先例，从零开始。这种引擎的最大特色在于使了高纯度煤油作为燃料，另外，随时关闭的功能使得工程师在控制台上就能遥控关闭火箭引擎，相比于传统的火箭引擎方便得多。“猎鹰 1 号”火箭共有两节，分别配备两个引擎，第一节采用硬壳式结构，由铝合金制成；第二节是罐结构，由铝锂合金制成。火箭引擎的试验经历了三次失败，到第四次试验时终于成功了，并获得了 NASA 的 16 亿美金的合同，承接了 NASA 的 12 次太空发射任务。2012 年 5 月 25 日，SpaceX 发射了一枚两级火箭，把一艘名为龙飞船的太空飞船送向国际空间站（ISS），开启了太空私营化的时代。这甚至还震惊了美国政府。

2012 年马斯克终于成功地把一艘代号为“Dragon”的火箭送上了国际太空站，并且顺利返回，这是多么令人激动的事！现在所有的电视节目在介绍马斯克的时候都会这样说：世界上只有三个国家和一个人掌握了卫星发射和回收技术：俄罗斯、美国、中国以及埃隆·马斯克。

图 3–19 特斯拉 Model S

2003 年，马斯克成立的 Tesla 汽车更是推翻了人们对于电动车的认知。在 Tesla 创立之前，人们对电动车的认知仅仅停留在概念层面，生产出来的产品在性能方面远不能满足人们的日常需求。但是令人震惊的是，其推出的第一款电动跑车 Roadster 解决了高容量电池和高性能电机等关键技术问题，满足了人们的需求，同时其时尚的外型也博得了多数人的喜爱。

Tesla Roadster 其实是由一台莲花车改装而来。这款电动跑车百公里加速时间不到 4 秒。之后，特斯拉先后向丰田、奔驰等著名汽车品牌转让了若干电池和电机的关键技术，帮助推动了电动车的革命。2013 年，特斯拉又新推出了全球首款豪华电动轿车 Model S，这款车光荣获得了由《汽车族》（*Motor Trend*）杂志评选的 2013 年度最佳车型（Car of the Year）大奖。其最高时速为 209 公里每小时，续驶里程达 483 公里，能时刻输出 60kg/m 的扭矩，这一组数字让 Model S 与传统燃油车相比不相上下，更是大大优于同类电动汽车。就如马斯克所说，特斯拉 Model S 就像 iPad 一样好用，电动汽车也能够成为全世界最好用的车。特斯拉的第三款电动汽车是名为 Model X 的 SUV，也定于 2014 年开始生产上市。

这位疯狂的技术狂人肯定不满足于现在这一点点的成就，他肯定还要继续“疯狂”下去，继续完成他最终在火星退休的梦想。

二、国际电动车界的狂热分子——卡洛斯·戈恩

他是一个管理专家，同时管理着日产和雷诺两大公司，他杰出的理念让西方和东方都为其征服，他就是卡洛斯·戈恩。从米其林到雷诺，再到日产，戈恩总是在它们有危机的时候出现为它们解决困难，他也是国际电动汽车行业的风云人物，也是纯电动汽车的狂热者。

1954 年 3 月 9 日，卡洛斯·戈恩（Carlos Ghosn）以法国的黎巴嫩后裔的身份出生。

图 3-20 卡洛斯·戈恩

戈恩从小就生活在三个不同国家和文化之间。他出生在巴西，父母都是黎巴嫩人，6岁时，他和母亲和妹妹一起搬到黎巴嫩并进入法国耶稣会士学校学习。16岁时，他曾在法国国立先进理工学院高等综合理工学院攻读并获得工程学士学位。然后，他经历了同样激烈的竞争，进入法国巴黎高等矿产资源研究所，攻读研究生。在人生中的每一个阶段，他都在不断努力提高自己让自己更快适应新的环境。

他刚进入商界，就展现了商业明星闪闪发光的魅力，被称为“魔术小子”。他在巴西、美国、法国和日本大幅挽救了四家公司，特别是因让日产汽车公司起死回生的传奇经验，被赞誉为国际汽车工业当代“艾柯卡”、世界十大管理向导“鹰眼总裁”、汽车制造业的“成本杀手”。

1978年，他开始为法国轮胎制造公司米其林工作。1990年，公司在重组后收购了联合皇家古代公司（Uniroyal Goodrich）后，晋升为该公司北美部门的首席执行官。

尽管那时戈恩已取得了不小的成就，但他仍然认为，家族企业不再能为自己的发展提供更大的空间。1996年10月，他跳槽雷诺公司，担任采购、生产和研发部门的执行副总裁。上任伊始，他就进行了几项大幅降低成本的项目，关闭了几家工厂，所以人们给他一个昵称：成本杀手。

1999年，日产出现经营危机，濒临破产，雷诺收购了日产36.8%的股份并驻扎日本，戈恩开始管理日产业务，进驻日产董事会，担任首席运营官。戈恩上任后打破了一系列传统做法，使他声名大噪，甚至成为漫画里的主角。他宣布，该公司不再按年龄晋升员工，并脱离“企业联盟”制度。他制定了严格的财务目标，并声称如果不达成，就自己辞职离开。结果是日产不仅达到了原来的目标，甚至还远远超过了它。

在戈恩的领导之下，仅仅两年，日产便起死回生。2000财政年度，日产营业利润达27亿美元；2001财政年度，日产赢利达39.2亿美元，税后合并净利润29.7亿美元。戈恩成功地拯救了一个观念闭塞、思想保守的日本企业，这样非凡杰出的成就不得不令世界瞩目。戈恩这个来自法国的神奇人物将日产从濒临破产的危险境地中拉出，并使得日产成为可再生能源汽车公司的典范。

2005年5月，戈恩晋升为雷诺的总裁兼首席执行官，开始了往来于地球两边的“空中飞人”的生活。

“他并不是超人，只是个普通人，但取得了重大的成就。”位于威尔士威尔士大学的汽车工业研究中心主任加勒尔·里斯（Garel Rhys）说。“但他知道如何设定目标并授权。”

卡洛斯·戈恩同时也是电动汽车发展的坚定支持者，并且已经是国际电动汽车界的风云人物。

卡洛斯·戈恩在 2014 年 12 月初宣布，雷诺—日产联盟在全球已经销售出了 20 万辆电动汽车，累计里程约 40 亿公里，在零排放汽车市场中独占了 58% 的市场占有率。这预示着，截至 2014 年，雷诺日产电动汽车在驾驶过程中减少了 4.5 亿千克的二氧化碳排放量，而且还节省了 2 亿升汽油，足以填满 80 个标准游泳池。

雷诺—日产联盟可以成为纯电动汽车的世界领先者，与戈恩对电动汽车的热爱有着密切关系。他认为，高油价和空气质素恶化是全球汽车行业面临的严峻挑战，汽车行业只有一条途径可以走，那就是开发新能源汽车。

尽管雷诺—日产联盟晒出了振奋人心的业绩，但卡洛斯·戈恩还是用激动的心情看待电动汽车。“在 2010 年全球销售的 7000 万辆车中，有 2 万辆电动汽车是我们生产的，我们制订了一个强大的计划，预计在2020年电动汽车将达到10%的市场份额。”

此外，卡洛斯·戈恩还促进了日产无人驾驶车辆的发展。2014 卡洛斯·戈恩宣布日产进驻最新车载自动驾驶仪市场的时间表，以推动自动驾驶系统的应用。预计在 2020 年日产将实现自动驾驶技术流通于市场上的目标。戈恩宣布，到 2016 年底，日产将在自动驾驶技术市场推出另外两项新技术：一个是交通堵塞试行，车辆可以灵活安全地应对道路拥挤的情况；一个是自动停车系统，将在日产旗下车型上安装这一系统，使车辆实现自动停车

日产宣布，2018 年将推出多车道控制技术，使车辆能在遇到危险时自动处理并改变车道。除此之外，2020 年底之前将推出交叉路口自动化技术，使车辆经过城市交叉点时可以实现自动控制和自动驾驶。

卡洛斯·戈恩是一个汽车领域的神奇人物，他拯救了一个处于垂危关头的企业。我们坚信他将推动日产电动汽车产业蓬勃发展，也将成为未来电动汽车产业的领袖人物。

三、无人驾驶的先行者克里斯·厄姆森

克里斯·厄姆森（Chris Urmson）主修计算机工程专业并于 1998 年毕业于马尼托巴大学，2005 年在卡内基梅隆大学（Carnegie Mellon University）进修并拿到了博士学位。在进入谷歌（Google）之前，他作为卡内基梅隆大学机器人研究院教授，主要研究机器人运动规划和机器人车身感知。在机器人研究院期间，他曾在一辆房屋型汽车上工作，并将机器人汽车开到沙漠中进行研究测试。克里斯·厄姆森以负责人的身份曾带领着一支卡内基梅隆大学技术团队参与比赛，在 2007 年的城市挑战赛中成功获胜。现在，克里斯·厄姆森是谷歌自动驾驶汽车项目的负责人。

2014年12月22日，谷歌宣布，第一部功能完整的无人驾驶原型汽车已经制造完毕，将于2015年正式上路测试。厄姆森表示：“谷歌希望在五年内实现将无人驾驶车辆推向市场的目标，我们不想成为汽车制造商，我们正在寻找汽车行业的合作伙伴。”

不想成为汽车制造商？ 这句话来自互联网巨头谷歌的无人驾驶汽车项目总监口中，似乎有点儿不对。按照熟悉的节奏，成功的互联网公司目前都是大包大揽，凶猛跨界各类领域，恨不得什么都自己做。而有钱有势有资源的谷歌这么做不无道理，因为像厄姆森这样的谷歌项目带头人们的长项在于技术。是的，这趟测试之旅还没有结束，厄姆森在自己的博客里写道：“为了提供我们所能给予的最好体验，我们还需要在被雪覆盖的公路上测试无人驾驶车。相信再过不了几年就可以完成路面测试，正式和大家见面了！”

而克里斯·厄姆森也确实是这么做的。2015年1月，世界汽车业新闻大会在底特律召开。大会上，克里斯·厄姆森称谷歌希望能在2020年推出全自动无人驾驶汽车。他表示，谷歌已经开始接洽通用、福特等汽车巨头，期望在将来实现自动驾驶汽车的批量生产。

据悉，之前谷歌已经推出一款模型车，这款模型车的配件由7家科技公司提供，包括LG（提供电池）、Bosch（提供定位雷达）、ZF Lenksysteme GmbH（提供方向盘）、Continental、RCO以及Frimo。而Roush公司负责将这些配件组装，NVIDIA则为自动驾驶汽车提供芯片支持。

不过，谷歌无人驾驶汽车的推出依然要克服很多困难。

首先，是公众对于全自动无人驾驶汽车的认可度。

其次，谷歌还要考虑自动驾驶汽车的技术安全性。之前推出的模型汽车在测试的时候还需要有驾驶员在车内，并且还未测试在下雪、低温等恶劣环境下的运行状况，加州机动车管理局就因无法确保无人驾驶汽车的安全性而决定推迟无人驾驶汽车法规的发布时间。

第三，谷歌不得不考虑监管部门的态度和政策变化，即便谷歌认为美国国家公路交通安全管理局等机构不会对自动驾驶汽车的推出构成障碍，但是无人驾驶汽车正式上路还是会涉及到法律等方面的问题。

克里斯·厄姆森之前推出的原型汽车一直在测试之中，距今已经行驶了70万英里而无事故。而这款原型汽车也非最终设计，谷歌还会对其不断完善。

我们相信，随着社会的发展和政策及基础设施的完善，无人驾驶终究会为人们展示科幻的生活。而克里斯·厄姆森无疑是无人驾驶的领袖人物。

四、氢燃料汽车的旗手田中义和

在纯电动汽车开发进入快车道的时候，日本汽车界似乎有意放慢了脚步。在丰田推出普锐斯之后，就鲜有动作。其实这是有原因的，日本的丰田和本田两家汽车巨头都致力于氢燃料电池汽车的发展，虽然前路艰险，他们却笃定前行。这其中就有丰田汽车氢燃料汽车开发负责人田中义和。

田中义和是氢燃料电池的坚定拥护者，也是氢燃料汽车发展的旗手，在这个领域耕耘了很多年。就在 2015 年 4 月，田中义和仍在公开质疑电动汽车的发展前景。他认为，目前电动汽车致力于发展的快速充电技术会消耗大量的能源，与电动车节能减排的初衷相背离。而燃料汽车将是更好的选择。而且他表示，即使电动汽车可以做到快速充电，日后它仍然不能代替传统汽车。

2014 年 12 月 15 日，丰田燃料电池车"未来"（Mirai）在日本正式上市，开发负责人田中义和认为这是用来改变能源（使用方式）的全新汽车，"我们要在燃料电池汽车领域拔得头筹！"

丰田燃料电池车的开发从 1992 年开始，22 年之后终于推出了量产车。在推动汽车向新一代发展的时候，自不用说，丰田打算在作为动力传动系统的核心技术——燃料电池这一要素上发起挑战。田中表示，"我们希望顾客把 Mirai 当成与其他汽车一样的商品。从我们的角度来说，这将是无法为自己开脱的坚定举措"。

在研发阶段和量产款式的开发过程中，丰田碰到的课题和挑战很多。田中认为让汽车更紧凑是重点，其一是设置燃料电池组的位置，再就是氢燃料罐的分配，最后是四座独立座椅。在过去，只有体型大，空间富余的 SUV 才适合制造燃料电池车，而现在丰田已经可以制造出汽车的主流样式——轿车的燃料电池车。拿下主流样式的轿车后，再向多种车型拓展，将是再好不过的事情。

Mirai 燃料电池的成本很低，仅仅是 2008 款燃料电池成本的二十分之一。田中的团队给自己定下了一个强大的计划，预计将下一代燃料电池系统成本降低至现今的四分之一。2020 年他们将在东京奥运会上向全世界展示新的绿色能源汽车技术。田中说："我们一定会奋力完成这个挑战，奥运会是一个黄金机会。"

未来，我们有机会看到田中义和和他的同伴们开发出真正市场化的氢燃料商用汽车，因为从理论上讲，这是汽车的正确归宿。而这看起来并不是那么遥远。

讨论与思考

1. 根据本茨、戴姆勒以及迪塞尔发明汽车的经历，谈谈你对技术发明与商业成功的看法。

2. 谈谈福特对汽车工业的贡献，你认为福特成功的原因有哪些？

3. 查阅资料，谈谈你对汽车未来发展的看法。

4. 查阅资料，分析当前中国汽车市场的格局以及你对中国汽车工业发展的想法。

5. 从汽车发展过程中的重要人物的经历中，谈谈他们的成功对你今后的发展有何启示？

第四章　汽车大观园：五彩缤纷的世界

【学习目标】

1. 了解汽车运动发展史中的主要人物和事件。
2. 了解世界汽车运动主要变革和格局。
3. 了解世界著名的汽车博物馆。
4. 能够说出几位汽车赛事的著名赛车手。
5. 能够叙述几大汽车公司的发展史。
6. 能够叙述奔驰、宝马、奥迪品牌的发展历程。

【教学提示】

1. 通过汽车运动发展历史的影音资料将学生引入汽车的大观园。
2. 注重汽车赛事的介绍，让学生领略赛车运动的风采和魅力。
3. 通过观看赛车比赛视频，提升学生学习的兴趣。
4. 组织学生分组讨论各大汽车公司的发展历程，分析各大汽车公司现状。

党的二十大报告阐释了中国式现代化的特征：中国式现代化是物质文明和精神文明相协调的现代化。物质贫困不是社会主义，精神贫乏也不是社会主义。中国在实现经济发展和社会进步的同时，也在促进人的全面发展。汽车带给我们的世界也是如此，是物质文明和精神文明相协调的世界。本章节从汽车运动的起源开始，带大家进入一个五彩缤纷的汽车大观园。从著名的汽车运动赛事到著名的汽车运动赛车手、车队，再到世界各地著名的汽车博物馆和世界著名汽车公司的发展历程及品牌故事，最后来到世界各大著名的汽车车展，本章带领读者阅尽精彩纷呈的汽车世界。

第一节　汽车运动

一、汽车运动的起源

早期的汽车比赛是以汽车的速度作为评判标准的。世界上最早的汽车比赛是

1887 年 4 月 20 日由法国《汽车》杂志社主办的，最终乔尔基·布顿获得冠军。

1894 年，法国人 Pierre Gifard 组织了世界上第一次真正的汽车比赛，该比赛的路线是由巴黎到鲁昂。在这次的汽车竞赛中，参加比赛的汽车一共有 102 辆，比赛用车有汽油燃料车 30 辆，酒精燃料车 7 辆，蒸汽汽车 28 辆，电动车 4 辆，其余各种样式的汽车 33 辆。经过激烈的角逐，最后只有 9 辆车坚持到了终点，蒸汽汽车轻松地获得了冠军，而获胜汽车的时速仅为 24 公里每小时。随后，英、美、德等国家也开始相隔几年举办一次汽车赛，并慢慢地出现了早期的赛车。

1895 年，由法国汽车俱乐部和《鲁·普奇·杰鲁纳尔报》联合举办世界上最早的长距离公路赛，比赛用车是汽油车，比赛线路是从巴黎到波尔多，往返一共是 1178 公里。最终由本哈特和拉瓦索驾驶的汽车获得了此次比赛的冠军。

图 4–1 本哈特和拉瓦索参加汽车赛

1904 年 6 月 10 日，法、英、德、比利时等欧洲国家发起并成立了国际汽车联合会（以下简称“国际汽联”），总部设在法国巴黎。国际汽联以促进汽车工业发展为宗旨，并负责全球汽车俱乐部和各种汽车协会的活动。国际汽联下设世界汽车旅游理事会和世界汽车运动理事会，负责统筹安排世界各国汽车运动组织的活动，为所有不同类别的赛车运动制订规则，协调安排世界范围内的各项汽车比赛赛事。

1906 年 6 月 26 日，由法国《汽车》杂志社主办了第一次真正意义上的世界场地汽车大奖赛，比赛地点设在法国勒芒市。勒芒小城从此以汽车赛事而闻名于世，汽车比赛也开始作为体育项目进入了世界体育赛事的类目。

图 4–2 激烈的赛车运动

汽车比赛最开始是在法国兴起的，法国是汽车运动的故乡。因此，法国对汽车运动的产生和发展作出了不可磨灭的贡献。

汽车比赛已然成为了全世界人民都十分喜爱的一项体育运动，甚至将其与奥林匹克运动会、国际足联世界杯足球赛并称为世界三大体育赛事。赛车运动的速度、激情、惊险、刺激、浪漫，不仅使成千上万的观众为之疯狂，还推动了汽车新技术的快速发展。

二、世界著名汽车运动

随着汽车运动的发展，汽车运动的类别也越来越多，目前受关注程度比较高的有世界一级方程式锦标赛（F1）、法国勒芒 24 小时汽车耐力锦标赛、世界汽车拉力锦标赛（WRC）、达喀尔汽车拉力赛、中国汽车拉力锦标赛和中国房车锦标赛（CTCC）等。

（一）世界一级方程式锦标赛（F1）

1950 年，国际汽联从安全和汽车技术发展的需要出发，颁布了比赛用车的规格和比赛的规则，因此便有了“方程式”（Formula）比赛的概念，所谓“方程式”就是规则和限制的意思。所以参赛汽车的总质量、尺寸、汽车结构、汽车发动机技术特性以及比赛的相关规则等都要符合国际汽联规定，即称为方程式汽车锦标赛。

方程式汽车锦标赛有 F1、F3、F3000 等级别。

世界一级方程式锦标赛（FIA Formula 1 World Championship）又称 F1 大奖赛，它是由国际汽车联合会举办的年度系列场地汽车比赛，它与奥运会、世界杯足球赛并称为“世界三大体育赛事”。

世界一级方程式赛车锦标赛作为当今世界最高水平的汽车比赛，其年收视率高达 800 亿人次。F1 比赛是最新科技、团队合作、车手智慧与勇气的结合体。F1 比赛是赛车中的最高级别的赛事，全年的统筹安排、每站比赛的组织工作、全球的电视转播等各个方面都有条不紊，F1 世界的规则已经非常健全。

作为 F1 转折之年的 60 年代，F1 仅用两年时间，各车队就开始广泛使用后置引擎赛车。此时 Cooper 车队的后置引擎技术已经非常成熟，路特斯（Lotus）车队在空气动力学方面也处于领先的地位，如今的下压力理论就是在那个时候建立的。另外在商业运作方面，1968 年，路特斯赛车印上了金树叶香烟（Gold Leaf cigarettes）的宣传广告，这是 F1 历史上第一次引入商业赞助。

F1 的 70 年代是逐渐走向成熟的年代。70 年代初期，F1 赛道上发生了一系列事故，使得赛道安全问题开始被重视。车手弗朗索瓦 · 塞维特（François Cevert）在一次锦标赛的练习赛中死亡，掀起了 F1 历史上第一次“安全革命”。这次安全革命使 F1 的赛车、赛道和车手装备等，都从安全角度进行了审查、论证、改进。

80 年代是 F1 竞争最激烈的年代。80 年代的 F1 是一个空前的伟大车手云集的年代，包括了尼尔森·皮奎特（Nelson Pequet）、埃尔顿·塞纳（Ayrton Senna）、阿兰·普罗斯特（Alain Prost）和尼格·曼塞尔（Briton Nigel Mansell）等车手。他们都大显身手，展开激烈的角逐，为广大车迷带来了精彩绝伦的比赛。

图 4–3　埃尔顿·塞纳图

图 4–4　阿兰·普罗斯特

90 年代，F1 进入科技飞速发展的时期。国际汽联禁止使用可以提高车速的驾驶辅助系统，F1 的赛车又重新回到了原来的基本构造。

另外，提高安全的科技研发也出现成果。车手头颈保护系统（HANS）被研制出来，并在 2003 赛季正式投入使用。该系统得到了车手、车队的一致好评，在赛场上对车手起到了很好的保护作用。

纵观 F1 走过的 60 年，智慧、勇气、冷静、坚持、挑战、激情、梦想、成功、失败相互交织。赛道上的惊喜、失望、竞争、投入吸引着人们的眼光。而 F1 的魅力与危险又是它永恒的矛盾，提到 F1 就会让人想起阿兰·普罗斯特、埃尔顿·塞纳、迈克尔·舒马赫等一些车王。

小贴士：

关于 F1 比赛的几个数据

1）一部 F1 赛车从概念到制作完成要花上 250000 工时，及超过人民币 1200 万的材料费用；

2）每一部赛车在一场比赛中的汽油费用为大约人民币 30 万元；

3）每一位车手在一场 F1 比赛之后体重会减轻 2 公斤；

4）在比赛进行中车手的心跳会高达每分钟 190 下，而赛车驾驶舱的温度会高达摄氏 50 度，大部分的 F1 车手会在比赛进行中以机能饮料补充水分；

5）F1 赛车引擎的最高转速可达每分钟 18000 转；

6）F1 车手过弯时会承受大约 4 个 G 的离心力，也就是说他们的身体必须承受体重 4 倍的作用力；

7）F1 赛车使用符合大会规定的无铅汽油，耗油量大约是每 1 公升可跑 2 公里；

8）F1 赛车可以在 7 秒内从静止加速到时速 200 公里并且再减速到停止；

9）每一站的比赛每一个车队有 2 位车手出赛，必须准备 3 部赛车（其中一部是备用车）、10 具引擎、超过 80 条轮胎、17 吨的备用零件及工具、45 位工作人员；

10）每一条赛车胎的成本超过人民币 5000 元；

11）在高温的跑道上比赛，每一位车手身体的水分大约会流失 1.5 公升。

（二）勒芒 24 小时汽车耐力锦标赛

勒芒是法国萨尔特省的一个市镇，也是该省的省会和人口最多的城市，位于法国巴黎西南约 200 公里处。这个仅有 20 万人口的商业小城市能够闻名于世，是因为自 1923 年开始（1936、1940—1948 年除外），每年 6 月在这里举行被称为最艰苦的单项汽车赛事——勒芒 24 小时耐力赛。参赛车队由 3 位车手组成，共同驾驶一辆赛车，完成连续 24 个小时的竞赛。

勒芒 24 小时耐力赛和世界一级方程式锦标赛、世界汽车拉力锦标赛并称为世界上最著名的三大汽车赛事。自从第一届比赛于 1923 年举办以来，除了第二次世界大战前后的几年以外（1936、1940—1948 年），勒芒耐力赛从来没有间断过。

在 1906 年，勒芒就进行了世界上第一场汽车大奖赛——法国汽车俱乐部大奖赛。这场汽车比赛被认为是汽车运动开始发展的重要标志。1923 年法国赛车界元老级人物杜杭（Georges Durand）与赛车记者法胡（Charles Faroux）以及赛车制造商科基（Emile Coquille）三人创办了首届勒芒 24 小时耐力赛，截止到 2016 年已经举办了 84 届。

2012 年，勒芒系列赛改名为世界耐力锦标赛（WEC），包括法国勒芒 24 小时耐力赛、美国勒芒系列赛、欧洲勒芒系列赛、亚洲勒芒系列赛。

勒芒耐力赛是汽车新技术的试验场。1927 年，还在试验阶段的前轮驱动赛车出现在勒芒 24 小时耐力赛中。1953 年，安装有盘式制动器的赛车出现在勒芒 24 小时耐力赛中。1963 年，卤素大灯首次成为了勒芒 24 小时耐力赛的照明光源。1974 年，实验性的涡轮增压发动机出现在勒芒 24 小时耐力赛中。1991 年，马自达 787B 车队的搭载了转子发动机的赛车获得冠军。2000 年和 2001 年，奥迪用高效的 FSI 和 TFSI 发动机科技，获得了勒芒 24 小时耐力赛的冠军。如今 FSI 和 TFSI 发动机已经普及到奥迪全系车型上了，这成为了汽车新技术移植的典范，使奥迪的用户在前沿赛车科技民用化方面受益匪浅。2006 年，奥迪的 TDI 柴油机技术随奥迪 R10 TDI 赛车首次出现在勒芒 24 小时耐力赛中，不仅一举夺得当年冠军，更是通过随后两年的比赛实现了勒芒历史上首个柴油动力三连冠。2012 年，奥迪 R18 e-tron quattro 第一次将

e-tron 电驱动技术带上勒芒 24 小时耐力赛的赛场进行试炼，这是对系统和整车可靠性、高效性和耐久性的超高级测试。

（三）世界汽车拉力锦标赛（WRC）

作为世界上最严酷的汽车比赛之一，世界汽车拉力锦标赛在 1973 年创立，它是国际汽联旗下的四大汽车赛事之一，与一级方程式锦标赛齐名。与 F1 有所不同的是，WRC 规定参加比赛的车辆必须在量产车的基础上进行研发制造，不能针对比赛规则重新研发新车，举办比赛的场地也十分复杂，有雨林、泥地、雪地、沙漠及蜿蜒崎岖的山路等不同的路况，比赛场面极其残酷。即便如此，WRC 依然让许多车手和汽车爱好者趋之若鹜，因此该项赛事被称为最具魅力和挑战的汽车比赛之一。WRC 的比赛每年都能吸引近 20 亿人次观看。WRC 是“World Rally Championship”（世界拉力锦标赛）的缩写。拉力赛一词取自英文“Rally”（集结），表示参加比赛的车辆必须严格按照比赛规定的线路行驶，并且要在规定的时间内到达比赛分站站点，然后在规定时间内完成赛车的检测与维修。

（四）巴黎 – 达喀尔汽车拉力赛

巴黎 – 达喀尔汽车拉力赛（The Paris Dakar Rally）简称达喀尔拉力赛，以严酷的赛程和极具冒险的精神著称，被称为勇敢者的游戏和世界上最艰苦的拉力赛，也因此受到了全世界近六亿人的热切关注。巴黎 – 达喀尔的正式法语名称为 Le Dakar，每年的比赛都以赞助商或地区的名称来冠名。作为参赛车手，无论是否为职业赛车手都可以报名参加达喀尔拉力赛，所以达喀尔拉力赛有近 80% 的参赛者为业余赛车手。

达喀尔拉力赛也可以称得上是一个远离公路的耐力赛。在比赛中需要经过极其复杂且艰难的路段，这要比普通的汽车拉力赛更具有挑战性，而且与普通拉力赛参赛车辆所不同的是，达喀尔拉力赛的参赛车辆都是真正的越野车，而普通拉力赛中的车辆则是改装的轿车。另外，达喀尔拉力赛的大部分赛段都是远离公路的，需要穿过岩石、泥浆、草丛、沙丘和沙漠，车辆每天行进的路程从几公里到几百公里不等，而普通的汽车拉力赛大部分都是在公路上进行的。

巴黎 – 达喀尔拉力赛的比赛过程非常艰苦，赛车手们要在温差极大的环境中进行比赛，白天要经受 40 度的高温，晚上又要在零下的低温中度过。而且，在一些特殊的沙漠赛段里，除了通常的赛车故障以外，一旦迷失了方向，就要面临断油、断粮甚至放弃赛车的局面。因此，这是一场人与自然真正较量的比赛。也正是因为这样，虽然每场冠军的奖金只有 2500 欧元，但还会吸引那些不畏艰险的赛手前来参加，达喀尔吸引他们的不是金钱，而是对赛车运动的一份热情。

（五）中国汽车拉力锦标赛（CRC）

汽车运动及汽车拉力赛在国外已经有 100 多年的发展历史了，从 1985 年国际汽车拉力赛事进入中国举办分站赛，到 1997 年中国汽联自主举办国际和国内系列汽车赛事以来，中国的汽车运动得以快速发展，在全国范围内逐渐形成了隶属于中国汽联的 20 多个省市、自治区的汽车运动协会和近 50 个地方汽车运动协会，并诞生了近百个汽车运动俱乐部、车队等参赛组织。

中国汽车拉力锦标赛（CRC）是经过国家体育总局和国际汽车运动联合会批准的一项国家级汽车赛事，它的最高管理机构是中国汽车运动联合会。目前，中国汽车拉力锦标赛是我国最高级别的汽车拉力赛事。

CRC 是中国汽车拉力锦标赛（China Rally Championship）的缩写，该赛事自 1999 年开始正式举办，从最初每年 2、3 站比赛到现在每年稳定在 6 站比赛，平均每站比赛有超过 20 支车队 100 台赛车参赛，其中国外高水平车手约 10 人。CRC 是国内级别最高、规模最大的汽车赛事之一。

目前，CRC 的每站赛事大都分 3 天举行，第 1 天为超级短道赛，旨在利用短道大致检验车手水平并进行相应排序，同时还可和当地车迷进行近距离交流。后 2 天进行的才是真正的比赛，行程约 500 公里，其中将近 200 公里为竞赛速度的“特殊赛段”。车手只有历尽艰辛、长途跋涉才能到达终点，承受技能和意志的双重考验。目前 CRC 主要设国际四驱组、国际两驱组、国家四驱组、国家两驱组 4 个组别。[①]

（六）中国房车锦标赛（CTCC）

中国房车锦标赛（CTTC）前身为全国汽车场地锦标赛（简称全锦赛，CCC），正式成立于 2004 年。2009 年 1 月，该项赛事正式更名为中国房车锦标赛，英文名称为 China Touring Car Championship，简称 CTCC。

CTCC 一直致力于提升中国本土赛事品质，推广中国赛车文化，并在不同领域对中国赛车运动进行革新。

2011 年 CTCC 顺应国际潮流，在国内率先创立了涡轮增压组的比赛，身体力行节能减排。2011 年 CTCC 总决赛中，国际汽联旗下三大赛事之一的世界房车锦标赛（WTCC）首次登陆中国大陆，与 CTCC 同场竞技，是 CTCC 为中国赛车运动对外交流做出的巨大贡献。

CTCC 旗下有韩寒、王睿、甄卓伟等明星车手，在赛场内外都是车迷和媒体眼中的焦点。此外，CTCC 还走出了 F1 和 WTCC 中国第一人的马青骅。

三、世界著名汽车运动赛车手与车队

（一）著名汽车运动赛车手

1. 艾尔顿·塞纳（F1 赛车）

埃尔顿·塞纳（1960—1994 年）出生于巴西圣保罗，从很小的时候就开卡丁车，13 岁就开始参加卡丁车比赛，在 1984 年加入杜尔曼车队开始了自己的 F1 赛车生涯。在其 F1 方程式赛车的职业生涯中共夺得 3 次世界冠军。在 1994 年 5 月 1 日的 F1 比

① 引自 http://auto. Huanqiu.com/news/2016-12/9801350. html.

赛中因意外撞车事故去世。

塞纳在英国多宁顿公园举行的欧洲大奖赛上获得的冠军是F1历史上最经典的冠军之一。在大雨中，塞纳在首圈超越排在他前面的5台赛车，直至拿到冠军。

作为著名的赛车精英中的一员，埃尔顿·塞纳曾3次获得F1方程式锦标赛世界冠军，如果没有1994年5月1日的那场意外事故，塞纳还会在威廉姆斯车队创造辉煌。即使他英年早逝，他取得的65次分站赛冠军的记录也将被永久载入F1赛车的历史之中。

图4–5 埃尔顿·塞纳

图4–6 塞纳在雨战中

2. 迈克尔·舒马赫（F1赛车）

迈克尔·舒马赫（1969—　），生于德国北莱茵－威斯特法伦州莱茵－埃尔夫特县的一个小镇许尔特，著名的F1方程式赛车手，是当代最伟大的F1方程式赛车手之一。迈克尔·舒马赫在其16年的职业生涯中一共获得了7次车手总冠军。

图4–7 站在领奖台上的迈克尔·舒马赫

2010年初，退役4年的舒马赫正式宣布复出，加盟前身为布朗车队的梅塞德斯车队。2013年12月29日，舒马赫在法国阿尔卑斯山区滑雪时发生事故，头部撞到岩石，严重受创昏迷。

舒马赫在他的职业生涯当中共参加F1锦标赛269次，获得世界冠军7次（1994—1995，2000—2004），登上领奖台155次，获得F1锦标赛分站冠军91次，获得F1锦标赛杆位68次，累计获得F1锦标赛积分1571分，并几乎打破了 F1 的所有记录。

3. 周勇（达喀尔汽车拉力赛）

周勇老家在黑龙江。1992 年的北京首届场地汽车赛上，周勇开始了自己在赛车运动上的首秀。这次比赛也是新中国成立以来举办的首次场地汽车赛，但这次比赛实际上是一次汽车技巧赛，比赛场地设在北京的一个汽车驾校里。那时的周勇还不是职业车手，还有自己的工作。

周勇成名是在 1995 年的第三届北京场地汽车赛上，那次他取得了场地赛的冠军。自 1996 年赴瑞典参加“特纳多赛车培训班”后，周勇放弃了自己的工作，并于 1996 年参加北京拉力赛，由此正式进入赛车的职业生涯。

周勇职业生涯中最重要的成绩就是连续三年参加达喀尔拉力赛，并取得了不错的成绩：2011 年获得达喀尔拉力赛汽车组第 22 名，在中国车手中排第 1；2012 年获得达喀尔拉力赛汽车组第 20 名，在中国车手中排第 2；2013 年获得达喀尔拉力赛汽车组第 19 名，在中国车手中排第 1。达喀尔拉力赛汽车组第 19 名的成绩也创造了中国车手在达喀尔拉力赛中的最好成绩。

（二）著名汽车运动赛车车队

1. 法拉利 F1 车队

法拉利 F1 车队是法拉利汽车公司的赛事部门，1929 年由恩佐·法拉利（Enzo Ferrari）创建，在 F1 的历史中是一支最负盛名且最具传奇色彩的车队。自从 F1 锦标赛于 1950 年创办以来，法拉利汽车公司是唯一一家参加了该项赛事全部比赛的公司，是该项赛事历史上现存最古老也是最成功的车队，被誉为“F1 车坛的活化石”。另外，法拉利车队与其他车队的不同之处还在于其赛车的主要部件都是由自己设计制造完成，包括底盘、发动机、变速箱和悬挂。

在参加的世界一级方程式锦标赛中，法拉利车队共赢得车队总冠军 16 次，车手总冠军 15 次。作为 F1 赛车里著名的车队，截止到 2015 年英国站，法拉利共参赛 899 次，获得分站冠军 222 个，取得杆位次数 207 次，登上颁奖台次数 513 次。

2. 雷诺 F1 车队（即现在的路特斯 F1 车队）

1977 年，第一辆雷诺制造的 F1 赛车出现在英国银石赛道上，从此雷诺开始踏上了 F1 运动的冒险历程。1979 年，配备 1.5L 涡轮增压发动机的“黄色闪电”——雷诺 RS01 赛车帮助雷诺车队获得其 F1 参赛史上的第一个分站赛冠军。1985 年，雷诺车队暂时离开 F1 赛场，转而致力于为其他的 F1 车队提供性能卓越的发动机。2000 年，雷诺收购了贝纳通重组 F1 车队，两年后，雷诺车队正式回归 F1 赛道。2012 年，他们第一次以“路特斯”之名参加 F1 锦标赛。

作为 F1 赛车里著名的车队，截止到 2014 赛季，车队共参赛 58 次，获得车队冠军 2 个、车手冠军 2 个、分站冠军 58 个。

图 4–8 雷诺 F1 赛车

3. 梅赛德斯 –AMG– 马石油车队

1954 年，德国汽车厂商梅赛德斯 – 奔驰第一次以“Mercedes Benz”作为制造商名称参加 F1 锦标赛。当时的车队全名叫戴姆勒 – 奔驰汽车集团（Daimler Benz AG），参赛车型为 W196。

1956 年，风头正劲的德国汽车制造商梅赛德斯 – 奔驰退出了 F1。

新成立的“梅赛德斯 GP– 马石油 F1 车队”由德国汽车制造商梅赛德斯 – 奔驰收购布朗 GP 75.1% 的股份更名而来。制造商名称和 1954 年一样，为“Mercedes Benz”。布朗 GP 被收购的 75.1% 的股份中，45.1% 属于梅赛德斯 – 奔驰的母公司戴姆勒，其余 30% 归阿布扎比的阿巴尔（Aabar）公司。布朗 GP 此前的所有者（领队罗斯 · 布朗（Ross James Brawn），CEO 尼克 · 弗莱和其余股东）将持有车队剩下的 24.9% 的股份。从 2011 开始，车队对名称进行了调整，现更名为“梅赛德斯 –AMG–马石油车队”。

作为 F1 赛车里著名的车队，截止到 2014 赛季，车队共参赛 108 次，获得车队冠军 1 个，车手冠军 1 个，分站冠军 29 个。

4. 哈弗长城达喀尔拉力赛车队

图 4–9 哈弗长城赛车在比赛中

图 4–10 哈弗长城车队庆祝胜利

哈弗达喀尔车队曾 4 次征战达喀尔拉力赛，并连续 2 次取得第 6 名。在中国越野拉力赛上，哈弗达喀尔赛车及车手在国内赛场首次亮相。车队全体人员约 40 人，其中外籍技术人员十余人，均为欧洲越野拉力领域资深人员。除两辆参赛赛车外，还配有车队后勤卡车 2 台、后勤工作车 5 台、房车 2 台。

2010—2013 年，车队连续 4 年参加达喀尔拉力赛，分别在 2012 年和 2013 年的比赛中获得总成绩第 6 名的好成绩，在赛段比赛中的最好成绩是第 4 名。

四、汽车运动的魅力

（一）汽车竞赛有助于推进汽车技术的创新和发展

汽车诞生已过百余年，汽车技术在不断地发展，汽车新技术诞生是在各种汽车竞赛的过程中不断做着大量试验并不断进行改进的结果。汽车竞赛是汽车技术创新的“试验田”。汽车竞赛是试验汽车新构造、新材料等的重要手段。在比赛中获胜的赛车成为制造厂生产新车型时参考的样板，汽车竞赛对于改善和改进汽车的性能、推进汽车技术的创新和发展起着越来越重要的角色。

以 24 小时勒芒耐力赛为例，耐力赛与别的赛车运动有着许多不同，参加勒芒耐力赛的汽车不仅是汽车制造商造出的一台速度最快的赛车，还是一台兼具稳定性的赛车，同时它还必须非常省油：比赛中尽量少地进站加油有利于节省时间从而跑出更多的里程来获得胜利。由于勒芒耐力赛赛道的超长直道，汽车制造商需要做一辆既要空气动力学效应良好，又要兼有节油的优点的赛车，以符合 21 世纪汽车发展的大方向。所以，许多汽车制造商都将勒芒耐力赛看作是新车新技术的试验场，来测试汽车新技术的可靠性和耐久性。

（二）汽车竞赛成为了最佳商业广告载体

高水平的国际汽车比赛可以吸引成千上万的观众观看。而在比赛中获得胜利的赛车和车队车手也就成为了汽车制造商和比赛赞助商的最佳广告载体，能够促进汽车制造商和广告赞助商的产品销售，为企业带来巨大的经济利益。

以世界一级方程式锦标赛的赛车为例，赞助商参与 F1 一般是以赞助车队为主要形式，赞助商的商标会出现在赛车上以及赛车手服装、帽子上。车队赞助商分为三大类：主赞助商、技术赞助商和商业赞助商。另外则是针对车手的私人赞助或是一站式的短期赞助。

主赞助商的名字会出现在车队名字里，比如法拉利，车队全称是“Scuderia Ferrari Marlboro”——法拉利万宝路车队，因为它的主赞助商是菲莫集团（万宝路（Marlboro）香烟品牌的拥有者）。

技术赞助商主要提供技术和商品给车队，例如轮胎、燃料以及汽车零配件制造商会给车队提供比赛用轮胎和引擎。

商业赞助商主要是提供资金，他们主要是汽车行业以外的各类商品的制造商。

图 4–11　舒马赫全身广告

图 4–12　法拉利车身广告

作为 F1 里的明星车手，一般都会有私人的赞助商，赞助商的商标只出现在明星车手的身上。比如舒马赫以前常戴的一个帽子前边会有 Deutsche Vermogensberatung 的标志，这是一家德国金融投资咨询公司。所谓私人赞助商，就是花钱买下舒马赫车手帽的正面位置，放上他们公司的标志，钱是不给车队的，而是直接给到明星车手本人。

作为法拉利车队的主赞助商，菲莫公司每年给法拉利 7000 万欧元赞助费用，占到车队总预算的 20%，而迈凯伦的赞助商威斯每年给迈凯伦 4110 万欧元的赞助费用，雷诺从其赞助商七星那里每年可得到 4400 万欧元赞助费，英美车队从好彩得到 3950 万欧元赞助费。

在一辆知名的 F1 车队赛车上，大约有 36 个大小不等的广告位，广告位的广告费用多少不等，有的单笔广告费高达每年 5000 万美元（超过 3 亿人民币），最小的广告位与手掌相当，却要每年支付 130 万美元的广告费。经过估算，一支 F1 大牌车队每年的车身广告收入就高达 3 亿美元（超过 18 亿人民币）。

（三）汽车竞赛成为了汽车制造商的动态车展

F1 现在每年举行 16—20 场的比赛，分站赛场遍布世界各地。F1 赛车是先进技术的结晶，在比赛中推出的每一部新款赛车，都代表着一家汽车公司甚至一个国家在汽车新技术方面的水平。F1 赛车外形是空气动力学的杰作，是进行成千上万次试验的结果，制造出来的赛车代表了世界上最尖端的汽车技术，向全世界展示了其汽车技术的先进性。

（四）汽车竞赛促进了汽车大众化的发展

汽车俱乐部组织的汽车竞赛吸引了大量参赛者和现场观众，许多地方性的汽车俱乐部联系着几万名赛车运动爱好者，同时世界各地的汽车爱好者自行组织进行一些小型的汽车比赛，其广泛性和群众性是汽车大赛所无法比拟的，这对汽车工业的发展有着另外一层意义。

每年的 24 小时勒芒耐力赛是一场赛车届的盛宴，吸引无数车迷观赛。对大多数车迷来说，他们会在自己支持的车队经过时摇旗呐喊，对更多车迷来说，摩天轮、烧烤、啤酒、美食，所有属于嘉年华的元素在勒芒一样都不少。赛场周围有各种设施齐备的餐饮、娱乐和休闲场所，以及销售各大车队纪念品的展位，就像过新年一般。比赛还没开始，来自世界各地的车迷便已经在赛道外安营扎寨，支起一顶顶彩色帐篷。比赛开始后，车迷们边在餐厅里吃着可口的食物，边观看窗外赛车以超过 300 公里每小时的时速飞驰而过，整日不息，堪称赛车界里独一无二的场景。即便在次日下午赛事结束后，这场已经持续 24 小时的狂欢依旧丝毫没有打烊的意思，只等待夜色到来，更大的车迷狂欢与露营 party 便会又一次展开。

汽车竞赛让越来越多的人被汽车所吸引，并传播了汽车技术，扩大了汽车爱好者队伍，培育了潜在的汽车制造、使用、维修方面的人才和汽车市场。

第二节　汽车博物馆

人有国界，车无国界，汽车博物馆展陈设计和创作打破了国家、地域、品牌界限，以“车”为载体，反映了人类的不断探索追求，讲述了汽车工业百年发展历程所带来的科技文明进步、产业迅猛发展、技术不断革新、人们生活方式和理念的改变。汽车博物馆通过与社会的融合，将人文价值、科技价值转换为社会价值，将自身充分置于与社会的广泛联系之中，通过科技化的手段和讲故事的方式，传播科学技术和人文思想，传播汽车工业的进步，讲述车性化、人性化的故事，从而达到国际化与民族化、专业性与趣味性之间的最佳结合。

图 4–13“碗形”造型的宝马博物馆和“四汽缸”造型的宝马总部大楼

一、著名汽车公司博物馆

（一）宝马博物馆

1. 宝马博物馆概述

建于 1973 年的宝马博物馆（BMW Museum）位于德国慕尼黑，是慕尼黑宝马品牌体验中心建筑综合体的三大核心组成部分。

宝马博物馆以设计独特的“碗形”为造型，设计总面积约 5000 平方米，整个屋顶上描着宝马蓝白标志，显得异常醒目。博物馆旁边就是闻名于世的“四汽缸”造型的宝马总部大楼。

根据不同年代和时期，宝马博物馆展示了历年来所生产的各类宝马汽车、宝马摩托车、轻骑和一些特殊用途的车辆样品，并运用现代声、光、电、多媒体等高科技手段及图片音像资料，提升产品展示的艺术空间，全面演绎了宝马汽车公司的成长与发展史。

2. 博物馆空间布局

图 4–14　宝马博物馆展厅前厅

图 4–15　盘旋而上的展厅

整个博物馆的设计理念是要体现一个由汽车环境的基本要素组成的“交通综合体”。而新延展的三层建筑更进一步延续了卡尔 · 施旺哲（Karl Schwanzer）先生的建筑哲学：除了街道、广场，桥梁和房屋也出现在了馆内。

宝马 90 多年的历史在宝马博物馆得到了全方位地展示。博物馆的主题展区总结介绍了宝马的重要理念。而主题展区也决定了宝马博物馆新翼的低层建筑风格：每个主题展区都是一个单独的展厅。在这里，可以回顾品牌历史，也可了解有关宝马创新技术和独特设计的更多信息。

宝马博物馆的主题展区主要有老爷车展区、概念车展区、宝马在售车展览区等。

图 4–16　宝马概念车展区

3. 博物馆展示手段

宝马博物馆通过 125 件原件展品、最新展示技术、长期和短期展览以及新媒体的应用，一切与时间、交通、经济、社会历史、艺术与文化相关的新元素均被一一呈现出来。

高调通透流动性光感体现了汽车工业化的精致和犀利。数字化的信息遍布坡道周围，重新设置的高科技灯光系统，配合坡道侧边硕大的标语群，科技图景呈现眼前，体现了博物馆创新的展示效果。

图 4–17　高调通透的展览厅图

图 4–18　展厅明如白昼的灯光

图 4–19　展厅创新的展示效果图

图 4–20　发动机展览区

宝马汽车博物馆给参观者带来奇趣无限的视觉体验，他们将所有汽车及其零部件设置在了高科技展览空间中。空间内，714 个悬挂在金属丝上的金属球，在机械结构、电子设备和程序的作用下翩翩起舞。动态雕塑在 7 分钟的隐喻叙述中诠释了汽车造型设计的过程。这个过程会重复多次，并伴随播放设计师原声设计理念，生动诠释 4 款宝马经典车型的塑造过程。这种展示形式将钢和玻璃反射的光线交织成“奇幻般”的视觉天地，带给参观者不一样的视觉感受。

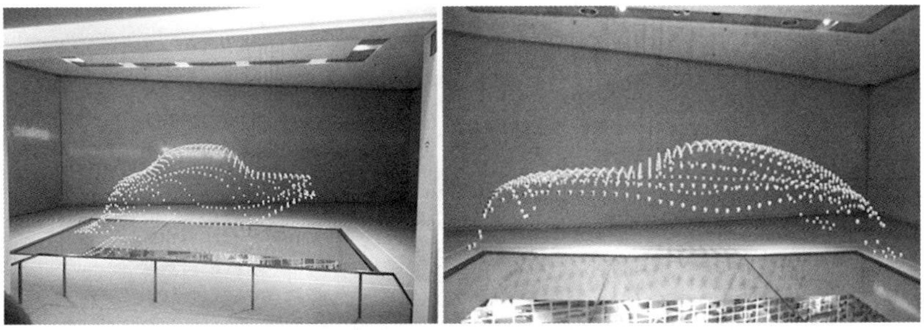

图 4-21　宝马动态雕塑

（二）奔驰博物馆

1. 奔驰博物馆概述

图 4-22　奔驰博物馆

图 4-23　奔驰博物馆的双螺旋结构

始建于 1936 年的奔驰博物馆位于德国斯图加特市，是人类首次将历史车型和同时代车型并行展示的场所。它不仅是汽车文化的一个重要标志，同时其场馆本身也被公认为是 20 世纪最经典的建筑设计作品之一。

博物馆与位于斯图加特 - 特图尔海姆的梅赛德斯 - 奔驰总厂近在咫尺，是连接“传统”与“现代”之间的纽带。在博物馆中可以领略到梅赛德斯 - 奔驰品牌的持续创新实力，通过汽车历史的发展历程预见未来的辉煌。

2. 博物馆空间布局

新博物馆不仅展现了激动人心的梅赛德斯 - 奔驰品牌历史，而且启迪性地展望了未来。在设计方面，鲜明的现代风格不仅体现了未来特色，而且保持了梅赛德斯 - 奔驰品牌的传统。新博物馆的内部结构模仿了 DNA 双螺旋结构，从而体现了梅赛德斯 - 奔驰品牌的最初理念，也就是为迎合个体的变化而不断地推出新产品：从汽车的发明到面向未来的无事故驾驶理想状态。

HG Merz 公司设计并随之实现的展览概念也非常新颖。在至少两个小时的参观期间，参观者如同穿越时光隧道，亲身体验 120 年的汽车发展历史。电梯将参观者送到博物馆的最高层，从这里延伸出的两条参观路线，在九层建筑物中呈螺旋状下降到起点，如同双螺旋结构，从而隐喻梅赛德斯 - 奔驰品牌的基因构成。

（三）奥迪博物馆

图 4–24　奥迪博物馆

1. 奥迪博物馆概述

奥迪博物馆于 2001 年建成，占地面积 7.7 万平方米，耗资 1.7 亿马克。汽车博物馆整体呈圆形，设计极具创意，设计的灵感来源于树干上的年轮，随着岁月的流逝，年轮的数量不断增加，这也象征着企业在不断地发展壮大，并稳中求变。

奥迪博物馆展出了奥迪公司自 1899 年以来具有代表性的 50 多辆汽车。由于展馆面积所限，不可能同时展出所有奥迪公司收藏的珍品，所以只能定期对部分展品进行轮换展示。

2. 博物馆空间布局

一楼用铰链的方式缓慢转动展示台展示的是不同时代的奥迪产品。

二楼展厅正中展示的是奥迪创始人奥古斯特·霍西（Auqust Horch）于 1899 年（史称奥迪元年）建造的老爷车。

图 4–25　奥迪博物馆中央展厅

3. 博物馆展示手段

奥迪博物馆以可移动的立体车库的形式作为博物馆的展示手段，奥迪博物馆又被称为“移动博物馆”。之所以被称为“移动博物馆”，很大程度上是因为有个巨大的移动升降机（移动的立体车库），参观者只需要站在某一层的栏杆处，一个个经典的车型便可以交替呈现在参观者的面前。

图 4–26　立体车库图

当然奥迪更多的历史还是“老老实实”地待在地板上，所以除了立体车库的展现手段外，就是普通博物馆的那种地面展示了。地面上展示了奥迪各个时期不同的车型。

图 4–27　奥迪概念赛车

图 4–28　经典奥迪 100 车型

（四）丰田博物馆

图 4–29　丰田博物馆外景

1. 丰田博物馆概述

丰田博物馆（Toyota Museum）是一座综合性的展馆，分为本馆与新馆两栋。本馆建于 1989 年 4 月，为三层楼建筑。本馆的展示品不仅有丰田产品，还收集保存了世界各国的汽车，并且系统地介绍 100 年来极速发展的汽车文明的辉煌业绩。主馆以实用型汽车为主，介绍了从汽油汽车问世的19世纪末到20世纪的汽车历史，共展出约120台汽车。

1999年4月，为纪念丰田博物馆开馆10周年而建造的博物馆新馆正式开馆。新馆亦为三层建物，一楼有微型汽车模型展示、特制商品的博物馆商店、咖啡厅与餐饮店；二楼则分成六个区展示着日本的汽车社会普及化过程和生活文化的变迁；新馆三楼设有限期公开的馆藏宣传画、套色浮世绘版画、横滨照片（手工着色照片）等美术品，并齐备与汽车相关的杂志书籍、影像数据等，可供参观者利用。

丰田博物馆的新馆通过人们的生活与生活文化之间的关联来讲述日本汽车普及化的历史，展示生活文化与汽车之间的关系。

2. 博物馆空间布局

（1）本馆一楼：昔日荣耀——老爷车

图4–30 丰田第一台轿车丰田AA型

检票进入博物馆后，首先映入眼帘的便是丰田在1936年设计制造的第一台轿车——丰田AA型。丰田喜一郎将其与父亲丰田佐吉一同研发的纺织机专利高价卖给英国人后，用这个资金开始了汽车制造事业。

丰田AA轿车采用前置后驱布局，使用一台3.4L直列6缸汽油发动机，最大功率65马力（48kW），采用3速手动变速箱，共生产了1404台。

（2）本馆二楼：海纳百川——海外名车

图4–31 劳斯莱斯40/50HP银魅老爷车

二楼最具代表性的车为劳斯莱斯40/50HP银魅，它被人们称为劳斯莱斯旗下“最伟大的杰作”，它当时的样车无论从工艺还是性能上都在业界创造了极佳的口碑。

（3）本馆三楼：日本车展厅

图 4-32　第一代皇冠 RS 型轿车

图 4-32 展示的是诞生于 1955 年的第一代皇冠 RS 型轿车。第一代皇冠并没有依靠外国的技术合作，而是独自开发实现纯国产，极大地鼓舞了日本汽车产业的发展。

二、国家汽车博物馆

（一）北京汽车博物馆

1. 北京汽车博物馆简介

北京汽车博物馆坐落于北京市丰台区南四环西路 126 号，是北京国际汽车博览中心的一部分。北京汽车博物馆是中国第一座汽车博物馆。博物馆通过宽阔的坡道和天桥与其他城市环境相互衔接，各个展览空间呈环形布置在中庭的周围，整体外形像一只明亮的“眼睛”，寓意开阔视野，面向世界。博物馆设汽车博览、主题展览、汽车科普、汽车娱乐、学术交流等功能展示区。一方面通过国内外不同历史时期的汽车、汽车用品、汽车艺术品和汽车衍生品来体现不同时代的生活和文化；另一方面通过知识性、参与性、娱乐性的科普娱乐项目来展现汽车科技的魅力和乐趣。

2. 北京汽车博物馆布局

在内部结构上，北京汽车博物馆的这一只“眼睛”共计有 6 层（含 B1 层），其中 B1 层是停车场、寄存处和临时展区，而 1 层目前主要是丰台区的规划馆，这两层基本与车没有太多的关系。2 至 5 层是展示区，由上至下依次是创造馆、进步馆、未来馆和中国汽车工业经典藏车展。5 层展示的是汽车从无到有的发展；4 层展

图 4-33　北京汽车博物馆

示的是现代汽车的结构、驾驶安全及赛事的相关知识；3 层展示的是汽车生活及未来的一些全新技术；2 层则主要是展示中国汽车工业的一些经典藏品，从 5 层开始可以从过去、现在、未来及在中国这样的思路，完整地了解整个汽车工业的发展。

（1）创造馆（5 层）：回望历史

在 5 层的“诞生发展展区”，我们可以沿着历史的车辙，去探寻汽车诞生和发展的故事。

古老的中国被认为是世界上最早发明和使用轮子的国家之一，在古代浩大的工程中，除了肩扛、手抬、人抬，滚木也是运输工具，这就是轮子的雏形之一。

图 4–34　中国古代的多辐轮毂

最早的车轮在公元前 4000 年左右就已经被发明出来，而到了公元前约 2000 年，有辐车轮出现，后来被应用在了马车上，大幅度地提升了马车的速度。而如今的汽车上仍采用着多辐的轮毂。

随着有辐车轮在马车上顺利应用之后，各色各样的其他车辆也逐步被发明出来。如图所示的“指南车”就是其中之一，指南车是利用了差速齿轮原理，根据车轮的转动由车上的木人指示方向（指南），主要应用于古代雾天的打仗。

图 4–35　中国古代的指南车

图 4–36　中国古代的计里鼓车

计里鼓车发明于西汉初年，是用于计算里程的车辆，车行一里车上的小人就击鼓一次，采用的是差速器原理，其实它的用途跟如今的里程表有异曲同工之妙。

（2）进步馆（4 层）：体验科技

4 层是进步馆。顾名思义，这里展示的是汽车发明之后技术的突飞猛进。自 1886 年汽车诞生，人类汽车发展史已经走过了 120 余年，每项科技发明都给汽车工业带来了翻天覆地的变化，而每一步科技改良或实验，都为科技发明和改革铺平了道路。一部汽车发展史，就是一部科学技术的进步史。

汽车科技进步的核心就是坚持不懈、永无止尽的追求和战胜速度。1904 年，世界汽车的最快速度纪录为 167 公里每时，尽管这样高的速度在当时是极为危险的。1927 年，世界汽车的最快纪录达到了 328 公里每时。到了第二次世界大战爆发之前，汽车极速已经突破了 500 公里每时，当时诸如法国勒芒赛事、比利时斯帕 24 小时等汽车专业赛事都已经大规模地开展起来。汽车速度每分每秒的提升，都离不开科技创新。进入 20 世纪 90 年代，汽车已经不再是主要偏向于机械配合的一项技术，而是被电子技术全面覆盖。汽车从诞生之日起，就体现着当代的科技水平，并日益成为高科技的结晶。

图 4–37　发动机工作演示模型

图 4–38　早期的汽车手工作坊

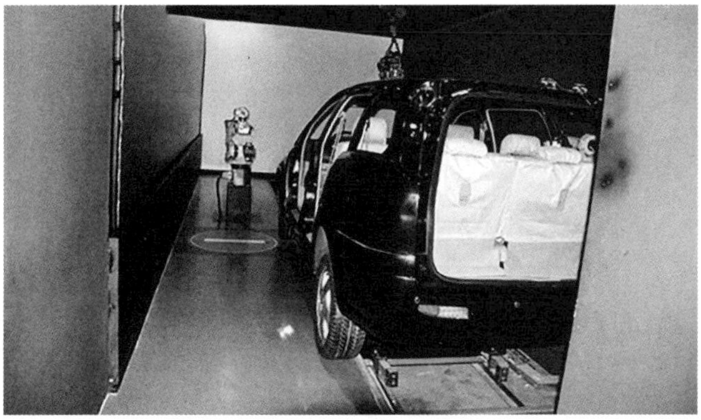

图 4–39　汽车生产线展区

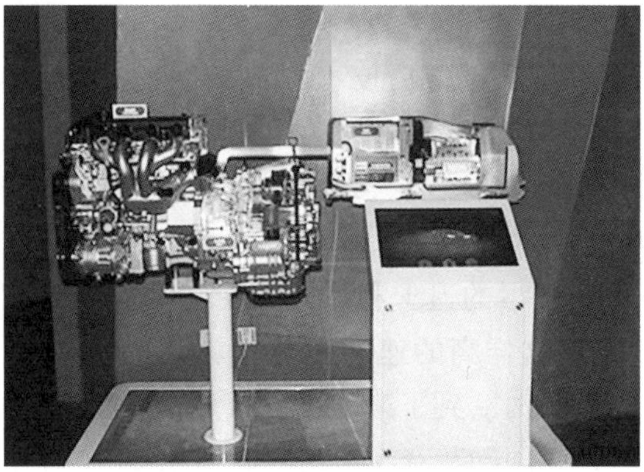

图 4-40　汽车的未来：新能源汽车

（3）未来馆（3 层）：承载梦想

汽车工业高速发展的同时还带来了诸如交通事故、道路堵塞、环境污染等问题。所以北京汽车博物馆在 3 层特别设置了未来馆，其以“象征展示”为开篇，分设“汽车生活”“资源环境展区”“创新未来”3 个展区，从多方面诠释了汽车为人类生活带来的广泛而深远的影响，倡导人、车、社会、自然的和谐发展。

（4）中国汽车工业经典藏品车展（2 层）：像火一样燃烧的岁月

在 2 层的展示区内分别展出了吉斯、吉姆、伏尔加、华沙胜利 20 等东欧系列和我国早期生产的红旗、上海系列轿车。这段篆刻于共和国史册上的激情燃烧的岁月，填补了中国自主造车的空白，拉开了中国汽车工业的序幕。

图 4-41　红旗 CA72 轿车

（二）法国米卢斯国家汽车博物馆

图 4-42　法国米卢斯国家汽车博物馆

1. 法国米卢斯国家汽车博物馆简介

法国米卢斯国家汽车博物馆由热爱汽车的意大利纺织大亨施伦普夫（Schlumpf）兄弟创建，后被法国政府接管。这家博物馆是欧洲最大的汽车博物馆，里面陈列的布加迪汽车占据了布加迪产量的 3%，许多车型连布加迪公司都没有。

这个世界上最大的汽车博物馆位于法国东北部阿尔萨斯的米卢斯城。仅仅从外面观看，这个前身是巨大的纺织厂的博物馆并没有什么特殊之处，但是里面却是汽车爱好者的天堂。

布加迪是该博物馆展出的镇馆之宝。它们是弗里茨·施伦普夫（Fritz Schlumpf）痴迷的“症结”。在这里，参观者可以看到最早的布加迪以及最新款的布加迪，敞蓬版布加迪和硬顶版布加迪。博物馆拥有仅生产了 6 辆的 12.7 升 Type 41 布加迪其中的 2 辆。

2. 博物馆藏车展示

图 4–43　镇馆之宝——布加迪

图 4–44　红旗 CA770 轿车

2014 年 9 月 5 日，中国国车红旗 CA770 正式入藏法国米卢斯国家汽车博物馆，这是该馆入藏的第一辆中国品牌轿车。

（三）意大利国家汽车博物馆

图 4–45　意大利国家汽车博物馆

1. 意大利国家汽车博物馆简介

意大利国家汽车博物馆位于意大利北部工业重镇都灵，于 1932 年创建，在 2007 年进行了重建。经过 4 年翻修扩建后，有着 80 年悠久历史的意大利国家汽车博物馆在 2011 年 3 月 20 日重新向公众开放。

新博物馆面积扩大至目前的 1.9 万平方米，划分为 29 个区域，展出了来自意大利、波兰、英国、西班牙、荷兰、法国、德国和美国 8 个国家 85 个品牌的近 200 辆汽车。

2. 博物馆藏车展示

图 4–46　1899 年的第一辆菲亚特

走进意大利国家汽车博物馆，就像在汽车仓库里面溜达一样。大多数车型，无论多么珍贵，都可以近距离观察欣赏，可以打开车门去触摸历史的痕迹。博物馆也得到了意大利菲亚特品牌家族的大力支持，从 1899 年的第一辆菲亚特，到后来的蓝旗亚、阿尔法·罗密欧，都被意大利国家汽车博物馆收入馆中，意大利国家汽车博物馆是菲亚特旗下的品牌老车收藏量最全最多的汽车博物馆。

30年代前后，欧洲赛场上阿尔法·罗密欧和玛莎拉蒂是非常厉害的车队，这两个品牌当年留下的很多赛车都是无法超越的经典。对于喜欢汽车运动的朋友而言，也许看到的意大利国家汽车博物馆没有那么宏大、没有那么壮观、没有所谓的现代化，但是它简单、极致，每一辆车都精彩至极。这些藏车不只是一件物品，而是一次心灵的撞击，通过藏品让心灵得到极大的满足。

图 4–47 长安 CS95

2013 年 10 月，长安 CS95 入驻意大利国家汽车博物馆，长安汽车成为第一家应邀展出作品的中国车企。

无论是国家博物馆还是私人博物馆，每一个博物馆都是收藏者内心的真实写照，他们收藏的不仅仅是车，更是一种精神；我们所见的也不仅仅是车，而是一个民族对于自己文化的尊重、一个民族汽车发展的历史。这些与众不同、独一无二的私人汽车博物馆更能让我们深深地感受到整个欧洲对老爷车文化的尊重和积淀，感染后世的我们，激励我们前行。

作为汽车文明踪迹的保存和记录者，汽车博物馆已经成为了经典汽车最美好的归宿。古老皮革和铁锈的气息，配上穿越时空洇渗而出的油液味道，让人们以最真切的方式感受着百余年汽车发展史的灿烂文明。在这里，艺术创造与精妙工程永远得以留存，与之相伴的辉煌往事和喧嚣风流则安静地感动着人们。

第三节　国际著名汽车公司

一、国外著名汽车公司

（一）大众汽车公司

图 4–48 费迪南德·保时捷

大众汽车（德语：Volkswagen），在中国台湾译为福斯汽车，中国香港和澳门译为大众汽车或福士汽车，马来西亚和新加坡译为大众汽车，意思是“人民的汽车”（Volks 意为“国民”，Wagen 意为“汽车”），故又常简称为“VW”。大众汽车标志中的 VW 为全称中第一个字母。标志像是由三个用中指和食指作出的“V”组成，表示大众公司及其产品必胜—必胜—必胜。大众汽车公司是一个跨国汽车集团，是世界十大汽车公司之一。公司的总部设在德国北部城市沃尔夫斯堡，也就是大家常说的狼堡。目前全球有雇员超过 50 万人，2016 年大众集团全球交付销量为 1030 万辆。

1. 旗下品牌之奥迪

图 4–49　奥古斯特·霍希

图 4–50　漫游者公司和 DKW 公司

1909 年，霍希创立奥迪汽车公司，1910 年生产了第一辆奥迪牌汽车。在同一时间，另一家以修理自行车起家的漫游者（Wanderer）公司也完成了向生产摩托车的转型；而丹麦人拉斯姆森所创立的 DKW 公司也在不到 10 年的时间里使 DKW 公司成为了世界上最大的摩托车生产厂家。

20 世纪 20 年代，为了提高生产力，与国外汽车厂抗衡，霍希、奥迪、漫游者和 DKW 这四家公司终于在 1932 年 6 月 29 日走到一起，组成了实力强劲的汽车联盟公司。公司的标志就是那迷人的四个圈。

图 4–51　汽车联盟早期标志图

1965 年，汽车联盟公司推出了装有四冲程发动机的车辆并被冠以奥迪商标。

1985 年，奥迪－NSU 汽车联盟公司正式更名为奥迪股份公司，奥迪开始进入了一个稳定、快速的发展时期。

1998 年，奥迪公司收购顶级跑车品牌兰博基尼。

图 4–52 兰博基尼跑车

德国是豪华汽车品牌竞争最激烈的国家，奥迪、奔驰、宝马为了各自的豪华车市场地位无时无刻不进行着贴身肉搏。作为一个最古老的豪华车品牌，奥迪经历了王朝更迭般的跌宕起伏，然而奥迪的血脉却是源远流长、生生不息；在当今竞争激烈的全球豪华车市场上，奥迪虽然已有不可动摇的地位，但奥迪能否继续抓住豪华车市场的节拍，演奏出时代最强音，这一切都将由时间来检验了。在这个世界上，恐怕没有什么力量能够阻止它，除了它自己。

2. 旗下品牌之宾利

宾利汽车（在 2002 年引进中国之前被直译为“本特利”）的创始人宾利（W. O. Bentley，1888—1971 年）在国外一般被称作 W. O. 先生。他出生在英国维多利亚时代一个还算富裕的家庭，是家里排行最小的孩子。

图 4–53 宾利

图 4–54 1924 年征战勒芒赛事

1919 年，宾利和他的工作伙伴弗兰克 · 伯吉斯（Frank Burgess）、哈里 · 华莱（Harry Varley）合作设计了一款名为宾利的运动型汽车。同年，宾利兄弟正式组建了宾利汽车公司（Bentley Motors）

宾利公司成立之初便推出了马力高达 85 匹的 3.0L 车型——宾利 3.0，并于 1921 年 9 月正式上市销售。该款车型的最高时速突破 80 英里（约 128 公里每小时），这已经是当时速度最快的量产汽车了。期间宾利 3.0L 车型打破了当时绝大多数的耐久与速度纪录，在 1923 年首度举办的勒芒 24 小时耐力赛中得到了第四名的好成绩，并随后于 1924 年举办的勒芒 24 小时耐力赛中击败法国劲敌布加迪获得冠军，之后还于 1927、1928、1929 及 1930 年以 4.5L 车型、Speed 6、8.0L 车型连续夺得勒芒 24 小时耐力赛的冠军，成为勒芒 24 小时耐力赛赛事史上的一个传奇。

宾利轿车标志是以公司名 Bentley 的第一个字母“B”为主体，生出一对翅膀，似凌空翱翔的雄鹰，此标志一直沿用至今，过去也曾用过一个展翅飞翔的“B”标志。

1998 年 8 月，经过一场与宝马的收购大战，大众买下宾利品牌，宝马获得劳斯莱斯的名字和标志的使用权。

纵观宾利近百年的历史，宾利从创始到最终并入德国大众，虽然企业的所有人发生了变化，但作为最长久的汽车奢侈品品牌之一，宾利一直保持着其领先地位。此外，最值得一提的就是，即使企业经历了近百年的发展，但宾利品牌依然秉承着宾利先生创始之初的宗旨——创造世界上顶级豪华的速度机器，相信未来的宾利必将在这条路上走得更远更好。

小贴士：

由劳斯莱斯、宾利引发的一场收购大战

不知该说是幸运还是不幸，进入 90 年代末期，拥有悠久历史与场地赛车传统的英国车厂如同得了瘟疫般一间间倒下，曾撑起 20 世纪半边天的英国汽车工业当时看来格外令人唏嘘。1998 年，两个亏钱很久的至尊英国品牌劳斯莱斯与宾利突然成了炙手可热的商品，包括欧洲最大的大众集团、宝马甚至连戴姆勒等都传出了对它们的浓厚兴趣。

早在 1990 年，宝马就控股了劳斯莱斯飞机发动机公司，看起来宝马是最有可能的买家。1998 年 4 月末，维克斯集团正式接受宝马 5.75 亿美元的收购报价，但此时大众公司半路杀出，宣布将以更高的价格收购劳斯莱斯，报价是惊人的 7.95 亿美元，并许诺不把劳斯莱斯带出英国，保持其英国的管理模式。果然，大众公司的这招取得了奇效，维克斯集团股东开始对将劳斯莱斯出售给宝马表示不满，于是，维克斯集团转而要求宝马公司将报价提高，但遭到后者的坚决拒绝。在董事会一番激烈讨论之后，维克斯转而接受了大众的报价，1998 年 7 月 3 日，维克斯集团宣布以 14.4 亿马克把劳斯莱斯卖给大众公司，宝马被踢出局。

面对维克斯的出尔反尔，气愤的宝马立刻予以反击，它宣布暂停为劳斯莱斯供

应发动机。这一反抗带来的反响还是很强烈的，拥有劳斯莱斯商标所有权的劳斯莱斯飞机发动机公司成为了宝马的同盟军，它宣布不同意大众使用劳斯莱斯的品牌名称，而要将名称权和商标权授权给宝马。

这一切使得才达成协议准备收购劳斯莱斯的大众异常尴尬，一场收购战就这样变成了僵局：大众汽车买下了“飞翔女神”车标和水箱格栅的使用权，但是没有办法制造“劳斯莱斯”牌的汽车；同样，宝马拿到了“劳斯莱斯”车名，却没有车标和水箱格栅的使用权。

1998 年 8 月，劳斯莱斯主席格雷厄姆 · 莫里斯（Graham Morris）被迫辞职，最终大众、宝马、劳斯莱斯和维克斯通过谈判解决了争端。宝马以 6800 万美元的价格拿到劳斯莱斯的名字和标志的使用权，但是允许大众使用其名字到 2002 年底。大众买下宾利品牌，但是可以在英国克鲁郡生产劳斯莱斯 Silver Seraph 和宾利 Arnage，直到 2002 年 12 月 31 日之后，劳斯莱斯 Silver Seraph 的生产权转交宝马，宝马同意遵守与大众控制的科斯沃斯发动机公司所签订的一系列合同，同时大众得到宾利品牌所有权。

3. 旗下品牌之布加迪

从 1909 年成立至今，它创造过无可企及的辉煌，它制造过无与伦比的赛车，它让人们看到了机械所独有的精致魅力，它将豪华和速度完美地融合，它赋予了赛车更奢华的定位。它曾经辉煌过，受到疯狂的追捧和赞扬，它也曾破产几经转手难以振作，但是它始终走在汽车制造业的最前端，它的每一款产品都是为了打破极限而制造，每一款车都为获得荣耀而存在。这就是布加迪，创立已逾百年，它用一个世纪的经典铸就了永久的辉煌。

图 4–55　布加迪创始人埃托里 · 布加迪

图 4–56　早期的布加迪 Type 2

图 4–57　布加迪威航

经历辉煌和衰败之后的布加迪，虽然几经易主，但是让人高兴的是，布加迪依然坚守着传统，依然不计成本，只为制造全世界最好的汽车，当然也是最昂贵的汽车。布加迪用执着诠释着对极致的不断追求，这种精神让布加迪造就了辉煌，也是这种精神使得布加迪一次又一次的重生，成就了现在无可企及的荣耀。

4. 大众在中国

大众在中国全国范围内已拥有 13 家企业，除了生产轿车的 2 家合资企业外，还有零部件供应和客户服务等企业。早在 1978 年，大众便与中国政府开始接触并寻求合作，当时的中国政府在邓小平同志的领导下，开始推行改革开放政策，积极地引进国外的资金和先进的科学技术，加速中国的现代化进程，提高国际上的竞争能力，于是便有了现在的一汽大众和上海大众。大众汽车自进入中国市场以来，就一直保持着在中国轿车市场中的领先地位。

1984 年，上海大众汽车开始它辉煌的历史篇章，1990 年，大众又在长春签署了成立合资企业——一汽大众的协议。

近几年，大众汽车加快了在中国的发展步伐，并在华投资了数亿欧元。中国已经成为大众全球最重要的战略市场。从此前的动力总成战略到全新的电动车战略，大众在中国不仅希望传统车销量继续独领风骚，更希望在节能、减排的新技术、新能源上拔得头筹。

（二）宝马汽车公司

创立于 1916 年的宝马汽车公司拥有超过百年的历史，总部设在德国慕尼黑，虽然相对于一些老牌车厂如阿尔法·罗密欧、福特、梅塞德斯－奔驰、劳斯莱斯等她还略显年轻，但百年沧桑的宝马车厂却有着自己动人的成长故事。

1913 年，在慕尼黑第一个机场奥贝维森菲尔德（Oberwiesenfeld）的旁边，航空史上的先驱卡尔·拉普和古斯塔夫·奥托建立了自己的工厂。拉普的工厂生产航空发动机，奥托的工厂生产飞机。

1916 年，拉普与奥托两人将工厂合组为 BFW（Bayerische Flugzeug-Werke）飞机生产厂。并于 1917 年改名为 BMW（Bayerische Motoren Werke），专门从事飞机发动机的研发与制造。蓝白相间的螺旋桨形成的圆圈成了 BMW 的商标，同时也是在 Milbertshofen 制造的飞机发动机的标识。

图 4–58　宝马经典的双肾型水箱格栅

1928 年，宝马收购了埃森那赫汽车厂，并开始生产汽车。1933 年，宝马推出 303 型六缸轿车，创立了宝马的两个独特之处：经典的双肾型水箱格栅；经典的直列六缸发动机。

1951 年，宝马再次投产汽车，制造的

汽车是501系四门房车，这款宝马501汽车在当时赢得了“巴洛克天使”的美名。

1962年，宝马推出糅合欧风美味的New Class新世代车型1500，它是今日3系列的始祖。

1968年，宝马推出New Class第二款新世代车型——2500中型房车，它是今日5系列的始祖。

1972年，宝马推出第一代5系列。

1975年，宝马推出第一代3系列，成为宝马车系最畅销车型。

1977年，宝马推出第一代7系列，成功树立宝马生产豪华性能房车的地位。

从1972年到1977年，宝马完成全系列车型的换代，车型系列名称一直沿用至今。

为了拓展市场以顺应集团的日益增长，宝马收购了英国的罗浮（Rover）集团，包括其名下的陆虎（Rover）、越野陆虎（Land Rover）、MINI以及MG。

由于Rover集团生产的Rover、Land Rover、MG、MINI等品牌车与宝马所占据的市场领域不同，此次兼并并未取得预想的成功。1999年BMW Rolls-Royce GmbH股份出售给Rolls-Royce plc.。2000年宝马集团重新定位，Rover和MG卖给了Phoenix财团，而Land Rover则卖给了福特汽车公司，后来福特又将Land Rover卖给了印度的塔塔汽车公司。

目前，作为全球性的汽车制造商，宝马集团在世界各地拥有14个生产厂，另外在8个国家还拥有宝马车辆装配线。

1. 旗下品牌之MINI

1958年，第一部MINI原型车诞生。样车采用4轮独立悬挂、前置前驱、散热器左置的设计方案，整车长3.05米、宽1.41米、高1.35米，并且设计师伊西戈尼斯（Issigonis）还别出心裁地将四缸发动机进行横向设置，这在当时是一个创举。在他天才般的设计理念下，车内空间得到了最大化的利用，MINI的车厢占到全车身体积的80%。

1960年第一部MINI在美国正式上市。1961年MINI名声大噪，在全球刮起一阵“MINI旋风”！为了吸引不同的客户，MINI趁热打铁在第一部MINI车型的基础上衍生出了多种不同的车型来满足不同用户的需求，从旅行车、微型客车到皮卡车等各种车型应有尽有。

1994年，宝马集团并购了Rover集团，包括MINI、Land Rover、Rover及MG等品牌，都成为宝马旗下的一员，不过宝马也因此背上了沉重的包袱。在2000年年初，宝马将Land Rover品牌卖给福特，但宝马却意外地将MINI保留了下来，而且还投入近3.6亿欧元，重建了设在英国牛津的MINI制造厂。之所以将MINI保留下来，宝马认为，MINI有着广泛的群众基础，从大老板到打工一族，从年长者到青年一代，都大有追随者，尤其是当今欧洲各国流行小车热，迷你车是许多人迷恋的对象，这是宝马车系所无法取代的。

2. 旗下品牌之劳斯莱斯

图 4–59　亨利・莱斯与查利・劳斯

1903 年，亨利・莱斯（Frederick Henry Royce）开始打造自己的第一款汽车。出身于贵族家庭的劳斯（Charles Stewart Rolls）一个偶然的机会看到莱斯生产出的 2 缸发动机汽车，受到极大震撼。劳斯一下子就意识到这就是他想要的高质量的汽车，他立即把莱斯的这辆车借到伦敦，并介绍给他的合伙人克劳德・约翰逊。

1904 年的圣诞节，劳斯和莱斯正式签署合作协议，双方合作生产可以推向市场的汽车，汽车将由莱斯有限公司（该公司是莱斯早年间创立的公司）负责生产制造，品牌名称是劳斯莱斯（Rolls–Royce）。

图 4–60　劳斯莱斯 Silver Ghost（银魅）

1907 年首次露面于巴黎汽车博览会的 Silver Ghost（银魅）受到了极大的关注。尤其是金色钟顶形散热器特别引人注目，直到今天这一造型依然是劳斯莱斯不可替代的设计元素。

1998年8月，宝马以6800万美元的价格拿到劳斯莱斯的名字和标志的使用权。

从1904年创立至今，劳斯莱斯的工厂经历了6次搬迁，其间几易其主，造就了一个个跌宕起伏的故事，但它始终没有动摇劳斯莱斯在世界汽车业界的地位。“汽车中的贵族”不是一句空洞的口号，它凝聚的是一代代劳斯莱斯人追求完美的信念、标准和坚持。

3. 宝马在中国

2003年5月，宝马集团和华晨中国共同设立合资企业——华晨宝马汽车有限公司，其生产厂设在辽宁省省会沈阳市。宝马集团与其中方合作伙伴分别持有合资公司50%的股权。

2004年5月20日，沈阳工厂举行正式揭幕庆典，这标志着合资项目一期全部完工，为宝马在中国的发展树立了新的里程碑。

2013年4月，华晨宝马汽车有限公司合资自主新品牌“ZINORO”（之诺）在北京发布。这是在合资企业成功发展的基础上，向更深层次的本土化发展迈进的全新里程碑。“之诺”以高品质产品及新能源科技，传达出品牌的社会责任及对未来的承诺。品牌定位于“承诺”，凸显了华晨宝马创造“属于中国的高档汽车品牌”的决心。

（三）奔驰汽车公司

梅赛德斯－奔驰是一个历史最为悠久、拥有一百三十多年的造车历史的汽车品牌。

1883年，卡尔·本茨创立了合资公司Benz & Cie，公司以制作工业产品和研发汽车为目的。1886年，本茨发明三轮汽车并申请德国发明专利，成为奔驰造车的起点。

与此同时，哥特利布·戴姆勒与内燃机技术专家威廉·迈巴赫合资创立了汽车公司DMG。

Benz & Cie与DMG这两家汽车制造的先驱在经历了第一次世界大战后的经济危机后，于1926年正式合并，新公司改名为戴姆勒－奔驰（Daimler-Benz AG），代表DMG的三星车标与代表Benz & Cie的“Benz”字标结合，形成新的三星标志。旗下的汽车品牌以Mercedes-Benz作为命名（DMG的Mercedes与Benz & Cie的Benz），生产中、大型的豪华轿车和商务轿车，以及制造一系列非量产的赛车。

1998年，戴姆勒－奔驰与美国汽车三巨头之一的克莱斯勒（Chrysler）正式合并，新集团命名为戴姆勒·克莱斯勒（Daimler Chrysler AG）。2007年8月，戴姆勒向美国投资公司Cerberus卖出克莱斯勒8成股份，戴姆勒·克莱斯勒正式改名为戴姆勒集团（Daimler AG）。目前，戴姆勒集团除了生产乘用轿车品牌梅赛德斯－奔驰的汽车外，还有豪华大客车、大小型货车、银行金融机构用车等多方面的业务。

1. 奔驰商标的演变

卡尔·本茨早年创立的奔驰公司提交了“ORIGINAL BENZ+齿轮”的新商标申请，这枚标志也是所有资料中记载的最早的奔驰标志。1909年奔驰修改了旧标志，新标志将旧标志中的文字内容精简到只剩下“BENZ”四个字母，而老标志中突出机械感的齿轮状外圈也被月桂花环代替。

1902年6月23日戴姆勒成功将“MERCEDES”（梅赛德斯）申请注册为商标。

1916年，戴姆勒公司又注册了一个新版本的三叉星标志，这个标志在原有的三叉星标志基础上加上了一个圆形外圈，并在圆环底部加入“MERCEDES”字样，同时在圆环的其余空白位置分别加入四颗小的“三叉星”，其用意也仅仅是为了填补商标上的空白位置。

1926年，戴姆勒与奔驰两家公司正式合并为戴姆勒－奔驰公司，1933年，梅赛德斯－奔驰推出了一款“简化版”的设计，在这款简化版的标志上没有加入任何文字，只保留了三叉星和外加的一个圆圈，而这个标志中的三叉星明显比之前的要修长许多。

梅赛德斯－奔驰，一个值得我们尊敬的伟大品牌。在闪闪发亮的三叉星标志背后，奔驰与戴姆勒两家公司都走过了百年时间长廊，不但经受住了时间的各种考验，更加成为了当今汽车界中首屈一指的品牌。梅赛德斯－奔驰之所以能有今天这样的成就，绝对不是因为奔驰发明了全世界公认的第一辆汽车这么简单，更多的是对其产品品质的坚持，这是公司的百年承诺，更是三叉星标志的真正内涵。

2. 旗下品牌之Smart

“Smart”此名来源于Swatch-Mercedes-ART的组合词，字母S代表斯沃琪（Swatch）公司,M代表梅赛德斯公司，而art是艺术的意思，在英语中Smart有灵敏、聪慧的意义。Smart目前是一个隶属于戴姆勒集团的微型车制造商，它的前身是瑞士SMH集团（Swatch集团）与戴姆勒－奔驰于1994年合资成立的汽车公司——MCC。MCC公司于2002年以汽车品牌“Smart”作公司的统一命名。

从Smart的品牌Logo中可以发现左边的圆形图标便是Smart的车标图案，它由一个C与一个往右的箭头组成，“C”代表的是“Compact”（简洁的、紧凑的），箭头则有“forward thinking”（开阔思维）的含义，与Smart的口号“Open your mind”相呼应。

Smart正式进入中国的时间不是很长，各方面都给人“年轻”的印象。其实“Smart”由构思到搭建，由合资到独资，至今已经历了20多年的历史。

短短20多年的历史，Smart从无到有，历经坎坷、发展壮大，虽然目前仅有一款车型，但也足以成为家喻户晓的品牌。

3. 奔驰在中国

2004年12月6日，梅赛德斯－奔驰新工厂在北京举行奠基仪式。

2005 年 8 月 8 日，由北京汽车工业控股有限责任公司与戴姆勒克莱斯勒股份公司、戴姆勒克莱斯勒（中国）投资有限公司组建的北京奔驰－戴姆勒·克莱斯勒汽车有限公司（BBDC）在北京正式成立。BBDC 的成立是梅赛德斯－奔驰对中国市场高度重视和倾力投入的又一有力证明，此举进一步增强了梅赛德斯－奔驰在中国的实力，同时也正式揭开了梅赛德斯－奔驰 E 级轿车国产的序幕。

2006 年，梅赛德斯－奔驰中国的总部从香港迁至北京亮马大厦，共有三个法人公司，属于战略性公司的戴姆勒东北亚投资有限公司、负责销售的梅赛德斯－奔驰（中国）汽车销售有限公司，和为客户及经销商提供贷款业务的梅赛德斯－奔驰汽车金融有限公司。

2008 年 3 月，经过改装生产线的北京奔驰正式推出了国产奔驰 C 级轿车，实现了国产与进口 C 级同时销售的喜人景象。

2010 年北京车展上，北京奔驰的全新长轴距 E 级 300L 轿车全球首发。至此，北京奔驰迈上了发展的高速轨道。

（四）丰田汽车公司

1. 丰田汽车公司的创立

丰田汽车公司创始人丰田喜一郎于 1933 年投资 13 万美元在丰田自动织布机制造所成立了汽车部，开始了丰田的造车历史。

1934 年，丰田喜一郎决定创立汽车生产厂，1937 年丰田喜一郎在爱知县举田町成立了丰田汽车工业株式会社。

2. 丰田公司的中兴之路

在当时，日本的汽车制造业还处于幼稚工业的阶段。以丰田喜一郎为首的汽车制造商和汽车技术人员们，虽然致力于扩大国产汽车的产量，但却没有如愿以偿。载重卡车没有达到预期产量，轿车的产量就差得更远了。虽然 1940 年丰田公司的汽车产量达到了 15000 辆，但战后却下降到了区区 3275 辆。

第二次世界大战后，日本转入战后经济恢复期。这时对于日本汽车产业来说，是一个非常危险的时期。当时，日本工业的劳动生产率仅为美国工业劳动生产率的九分之一到八分之一，这还是工业各行业的平均劳动生产率，与美国相对更发达的汽车制造业相比，日本汽车制造业劳动生产率的差距就更大了。

在如此严峻的现实面前，当时担任举母工厂制造系第二机械工场主任的大野耐一认为：这并不是美国人付出了日本人 10 倍的体力，一定是日本人在生产中存在严重的浪费和不合理现象。只要消除了这些浪费和不合理现象，劳动生产率就应该成为现在的 10 倍。这种理念最后成了以超常规著称于世的最具有革命性的生产管理方式——丰田生产方式的出发点。

从此，丰田公司向旧的体制挑战，励精图治，顽强拼搏，战胜了重要挫折困难，使劳动生产率直线上升。到了 1950 年，丰田公司的汽车总产量回升到了 12000 辆。

具有戏剧性的是32年后，也就是1982年，与美国通用公司相比，劳动生产率的比例被完全颠倒过来了。这一年，通用公司人均生产6辆汽车，而丰田公司却达到了人均生产55辆的水平。从人均创利来看，这一年通用公司人均利润为1400美元，而丰田公司人均利润为14000美元，正好是通用公司的10倍。

3. 丰田汽车的成熟

丰田汽车公司得以快速发展的黄金时期是在20世纪70年代。在1972年到1976年的4年时间里，丰田汽车公司就生产了1000万辆汽车，平均每年生产汽车200多万辆。到了80年代，丰田汽车公司的产销量继续突飞猛进；到了90年代初，汽车年产量已经超过了400万辆，成功超越福特汽车公司，位列全球第二。60年代、70年代是丰田汽车公司在日本国内的自我成长期，80年代以后，丰田开始了实施全面走向世界的国际化战略。它先后在美国、英国以及东南亚建立独资或合资企业，并将汽车研究发展中心合建在当地，实施当地研究开发设计生产汽车的国际化战略。

4. 丰田在中国

在中国，丰田同样基于“通过汽车创造富裕的社会”这一企业理念，广泛开展各项社会公益活动，努力为顾客提供高质量高品质的汽车产品和优质的服务，为中国社会的发展做出贡献。

2004年丰田完成中国布局：与一汽合作，与广汽联姻。截止到2016年底，丰田已在天津、广州、成都、长春合资建立了6个整车工厂和4个发动机工厂，推出了包括混合动力车普锐斯、凯美瑞在内的14款深受中国用户喜爱的车型。

截止到2017年初，丰田已在中国的5个省和直辖市设立了9家独资公司、15家合资公司、2个技术合作项目和5家中国事务所，有3万多名中国员工在生产、销售和售后服务等各相关领域为中国的汽车工业和汽车市场的发展积极贡献着力量。

二、国内著名汽车公司

（一）中国第一汽车集团公司

1953年，在党中央的亲切关怀下，在全国人民的大力支援下，在苏联人民的友好帮助下，一汽奠基兴建，于1956年建成并投产，开创了中国汽车工业新的历史。

一汽集团经过五十多年的发展，从最初的只生产中型卡车，发展成为中、重、轻、微、轿、客多品种、宽系列、全方位的产品系列格局；集团旗下拥有一汽大众、一汽丰田、一汽通用、一汽马自达等合资品牌和一汽轿车、一汽客车等，已经发展成为车辆年生产能力达百万量级的大型汽车集团；企业结构也从工厂体制转向了公司体制，经营方式也转向了更加多元化的方式，面向的市场也由国内市场转向了国内外两个市场。目前一汽集团已经成为了我国最大的汽车企业集团之一。

1. 旗下品牌之红旗

1958年，中国第一辆红旗汽车在一汽诞生，这是一款中国自己制造的汽车。

1958 年 7 月 28 日，在长春汽车配件厂，一辆红旗牌 35 座客车和一辆红旗牌载重汽车正式下线。

图 4–61 新中国第一辆红旗

红旗图形的商标立在发动机盖的前端；另一商标是在椭圆中有一个带羽毛的“1”，表示“中国第一汽车集团”。该商标镶嵌在散热器的正中；文字“红旗”商标则标注在车尾。红旗新商标以“第一”的“一”字型为依托，将代表全球的椭圆与“1”字型有机结合起来，构成简洁、流畅、活泼的造型，强调了“第一”的品牌名称及其意义。

小贴士：

红旗轿车的由来①

红旗牌轿车在中国是个家喻户晓的名字。“红旗”二字已经远远超出了一个轿车品牌的含义，新中国发生的太多历史事件都与“红旗”有关。在国人心里，它有其他品牌所不能代替的位置。

1958 年 8 月，中央急于在建国十周年的庆典上用上国产的高级轿车，向一汽下达了制造国产高级轿车的任务。一汽的工人们以从吉林工业大学借来的一辆 1955 型的克莱斯勒高级轿车为蓝本，根据中国的民族特色进行改进后以手工制成了一辆高级轿车。这辆轿车的动力系统和装备几乎和克莱斯勒一样，其实就是把克莱斯勒车完全拆开，对每个零件进行手工测绘，然后自己制造。1958 年 5 月 12 日，国产第一辆小轿车试制成功。第一辆国产小轿车的名字并不叫“红旗”，而叫“东风”，是红旗轿车的前身，车型编号为 CA71。CA 实际上是 China Automobile 的意思，此代号也一直沿用到现在。CA71 的“71”，7 为车辆类别代号，代表轿车；1 就表示第一代车型。吉林省委第一书记吴德在全厂万人集会时，正式给轿车命名为“红旗”。

① 引自 http://auto.163.com/13/0528/10/8VV4NIO4000851R1_all.html.

1958年9月19日，邓小平、李富春、杨尚昆、蔡畅等中央领导到一汽视察，赞扬了红旗轿车，红旗轿车从此定型。随后，一汽的设计师又认真对红旗轿车整车做了5次系统的试验。5次试验后，红旗轿车定型样车被正式编号为CA72，这才是我国有编号的第一辆真正的红旗牌高级轿车。最早的CA72在翼子板一侧标有五面并排的小红旗，代表工农商学兵。CA72的前脸采用扇形图案，车身造型庄重典雅，尾部采用了独具一格的宫灯型尾灯，方向盘中央的向日葵造型及后尾标是纯金打造，车内采用了景泰蓝、福建漆、杭州织锦等。发动机是具有当时国际先进水平的v型8缸液冷发动机。

1959年10月1日，10辆崭新的红旗轿车在首都国庆庆典上亮相，引得国外媒体争相报道。

2. 旗下品牌之奔腾

“一汽奔腾”是一汽轿车旗下品牌，截止到2017年6月，一汽奔腾旗下已拥有奔腾B30、奔腾B50、奔腾B70、奔腾B90、奔腾X40、奔腾X80六个产品系列。

“一汽奔腾”品牌是一汽集团旗下“中国一汽”伞品牌下辖的产品线品牌。作为国内自主品牌高规格、高品质、高价值中高级乘用车的代表，奔腾品牌以“进取不止”为核心价值观，打造“品质、性能、科技”品牌内涵，上市以来已经赢得了市场的认可和消费者的信赖，将中国自主乘用车事业拓展到一个新的高度。

图4–62　奔腾B70

2013年5月16日，作为奔腾品牌首款SUV车型，奔腾X80卓越登场。

（二）比亚迪

1. 发展历程[①]

2003年，比亚迪收购西安秦川汽车有限责任公司（现“比亚迪汽车有限公司”），正式进入汽车制造与销售领域，开始民族自主品牌汽车的发展征程。发展至今，比

① 引自 https://wenku.baidu.com/view/5ff8f779f7ec4afe04a1df77.html.

亚迪已建成西安、北京、深圳、上海、长沙五大汽车产业基地，在整车制造、模具研发、车型开发等方面都达到了国际领先水平，产业格局日渐完善并已迅速成长为中国最具创新的新锐品牌。汽车产品包括各种高、中、低端系列燃油轿车，以及汽车模具、汽车零部件、双模电动汽车及纯电动汽车等。代表车型包括全新速锐，全新 F3、F0、G5、G6 等传统高品质燃油汽车，S8 运动型硬顶敞篷跑车、高端 SUV 车型比亚迪唐和 MPV 车型 M6，以及领先全球的 F3DM、F6DM 双模电动汽车和纯电动汽车 E6 等。

2008 年 10 月 6 日，比亚迪以近 2 亿元收购了半导体制造企业宁波中纬，整合了电动汽车上游产业链，加速了比亚迪电动车商业化步伐。2008 年 12 月 15 日，全球第一款不依赖专业充电站的双模电动车——比亚迪 F3DM 双模电动车在深圳正式上市。

2009 年 7 月 25 日，比亚迪以 6000 万元的价格，收购总部位于长沙的美的三湘客车，获得客车生产准生证，将在湖南环保产业园投资设立新能源客车生产基地，主要从事汽车及汽车零部件生产，计划年产量为 40 万辆。

2010 年 5 月 27 日，比亚迪股份有限公司与戴姆勒股份公司签署合同，在中国成立深圳比亚迪戴姆勒新技术有限公司，双方各占一半股权。

图 4–63　比亚迪 S6

发展至今，比亚迪汽车已建成深圳坪山、西安、北京、上海、惠州、长沙、韶关七大工业园区，形成了集研发设计、模具制造、整车生产、销售服务于一体的完整产业链组合。比亚迪汽车在车型研发、模具开发、整车制造等方面都达到了国际领先水平，产业格局日渐完善。比亚迪汽车坚持自主品牌、自主研发、自主发展的发展模式，以“打造民族的世界级汽车品牌”为产业目标，立志振兴民族汽车产业。

2. 商标与品牌

2007 年，比亚迪汽车将蓝天白云的老标志换成了只用三个字母和一个椭圆组成的标志。BYD 的意思是 Build Your Dreams，即“成就梦想”。

第四节　世界著名汽车展

一、国际车展

衡量一个车展是否称得上国际一流的主要参照点有：参展商规模和级别、汽车展品的档次、首次亮相的新车和概念车的多少、展出面积、配套设施的先进性和完备性、主办方的服务质量、国内外媒体宣传报道量、观众数量和专业水平等。其实，每届的国际著名车展，都让人感觉就像一个视觉圣宴。世界上公认的“五大”国际车展有：欧洲的法兰克福车展、巴黎车展、日内瓦车展，北美洲的北美车展以及亚洲的东京车展。

（一）法兰克福车展——博大

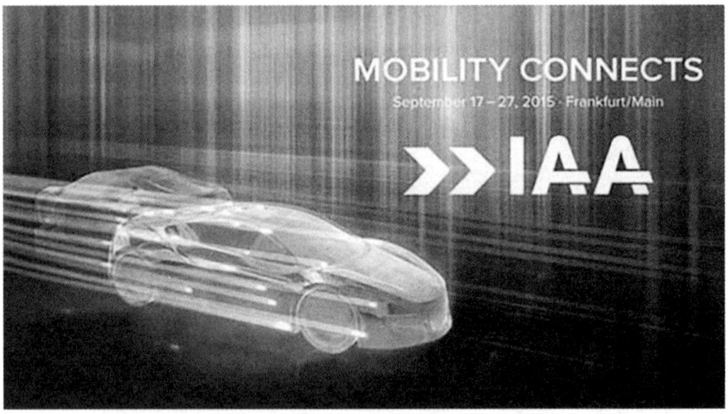

图 4–64　2015 年法兰克福车展

法兰克福车展是世界上规模最大的车展，也是世界上最早举办国际车展的地方，它创办于 1897 年，被称为世界汽车工业“奥运会”。车展每两年举办一次，每次展出的时间一般是在 9 月中旬。展出的车辆类型丰富，其主要有轿车、跑车、商务车、特种车、改装车及汽车零部件等。在此期间，德国还举行不同规模的老爷车展览，主要是为了配合车展。

法兰克福车展的地域性色彩显著。观看车展的人也是身份各异，而且还拖家带口，用人山人海来形容当时场景也不为过。这些来观看车展的人们消费心理相当成熟，对汽车知识方面了解得比较具体全面。

车展上，新车品牌众多，不过对挑选车的参观者来说，他们重视的是科技状态的发展、汽配零部件质量，甚至是 DIY 维修问题、售后市场产品。参观者并不是因为感观的触动而挑选车辆，他们选车很理性，都偏重于汽车的实用性。

图 4-65　电动力跑车

图 4-66　名车名模

不只是这样，法兰克福车展和国内有些车展还有着根本性的区别。法兰克福车展更“专业”，像入选前年车展的产品都是汽车零部件，它们获得了那次车展的“最高创新奖”。展商们不惜成本，使用很多高科技手段，比如大型互动媒体演示、模拟驾驶、亲身体验等，这就让我们看出了国际车展的魅力所在。而国内的一些展览却鲜少用这种高科技，多数车展，参观者连近距离触摸所展出的产品都不行，更别说模拟驾驶、亲身体验了。

（二）巴黎国际汽车展——优雅

巴黎国际汽车展享誉全球，是世界第二大汽车展。自 1898 年创办以来，直至 1976 年，每年举行一届，之后就变成两年一届。车展的时间一般设定为 9、10 月间。与德国法兰克福车展时间正好交替，巴黎国际车展地点位于巴黎市区，共有 8 个展馆，展出的车辆主要有轿车、跑车、商用车、特种车、改装车、古董车、电动车及汽车零部件等。

巴黎被称为浪漫之都，在巴黎举办的车展也充满了浪漫文化的味道，每次车展的时候组委会都会专门拿出一个展馆来展出老爷车。那些参展的汽车厂商不仅展出自己的“新品”，对那些“老古董”也非常有兴致，这也是那些远道而来的参观者们所津津乐道的。在巴黎车展，车展的资料以各种价格表居多，每届车展上还会举行二手车拍卖，因此巴黎车展常被人说是五大车展中商业味道最浓的车展。

图 4-67　巴黎车展展出的概念车

巴黎车展上还有一些超小型的车，这些车的发动机也很“迷你”，差不多就是一个摩托车的发动机那么大。这些迷你车型在法国的大街上也能看到，也许法国人更愿意把它当作一件玩具。于是在车展上，组委会也会给这些小型车单独开辟一片

“天地”，如果数量凑不满一个展馆，就把他们编入零部件的队伍进行展览，这种情景在其他车展上是见不到的。

（三）日内瓦车展——奢华

欧洲唯一每年度举办的大型车展——日内瓦车展创办于 1924 年。车展在每年的 3 月份举行，是各大汽车商首次推出新产品的最主要的展出平台，素有“国际汽车潮流风向标”之称。日内瓦车展在展览面积 7 万多平方米的室内展馆举行，面积虽然不大，却是生产豪华轿车的世界著名汽车生产厂家的必争之地！车展期间，日内瓦大小饭店均告客满，由于人数众多，许多人不得不住到洛桑、苏黎世、伯尔尼等城市甚至邻近的法国。因此，车展给这些地方带来不菲的旅游收入。

瑞士这个国家很特殊，虽然它没有自己的汽车制造公司，但它却有一个庞大的汽车消费市场。在瑞士的大街小巷，经常可以看到宾利、保时捷等名车。日内瓦车展上的汽车展品不仅是各汽车厂家最新、最前沿的产品，而且参展的车型也极为奢华。各大汽车公司纷纷选择日内瓦车展作为自己最新车型首次推出的场所，这就为日内瓦车展博得了“国际汽车潮流风向标”的美誉。

图 4–68　日内瓦车展展车

（四）北美车展——妖娆

图 4–69　北美车展展车

北美车展创办于 1907 年，其前身是“底特律车展”，是世界上最早的汽车展览之一，1989 年更名为“北美国际汽车展”。北美车展是全球车展开始时间最早的，时间固定在 1 月 5 日左右，在美国的汽车之城——底特律举办。北美车展拉开了全球每年车展的序幕。北美车展的展览面积约 8 万平方米左右，拥有近百个会议室、会谈室。车展每年为底特律带来了平均 4 亿美元以上的经济收益。

北美车展“作秀”的味道很浓，看上去更像一个汽车的狂欢派对，吃喝玩乐加音乐灯光，热闹非凡。

一直以来概念车在北美车展上就占有较高的比例，几乎全球所有的汽车公司都会利用这个平台推出自己的概念车，各种新奇的设计、各种能想到的甚至是想不到的创新设计理念，在底特律车展上都能看见，因此难免给人古怪离奇的感觉。由于概念车体现的是厂家的设计能力和创新意识，而不是量化生产的能力，因此概念车就成了体现厂家理念和意识的“风向标”，因而北美车展也就成了各大汽车厂商“斗法”的主要舞台。

概念车固然妖娆多姿，但毕竟没有量产化，对提高汽车制造商的汽车销量帮助不大。可是概念车既可以作为试探市场口味的手段，又可以作为厂商能达到的最高技术水平的展示方式，因此参展商对展览概念车情有独钟也就不足为奇了。

（五）日本东京车展——细腻

创办于 1954 年的东京车展是世界五大车展中历史最短的车展，在单数年的秋季举办，双数年则为商用车车展，是亚洲最大的国际车展。展馆位于东京附近的千叶县幕张展览中心，是目前世界最新、条件最好的展示中心。

车型繁多是东京车展的特点之一，几乎什么稀奇古怪的车型都有，多得让人无法记住，但这些稀奇古怪的车型又不是概念车，而是以小车型居多。车型种类的繁多却恰恰体现了日本人的细腻所在，例如专门为残疾人设计的汽车。这种汽车打开车门后，为方便残疾人乘坐车辆，汽车驾驶座会自动旋转 90 度，刹车可以用手控制。设计这样的汽车就是为了让残疾人也能享受到汽车文明带来的好处和便利。

图 4–70　车展展车

不仅如此，日本的汽车生产商还会以性别、年龄层次等来设计不同的车型。比如，如果在欧洲对汽车的定位有 6 种级别的话，那么在日本很可能就有 10 种以上！竞争激烈的市场让精明的日本商人把市场细分成了无数个小块，而且改型后的车子之间的差别往往都很小，好多车型只是对某项技术或者设计做了一些更改。所以在东京车展上那些纷繁复杂的车型让业内人士都看得头晕眼花也就不奇怪了。另外更有趣的是，东京车展中的很多车在日本以外的市场都不卖，很大一个原因是，它的太过细分的定位使其在国外很难找到相对应的成规模的市场来消化它们。

二、国内车展

（一）北京车展——规模大

北京车展的时间是在4月下旬到5月上旬，在国内车展中以创办时间早、最具权威性、规模盛大、参展商阵容强大、知名品牌齐全、展品品质高端、新颖、国际化程度高、文化底蕴厚重、媒体关注度强、观众数量众多等鲜明特色而享誉海内外，素有“中国汽车工业发展风向标”之称。迄今为止，北京车展在国内车展中依然在参展商质量、展品档次和水平、记者和观众数量等方面保持着多项纪录，成为与世界顶级车展比肩而立的品牌汽车展会。全球著名的汽车跨国公司、顶级品牌制造商、零部件厂商都把北京国际汽车展作为提升企业形象和品牌、展示其科技实力的大舞台。每逢展会期间，国内外汽车业的各路巨擘与数以万计、热情如潮的海内外观众会聚一堂，人们就是冲着北京车展规模大而来的。

（二）上海车展——技术先进

上海车展的举办时间是在每年的4月中旬到4月下旬，其特点是国际汽车巨头的参展阵容强大、亚洲或全球首发的车型以及概念车的数量多。车展最吸引人的东西，除了那些魅力动人的车模外，恐怕就要数那些外观时尚前卫、技术领先的概念车了。全球首发车型的数量是体现车展实力的关键指标之一。在历年上海车展上，有不少车型都是全球首发或亚洲首发。

（三）广州车展——参与人数多

广州车展的时间一般在每年的12月份左右，车展放在这个时间或许是为了和年初的北京、上海车展错开，避免冷场。由于在国内汽车行业中影响巨大的日本三大车商纷纷扎根广州，现在广州车展影响力正日益增强。广州的优势在于汽车市场以及后市场的领先。广东境内以广州为核心放射的城市群间便利的高速公路网是众多省外自驾游的朋友所羡慕的。地处珠三角，临近港澳地区，广州的改装、音响甚至越野等汽车后市场比起其他车展的举办地来看发展得更快一些，这些都是广州得天独厚的优越之处。因此广州车展的阵容逐年丰富、壮大也是不无道理的。

（四）深港澳国际车展——日益壮大

深圳—香港—澳门国际汽车博览会由深圳市人民政府、中国机械工业集团公司、香港生产力促进局、澳门贸易投资促进局支持，深圳市经济贸易和信息化委员会、中国汽车工业国际合作总公司、深圳市汽车经销商商会、中国海洋航空集团公司、深圳工业总会主办，深圳市联合车展管理有限公司具体承办的一个大型汽车展。

深圳—香港—澳门国际汽车博览会是大中华地区最具规模和影响力的国际车展之一，截止到2017年已经举办了21届。21年来，深港澳国际车展始终秉承“中立、创新、先锋”的办展理念，从“三展合一”到“三城联袂”，从单一的汽车展销走向品牌大展的整合传播，不断为参展商、媒体和观众创造着全新的价值和体验。

图 4–71 深港澳国际车展展车

每年深港澳国际车展在时间上都紧承北京、上海国际车展，根据新车落地时间进度来看，正是各大汽车品牌战略新车中国推广计划的最佳“第二落点”。不仅如此，由于在时间点上处于年度承上启下、最关键的年中，主力品牌厂商将深港澳国际车展作为检验和调整年度营销目标的“试金石”，在新车投放和营销方面都会相当重视。在北上广均出台限购的政策背景下，深港澳国际车展也因此成为国内唯一可以实现汽车品牌厂家新车宣传和销量“双升”的大型展会。

讨论与思考

1. 讨论思考汽车运动在汽车技术发展中的影响。
2. 讨论思考汽车博物馆对汽车文化带来的影响。
3. 讨论思考世界著名汽车公司旗下的汽车品牌及其定位。
4. 讨论思考汽车车展对汽车品牌的意义和影响。

第五章　价值与规范：凝聚汽车精神

【学习目标】

1. 建立汽车的普及性、节能性、环保性、智能性、安全性、舒适性、耐久性的概念。

2. 了解在用车的安全管理规范、环保管理规范、节能管理规范和汽车召回制度的主要内容。

3. 掌握汽车驾驶人应该遵守的行为规范。

4. 了解丰田、奔驰和福特的企业精神。

【教学提示】

1. 培养汽车的普及性、节能性、环保性、智能性、安全性、舒适性、耐久性的概念。

2. 能够描述用车的安全管理规范、环保管理规范、节能管理规范和汽车召回制度的主要内容。

3. 能够在日常汽车出行中遵守驾驶人行为规范。

4. 能够对比分析丰田、奔驰和福特的企业精神。

汽车自诞生以来，一直得到全人类的广泛青睐，汽车从外形到性能以及与人类社会的融合度方面都出现了革命性的变化。在这巨大进步的背后，凝聚着汽车制造业的某种精神，或强烈的价值观念。

一方面，这种精神体现在对汽车本身品质的执着追求上，使汽车从外观到安全、节能、环保和舒适等性能日臻完善，努力将汽车打造成为精品。

另一方面，还体现在企业从管理者到员工的某种精神追求上，一个汽车制造企业通过完善自己的管理规范和管理模式，日积月累逐步形成一种以企业精神和核心价值为理念的企业文化。

第一节　汽车制造的价值追求

让汽车进入千家万户，让世界步入汽车社会，是自亨利·福特以来无数汽车人的不懈追求。随着汽车在人类社会中的广泛普及，社会对汽车的需求不断升级，汽车的安全性、智能性和耐久性越来越成为汽车设计的重要组成部分。由于世界化石能源的日趋萎缩和汽车尾气对大气环境的严重污染，汽车的节能性和环保性日益受到各国政府和社会各界的重视。

一、普及性

1886 年汽车发明后，引起欧美上流社会的极大兴趣，市场需求急剧增加。当时的汽车制造模式一直处于车间师傅纯手工打造的模式中，汽车产量极低，传统的制造方式也导致汽车价格昂贵。

福特汽车的威廉·C. 克莱恩在参观芝加哥一家屠宰厂的过程中受到启发，工人依次肢解动物并在传送带上传输的屠宰过程让他灵机一动，激发了其引入流水线到福特汽车进行汽车生产制造的想法。他将工人装配汽车的工作工程进行分解，并对每个动作步骤实施标准化，采用流水线进行传送装配，一举提升了汽车生产制造的工作效率。第一辆由流水装配线制造的成品 T 型车于 1908 年 9 月 27 日在密歇根州底特律市诞生，克莱恩在包括亨利·福特在内的众多旁观者和媒体的注视下骄傲地将其开下了生产线。

图 5–1　福特 T 型车

福特汽车建设了世界上第一条汽车生产流水线，并对零部件进行标准化来实现通用化，最终将 T 型车装配时间显著缩短。生产效率的提高和零部件的通用化极大地降低了整车成本，T 型车得以依靠低廉价格行进千家万户，从而实现普及化，美国也开始被称为“车轮上的国度”。福特汽车的生产能力迅速超越所有汽车厂商的生产能力的总和，甚至一度占据全世界 90% 的市场份额。福特汽车先后生产了 1500 万辆以上的 T 型车，在 1927 年，即该车型停产后的 100 年这个纪录才被打破。福特 T 型车还在“20 世纪世界最有影响力汽车”的全球性投票中摘取桂冠。

亨利·福特决心让公司员工都买得起福特汽车，1914 年将工人日工资上涨 100%，并将工作时间由 9 小时减少为 8 小时，两班制改为三班制。福特认为，企业应该保证员工买得起公司产品，支付更高薪水会暂时减少企业盈利，但会让企业的长期发展更有持续性。福特的创举引发了席卷美国的消费革命，推动美国内部消费市场的蓬勃发展而使美国成为最富裕的世界强国。

在汽车行业的致力追求下，2020 年全球汽车保有量达 14.91 亿辆，全球市场中的大多数主要国家已经进入汽车社会。公安部交管局统计数据显示，2020 年中国汽车保有量达到 2.81 亿辆，而且仍然在快速增长中。

小贴士：

福特 T 型车

福特 T 型车装配前置 2.9L 的四缸发动机，峰值功率为 15 kW，最高速度达到 72 km/h。发动机可以利用汽油或酒精作为燃料，油耗大约为 7.8—9.4 L/100 km。福特 T 型车采用后轮驱动，有 2 个前进挡和 1 个倒挡，油门通过方向盘后的一个柄来控制。福特 T 型车前后轴安装椭圆弹簧非独立悬挂系统，车轮为木制“炮车轮”，1926—1927 年改为钢质焊接轮辐，轮胎为直径 30 英寸的充气轮胎，前轮宽 3 英寸，后轮宽 3.5 英寸，轴距 99 英寸，轮距 56 英寸。

二、节能性

全球的石油消耗量接近 1 亿桶 / 日，其中汽车对石油的需求占据了 2300 万桶 / 日。为了面对能源消耗的快速增长和世界石油资源可能的逐步枯竭，以美国政府为代表的世界主要大国对内燃机汽车的燃油效率实施了日益严格的法规控制。

2010 年美国政府颁布的第一个全国性汽车燃油能耗和排放新标准中规定：2012—2016 年，所有美国生产的轿车和轻型卡车的平均油耗标准必须达到每加仑（1 公升约合 0.22 加仑）汽油行驶 35.5 英里（1 英里约合 1.6 公里）的标准，比此前每加仑 25 英里的标准提高了 42%。

2012 年美国政府颁布的 2025 年企业平均燃油经济性法规（Corporate Average Fuel Economy，CAFE）中进一步要求，美国市场销售的 2017—2025 年款新车的企业平均燃油经济性必须达到 54.5 英里每加仑（相当于百公里 4.3 升油耗），美国市场销售新车的平均燃油经济性将提升 100%。

2004 年，中国出台第一个油耗强制性国家标准《乘用车燃料消耗量限值》，标准实施分为两阶段。新开发车型，第一阶段标准 2005 年 7 月 1 日实施，第二阶段标准 2008 年 1 月 1 日实施；量产车型标准实施比新开发车型推迟一年；未达到标准的车型禁止生产销售。汽车燃料消耗量标识必须张贴在新车显眼位置，如图 5-2 所示。2012 年出台的第三阶段标准，目标设定为 2015 年实现企业平均燃油消耗量 6.9 升每 100 公里。2015 年出台的第四阶段标准，将目标进一步提高为 5.0 升每 100 公里。

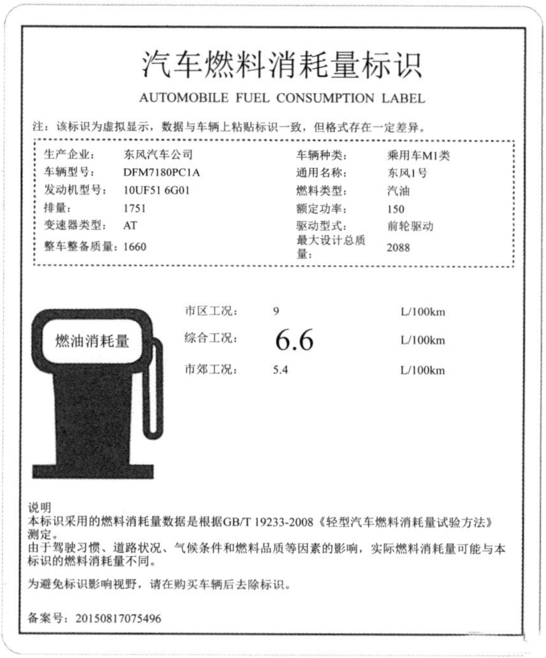
汽车燃料消耗量标识

AUTOMOBILE FUEL CONSUMPTION LABEL

注：该标识为虚拟显示，数据与车辆上粘贴标识一致，但格式存在一定差异。

生产企业：	东风汽车公司	车辆种类：	乘用车M1类
车辆型号：	DFM7180PC1A	通用名称：	东风1号
发动机型号：	10UF51 6G01	燃料类型：	汽油
排量：	1751	额定功率：	150
变速器类型：	AT	驱动型式：	前轮驱动
整车整备质量：	1660	最大设计总质量：	2088

燃油消耗量

市区工况：	9	L/100km
综合工况：	6.6	L/100km
市郊工况：	5.4	L/100km

说明

本标识采用的燃料消耗量数据是根据GB/T 19233-2008《轻型汽车燃料消耗量试验方法》测定。

由于驾驶习惯、道路状况、气候条件和燃料品质等因素的影响，实际燃料消耗量可能与本标识的燃料消耗量不同。

为避免标识影响视野，请在购买车辆后去除标识。

备案号：20150817075496

图 5–2 汽车燃料消耗量标识

为了达到日趋严厉的标准，世界各大汽车厂商积极研发各种各样的节能技术。内燃机的相关新型技术层出不穷：缸内直喷技术、稀薄分层燃烧技术、高压共轨喷射技术、可变气门正时技术、废气涡轮增压技术、可变气缸技术等，都有效地降低了燃油消耗。

混合动力汽车技术是进一步降低燃油消耗和减少石油依赖的技术趋势，技术路线上是通过发动机和电动机匹配驱动来减少发动机的工作时间和工作强度，实现节约燃油的目的。电动汽车技术和燃氢汽车技术则被认为是能够完全摆脱石油依赖的最终技术方案，一直是世界汽车工业界的研发重点领域。此外，对汽车进行轻量化设计也是降低汽车能耗的有效手段，新型材料（如镁合金、非金属材料等）的研究和应用也一直为汽车巨头所看重。

三、环保性

汽车在给人类社会带来交通便捷的同时，也因为燃烧大量的化石能源而向大气环境中排放了大量的有害气体和物质，给人类的健康带来了严重的危害。

美国洛杉矶从 1940 年出现浅蓝色毒烟雾，不但能够刺激眼睛发红、咽喉疼痛，还会导致呼吸憋闷、头昏头痛，甚至最终导致远离市区的高山松林成片枯死。这一切都源自洛杉矶 250 万辆汽车每天的尾气排放，加上工厂、电站、港口等生产设施的石油燃烧排放。

近年来，雾霾，特别是PM2.5日益得到广大市民的关注。机动车尾气、工厂燃煤排放、货轮燃油排放、道路扬尘等细颗粒物，在超出大气循环自净化能力极限时，就会出现大面积的雾霾天气。全世界雾霾天气最严重的10个城市中，中国的太原、北京、乌鲁木齐、兰州、重庆、济南、石家庄占据7席。

2015年一部由主持人出身的柴静拍摄的纪录片《穹顶之下》进一步引爆了全国人民对中国空气质量的关注。机动车的尾气排放污染一直是主要的大气污染源之一，其尾气排放水平的改善一直是国家政策关注的重点，也是制造厂商孜孜追求的目标。

为了限制汽车的废气排放和颗粒污染，欧洲1992年实施欧Ⅰ排放限值，1996年实施欧Ⅱ，2000年实施欧Ⅲ，2005年实施欧Ⅳ，2009年开始实施欧Ⅴ，2013年逐步执行欧Ⅵ。

中国政府一直参照欧洲排放标准，制定并推出中国的汽车尾气排放标准，不断提升排放要求，来促使制造厂商提高技术，改善尾气排放。2001年中国实施《轻型汽车污染物排放限值及测量方法（Ⅰ）》，即国Ⅰ；2004年实施《轻型汽车污染物排放限值及测量方法（Ⅱ）》，即国Ⅱ；2007年实施《轻型汽车污染物排放限值及测量方法（中国Ⅲ、Ⅳ阶段）》中的国Ⅲ排放标准；2011年实施《轻型汽车污染物排放限值及测量方法（中国Ⅲ、Ⅳ阶段）》中的国Ⅳ排放标准；2013年颁布《轻型汽车污染物排放限值及测量方法（中国第五阶段）》，即国Ⅴ，2017年全面实施。

2021年7月起，我国将全面实施重型柴油车国六排放标准，标志着我国汽车标准全面进入国六时代，基本实现与欧美发达国家接轨。与国五标准相比，重型车国六氮氧化物和颗粒物限值分别减低77%和67%。

二十大报告指明了中国式现代化是人与自然和谐共生的现代化。人与自然是生命共同体，无止境地向自然索取甚至破坏自然必然会遭到大自然的报复。我们坚持可持续发展，坚持节约优先、保护优先、自然恢复为主的方针，像保护眼睛一样保护自然和生态环境，坚定不移走生产发展、生活富裕、生态良好的文明发展道路，实现中华民族永续发展。

四、智能性

自从汽车步入家庭以来，提高汽车的智能性，减少汽车驾驶的复杂程度，一直是汽车界努力的方向。通过增加先进的传感器、控制器、执行器等电子装置，利用传感系统和信息终端来实现人、车、路之间的信息智能交换，促使汽车实现智能环境感知、危险自动识别、自动导航驾驶，将汽车自动驾驶到预期的目的地，实现逐步减少并可能最终替代人来操作的目的。

自动变速器的出现减少了汽车驾驶过程中换挡的复杂程度，极大地提高了汽车的普及程度。自动变速器自从1940年美国通用汽车首先装配在奥兹莫比尔汽车上以来，已经在市场上形成四种主要类型：液力自动变速器（AT）、机械式无级变速器

（CVT）、电控机械式自动变速器（AMT）、双离合自动变速器（DCT）。自动变速器的控制技术日益智能化和复杂化，汽车的驾驶模式越来越便捷。

现代汽车巡航系统于1945年发源于美国，1958年第一次装配在量产车上。巡航控制系统通过监测车速传感器，并比对所设定的巡航数据，不断调整适合的油门开度，以保持车辆匀速行驶。在目前的科技环境中，巡航控制已从最传统的拉线式控制演变为全电子式控制，并且，现在市面上的高端车都开始配置自适应巡航系统（主动巡航），能自动保持设定的与前车的距离，必要时会紧急制动确保安全。汽车在平坦路面上高速档匀速行驶时，汽车定速巡航系统（CCS）的恒速行驶装置根据行驶阻力自动调节节气门开度来保持稳定的车速。上坡时，车速有下降趋势，系统自动增加节气门开度；下坡时，车速有上升趋势，系统自动减少节气门开度。驾驶员挂入低速挡或者踩下制动踏板时，系统自动断开不再自动调节节气门开度。

智能汽车可以通过GPS定位系统精确定位，根据驾驶员选择模式，接收实时道路拥堵信息，选择最佳路线行驶。同时，智能汽车还可以控制与前车的距离，主动进行减速和刹车来避免碰撞事故。

越来越多的新型技术被引入到汽车生产中，汽车的智能水平不断得到升华，泊车辅助技术、夜视技术、语音识别技术、手势动作识别技术、人眼运动识别技术、文字朗读技术、抬头显示技术、三维显示技术、头盔显示器技术等，都在逐渐导入我们日常出行的车辆中。

五、安全性

根据《中国卫生统计年鉴》，2012年中国车辆交通事故致死人数高达16.69万人。除了宣传文明驾驶、加强执法管理等措施外，汽车安全性能的不断提高也是有效降低机动车辆事故发生率的有效手段。

1902年的纽约汽车赛中，一名车手将自己用皮带捆绑固定在座椅上，这条皮带就是安全带的雏形。结果，他在比赛中意外冲进观众人群造成数十人死伤，而赛车上的人员得益于皮带固定幸免于难。福特汽车在1955年开始在公司生产的汽车上装配安全带，安全带逐渐被顾客接受并被政府以法规要求成为标准配置。中国政府从1993年开始强制小客车驾驶员和前排座乘客必须佩戴安全带。目前，汽车安全带的标准形式是尼尔斯三点式安全带（如图5-3所示），这种安全带面世以来拯救了无数生命，充分证明了三点式安全带对汽车安全的重要性。

图5-3 三点式安全带

1953 年美国人约翰·赫特里发明了安全气囊，并逐渐成为汽车安全装置的标配，目前很多国家汽车安全气囊装配比例已经达到 100%。汽车发生碰撞事故时，碰撞强度由减速度传感器测量。超出设定值后，气体发生器引燃气体发生剂产生大量气体，迅速展开并充满安全气囊作为弹性气垫保护相应的汽车乘员。在碰撞结束后及时放气收缩，避免乘员窒息并方便撤离。现代汽车一般都在前排驾座和副驾座配置了安全气囊，很多汽车还增加了侧面防撞安全气囊和顶部安全气帘（如图 5–4 所示）。

图 5–4　安全气囊和安全气帘

安全车身的设计理念是加强乘员舱的结构强度，形成高强度的乘员舱和低强度的碰撞吸能区（汽车前部的发动机舱和后部的行李舱）。一旦汽车发生碰撞，汽车前部或后部受到撞击产生变形来吸收撞击能量，高强度乘员舱可有效增强碰撞后乘员舱的变形强度，减轻或避免乘员因乘员舱空间变形而受到挤压，从而降低乘员受伤的危险（如图 5–5 所示）。同时，高强度乘员舱保持不变形也有效保障了乘员在碰撞后迅速撤离。现在的法规还要求汽车在设计中要保障对行人的保护。因此汽车前部发动机舱盖及挡风玻璃上面可能在碰撞中与行人接触的位置都采用了相对有弹性、易变形的缓冲结构来保护行人头部，保险杠也采用柔软的塑料结构来实现在碰撞事故中对行人腿部的保护。

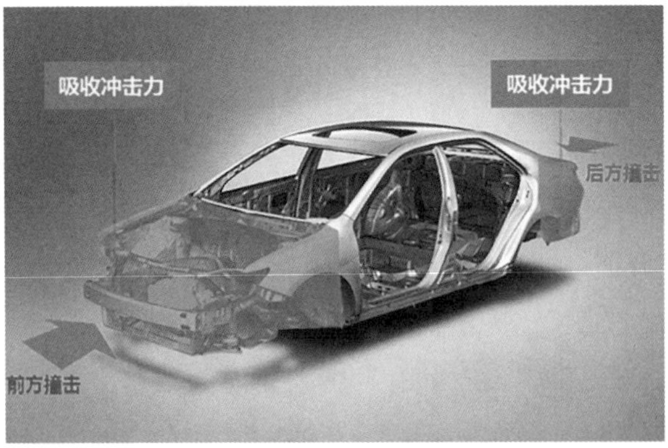

图 5–5　安全车身

汽车的安全配置还包括在碰撞事故发生前进行预防的主动安全性装备，例如：防抱死制动系统可以防止汽车制动时因车轮抱死导致的事故；电子稳定程序可以控制汽车严格按照驾驶员意图行驶而不会发生过度转向或者转向不足，最大限度地避免碰撞事故的发生。

防抱死制动系统通过轮速传感

器监控车轮转速来判断在制动过程中车轮是否出现抱死以及抱死的程度，并通过调节制动管路中的液压来释放车轮恢复滚动，从而实现在紧急制动情况下，保持车辆不会因为车轮抱死而失控，保证制动过程中的车辆操纵安全性。

电子稳定程序不仅仅在制动时防止车轮抱死，还可以在正常行驶时控制汽车行驶轨迹来实现驾驶员的真实意图。当汽车的行驶轨迹与转向盘表示的驾驶员意图不一致时，系统将通过对特定的某一个车轮进行制动，从而实现汽车行驶轨迹的调整。

倒车雷达一般采用超声波原理，在倒车过程中由装置在后保险杠上的探头发射超声波，遇到障碍则反射回来，根据反射时间和反射波接受时间就可以计算障碍的距离并在驾驶员前方显示数值，距离小于规定值时会发出声音警示，在距离进一步缩短时会急促警示。倒车雷达可以消除驾驶员的视野死角，是保证倒车安全的高效辅助装置。

图 5–6　倒车雷达

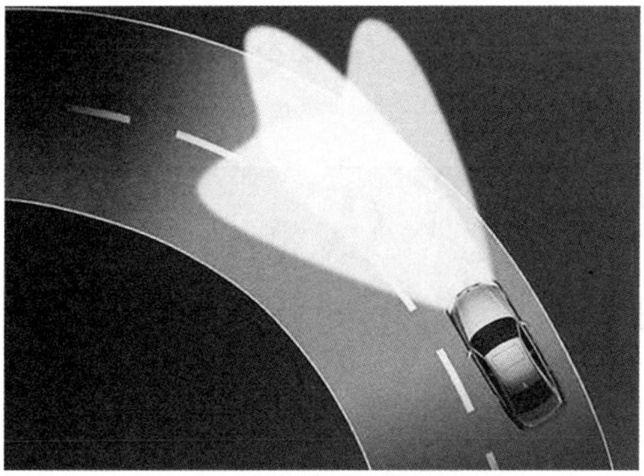

图 5–7　随动转向大灯

传统大灯在汽车转向时保持静止状态，因此常常会产生盲区，随动转向大灯应运而生。随动转向大灯可以对大灯进行连续动态调节，保证大灯照射方向始终与汽车行驶方向一致，提供给驾驶员最佳的可见度，增强了在黑暗环境中转向行驶的安全性。

主动安全性设备还包括：实时监测车辆与前面车辆的距离来保持车距，并将汽车保持在某一固定的速度自动行驶的自动巡航系统；通过雷达系统监测车辆盲区是否有车辆或行人的盲区检测系统；监测车辆偏离原车道并对驾驶员发出警报的车道偏离预警系统；监测汽车轮胎压力并在轮胎气压不足或者快速漏气时发出警告的胎压监控系统等等。

汽车的安全性能目前由非官方的民间评价机构——新车评价规程（NCAP）通过汽车碰撞试验来进行评价。继欧洲、日本、美国、澳大利亚等地之后，中国新车评价规程 C–NCAP 于 2005 年启动。C–NCAP 购买面市的新车，以超过国家标准的更严格、全面的标准进行碰撞测试，并给出评分和星级，刺激汽车厂商设计制造更高安全标准的新车型。碰撞试验包括正面碰撞、正面偏置碰撞、侧面碰撞、低速后碰撞颈部保护试验（“鞭打试验”）等，试验数据汇总统计各项得分和总分，考核车辆结构性能、乘员约束系统性能、儿童乘员保护性能、行人保护性能等，并根据总分划分星级（1 星级到 5+ 星级），星级越高代表汽车安全性能越好。

正面碰撞试验是试验车辆以不低于 50 公里每小时的速度撞击刚性模拟墙壁（如图 5-8 所示）。

图 5-8　正面 100% 重叠刚性壁障碰撞试验

侧面碰撞试验是用一个移动壁障垂直撞击试验车辆，碰撞速度不低于 50 公里每小时（如图 5-9 所示）。

图 5-9　可变形移动壁障侧面碰撞试验

正面偏置碰撞试验是让测试车辆与可变形壁障以 40% 车宽的重叠度相撞，碰撞速度为 64 公里每小时（如图 5-10 所示）。

图 5–10　正面 40% 重叠可变形壁障碰撞试验

鞭打试验是将座椅固定在移动滑车上，以特定加速度发射，模拟后碰撞过程中乘员颈部受到的伤害，评价座椅头枕对乘员颈部的保护效果（如图 5–11 所示）。

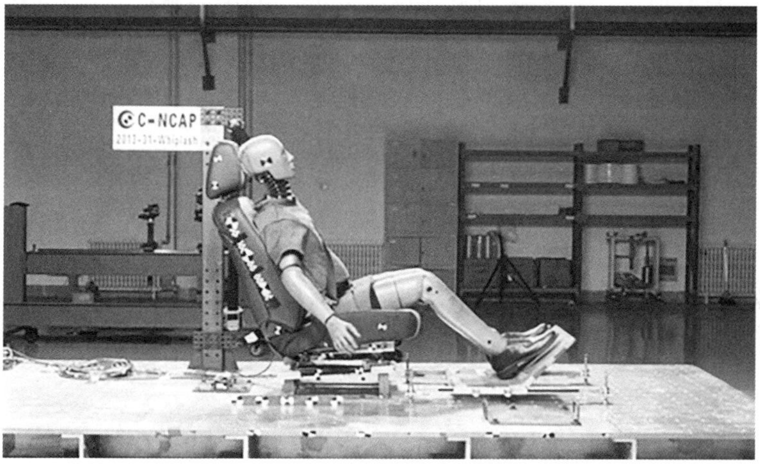

图 5–11　鞭打试验

六、舒适性

汽车舒适性一般指乘员舒适性和操纵轻便性方面的性能，包括汽车轮胎、悬架系统和座椅系统等综合形成的乘坐舒适性、助力转向和倒车雷达等提供的操纵轻便性以及自动空调和天窗等提供的车内环境的清新度。

悬架系统位于车轮与车身之间，提供了缓冲和减震的功能。电控悬架系统进一步依据传感器信号（车高传感器、车速传感器、方向盘转角传感器、制动灯开关信号等），由电控悬架 ECU 调整空气弹簧的软硬程度和减震器阻尼力的大小，通过调节悬架性能与行驶状态吻合实现最佳的舒适性。

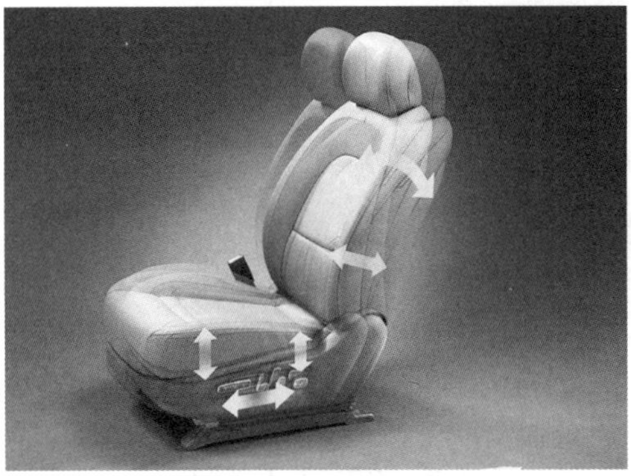

图 5–12　电动调节座椅

电动调节座椅一般装配在驾座，少数车辆的副驾座也配置了电动调节座椅。乘员可以操纵相应的控制键实现座椅前后位置调节、坐垫前部和后部的上下位置调节、靠背角度调节以及顶腰器前后调节，从而使得乘员获得最佳的视野和乘坐舒适性，驾驶员还能调节自身与操纵方向盘、离合踏板、制动踏板和变速杆的最佳位置，保证驾驶轻松不易疲劳。

助力转向系统通过液压助力或者电动助力提供额外的转向助力，与驾驶员的存在力共同实现汽车转向，从而有效减少了驾驶员所需操作力、实现了转向轻便性。目前，很多汽车装配的助力转向系统进一步增加了随速助力功能，在汽车行驶速度较低时转向助力增大，转向操作轻便，提高了汽车的转向舒适性；在汽车行驶速度较高时转向助力减小，转向操作相对沉重，确保汽车高速行驶的安全性。

汽车天窗可以促进空气循环，还可以开阔视野，并使得移动摄影摄像更加便捷。汽车天窗可大致分为内藏式、外掀式、全景式等。全景式汽车天窗面积宽大，甚至囊括整个车顶，视野极为开阔，乘员身心愉悦。在高速公路上行驶时，开启侧面车窗将产生严重的风噪，而如果打开天窗，可以较为安静地将污浊空气抽出，保证驾驶员清醒驾驶。因为汽车高速行驶时，空气快速从汽车周边流过形成一片负压区，汽车天窗打开后通过内外气压差异将车内空气排出。雨雾天气时，汽车天窗开启到后翘通风位置，可在雨水不飘落到车内的前提下对挡风玻璃去除雾气来保障正常驾驶。

图 5–13　汽车全景天窗

自动空调可以对汽车乘员舱进行智能分区，自动进行高温制冷、低温送风模式的切换，可以达到节约电量进而节约燃油的目的，如图 5–14。自动空调甚至可以装配红外温度传感器来探测乘员面部表皮温度，ECU（电子控制单元）根据红外线传感器信号进一步精确合理地对车内温度进行调节。

图 5–14 汽车自动空调

七、耐久性

耐久性代表汽车的综合质量水平，与汽车制造商的设计水平、制造工艺、质量管理等方面息息相关。通常汽车厂商会对出厂销售的汽车进行质量保证承诺，保修特定的里程或者特定的时间跨度。比如 3 年或 10 万公里质保，就是对销售的汽车在交付车主后的 3 年内或者行驶里程达到 10 万公里前对汽车的主要部件进行质量保证，如出现故障将进行免费维修更换。耐久性试验要求道路类型多、测试里程长，需要在专用的汽车试验场进行。汽车试验场包括各种类型的试验道路（如图 5–15 所示），如持续高速测试的环形跑道、模拟恶劣路况的凸凹道路、法规规定的坡度道路等。中国比较著名的大型汽车综合试验场有：北京通州的交通部公路交通试验场、安徽定远的解放军总后勤试验场、湖北襄樊的东风汽车试验场、海南琼海的海南汽车试验场、上海安亭的大众汽车试验场等。汽车制造商一般会安排多名驾驶员驾驶试验车辆连续行驶，在相对短的时间内行驶设定的里程，来检测试验车辆在特定里程后的性能变化，总结出现的故障并进行质量改进。

图 5–15 汽车试验场

2008 年奇瑞汽车对旗下新上市的 A3 轿车进行了历经 66 天 10 万公里不

图 5-16　奇瑞 A3 不间断公开测试

间断的公开测试。奇瑞汽车通过公开招募向社会征集 18 位专业试车手，通过轮流驾驶 3 辆 A3 轿车确保轿车始终在行驶状态中，重复往返北京和芜湖两地，每辆轿车的行驶里程都超过 10 万公里。经过中国汽车界首次超长距离不间断测试，3 辆测试车辆没有出现任何涉及安全性的严重故障，奇瑞汽车证明了新车型的耐久性能。

第二节　在用车管理规范

汽车在日常使用中，政府部门会对其进行监督检测，对车辆进行初期年检和定期年检，监控新车和在用车的安全和环保性能。制造商在汽车交付使用后，仍然有义务对汽车的质量进行保障，提供质量保证、质量三包和缺陷产品召回等质量服务。

一、安全管理规范

（一）安全年检

车辆安全年检，指对已经领取正式号牌和行驶证的车辆，每年一次按《机动车运行安全技术条件》进行的检验。年检的目的在于检查汽车的主要技术状况，督促加强汽车的维护保养，使汽车经常处于完好状态，确保汽车行驶安全。机动车辆的年检分为初次年检和定期年检。初次年检审核机动车资料手续是否齐全、技术检验标准是否合格、合格证是否取得，检验合格者则申领牌证。定期年检检查在使用年限内汽车是否进行了与初检记录不符的违规改装，车辆安全性能是否符合“机动车安全运行技术条件”的要求等。定期年检不通过，必须在规定时间内修复，逾期仍然不能通过定期年检的，主管部门将收缴车辆号牌和汽车行驶证。

（二）安全带法规

汽车安全带是在交通事故中有效减少乘员伤害的安全设施。1993 年公安部《关于驾驶和乘坐小型客车必须使用安全带的通知》中明确规定，小型客车驾驶员和前排乘员必须佩戴安全带，不按规定佩戴的，处以警告或罚款。

2015 年，《深圳经济特区道路交通安全违法行为处罚条例》进一步要求，12 周岁以下儿童不得坐在任何类型汽车的副驾驶位置上，4 周岁以下儿童乘车必须使用符合国家标准的儿童安全座椅，如违规，将对驾驶人处罚款（儿童座椅如图 5-17）。

2016 年，深圳开展专门针对不系安全带的专项整治行动，不按规定使用安全带的，包括后排安全带，将处罚款和记分。

图 5-17 儿童座椅

（三）酒驾入刑

很多交通事故都与酒后驾驶有关，中国每年酒后驾车引发的交通事故曾经高达数万起，造成死亡的事故 50% 以上与酒后驾车有关。2011 年 5 月，醉酒驾驶将以危险驾驶罪追究驾驶人刑事责任，酒后驾车可能面临 15 日行政拘留，醉酒驾车将面临半年刑事拘役、吊销驾驶证（五年内不得申请）等处罚。以血液中酒精含量分界：每 100ml 血液中，酒精含量为 20—79mg，属于酒后驾车；酒精含量超过 80mg，属于醉酒驾车（酒精测试如图 5-18）。

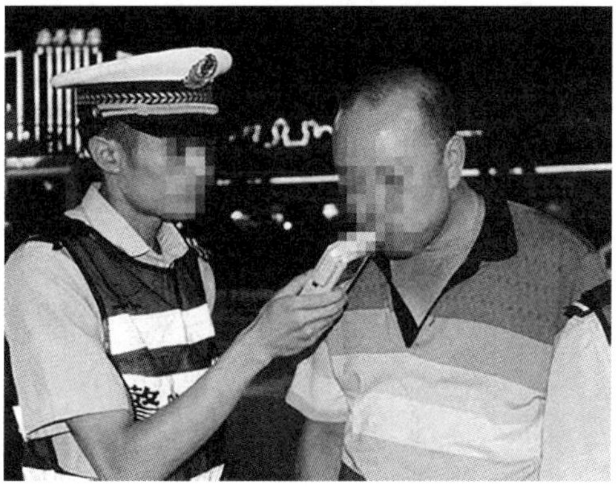

图 5-18 驾驶员酒精测试

二、环保管理规范

（一）环保年检

在用车辆在进行安全年检的同时，还要进行环保年检，到政府认可的检测机构进行汽车尾气排放的检测，环保年检合格后核发环保检验标志。汽车年检采用“环检前置”，未取得环保检验标志的车辆，主管部门不核发机动车安检合格标志，不办理营运机动车定期审验合格手续。

在用车排气污染物检测方法一般分为不加载试验、加载试验两大类。不加载试验在空载状态下（变速器空挡位置）测量汽车在怠速（一般 800rpm 左右）和高怠速（2500rpm）时汽车的尾气排放。加载试验按照法规要求，通过底盘测功机进行加载模拟道路工况来测试汽车在负载状态下的尾气排放（尾气测试如图 5-19）。

图 5-19　机动车尾气测试

（二）黄绿标制度

黄绿标制度是对高污染排放车辆和低污染排放车辆分别进行尾气检测并单独标识管理的制度，如图 5-20。黄标车是指达不到国 I 排放标准的汽油车和达不到国Ⅲ排放标准的柴油车，尾气检测合格发放黄色环保标志。其他排放等级的车辆在尾气检测合格后发放绿色环保标志。黄标车的发动机技术陈旧、排放控制技术落后、尾气排放恶劣，一直是大气环境治理工作的重点。

图 5-20　黄标车标识和绿标车标识

全国各地，主管部门都对黄标车的使用提出限制措施，禁止其进入城市中心区域，以控制其恶劣的尾气排放对城市大气环境的影响。一些大城市更是进一步提出全面淘汰黄标车，北京从 2014 年全面限行黄标车，2015 年基本全部淘汰了黄标车。

图 5-21 黄标车限行

国家环境保护部、公安部、国家认监委联合下发了《关于进一步规范排放检验加强机动车环境监督管理工作的通知》，在规范机动车排放检验制度方面进行了相关调整，推进黄标车和老旧车淘汰，加快提升机动车环境监督管理水平。

虽然取消机动车环保检验合格标志的发放，但并不意味着取消车辆尾气的检测。通知中说，机动车安全技术检验机构将排放检验合格报告拍照后，通过机动车安全技术检验监管系统上传公安交管部门，对未经定期排放检验合格的机动车，不予出具安全技术检验合格证明。

机动车检验合格标志里将包含环保检验合格标志的作用，即排放检验不合格的机动车也不会被发放机动车检验合格标志，车辆也就无法上路行驶。

三、节能管理规范

（一）倡导多人合乘

多人合乘是鼓励多人乘坐同一辆汽车出行，因此设置专用车道（如图 5-22），须乘坐两三个人以上的车辆才能使用，单人车辆不得使用。20 世纪 60 年代在美国首先出现，逐渐推广到欧洲和大洋洲等地的多个国家。2015 年，江苏省无锡市也尝试在城市主干道上设置多人合乘车道。多人合乘出行可以减少出行车辆、缓解交通拥堵、提高平均通行车速、改善大气环境。

图 5-22 多乘员专用车道

（二）推广电动出行

电动汽车可以摆脱对石油的依赖，混合动力汽车也可以减轻石油消耗，而我国一般以上的石油需要进口。因此，近年来国家鼓励在城市公园、学校、小区等场所大力建设充电桩（如图 5-23），为市民购买电动汽车和混合动力汽车解除后顾之忧，并试点推广共享电动汽车，力图逐步摆脱对石油的依赖。

图 5-23　电动汽车专用充电桩

四、汽车召回制度

汽车召回制度是指汽车制造商有义务消除产品缺陷的制度，汽车制造商向销售商、修理商、车主公告产品缺陷情况及消除方法，并组织实施修理、更换、回收等消除产品缺陷的具体措施。

汽车召回制度由美国律师拉尔夫在 20 世纪 60 年代发起，促成国会通过了《国家交通及机动车安全法》，规定汽车制造商有义务公布召回信息，通报汽车用户和管理部门，并进行免费修理。1969 年，日本修订《机动车形式制定规则》，开始实施汽车召回制度。

美国汽车召回制度的历史最长，管理程序最严密，累计召回了超过 2 亿多辆整车，涉及轿车、卡车、大客车、摩托车等多种车型，涵盖了全球所有著名汽车制造商。大多数召回案例是由汽车制造商主动实施，也有一些通过法院强制汽车制造商召回。美国高速公路安全管理局负责监督汽车制造商的召回过程，保证实施召回后的车辆满足法规规定的性能。

2004 年 3 月 15 日中国发布《缺陷汽车产品召回管理规定》，2004 年 10 月 1 日正式实施。2004 年 6 月 17 日，一汽轿车股份有限公司向国家质检总局递交召回申请，召回马自达 6 轿车进行燃油箱隔热件加装，成为中国汽车召回制度的第一个“吃螃蟹者”。

第三节 汽车驾驶人行为规范

汽车驾驶人长期驾驶机动车辆在城市道路出行，其行为规范直接影响城市的文明形象。一旦有不良的驾驶行为，可能导致交通事故，影响自己、乘员、行人和其他车辆的安全。汽车驾驶人在驾驶机动车辆出行时，不但要遵守社会成员都要遵守的道德规范和行为规范，还要遵守交通法规，做到文明出行和安全出行。为了保障自己和他人的生命安全、财产安全，维护交通秩序和城市文明，所有汽车驾驶人都要遵守必要的驾驶行为规范。

一、遵守交通法规

交通法规是为维护交通秩序、预防交通事故、保护人身安全、保障财产安全、提高通行效率等目的而制定的相关法律规章。统计数据表明，交通事故很多与驾驶人违反了交通法规有关，例如冲闯红灯、超速行驶、胡乱变道等驾驶人主观行为导致的违章。驾驶人在主观意识中要遵守交通法规，才能有效减少恶性交通事故、维护城市交通秩序、保障人身财产安全，最终维护城市文明和社会和谐。

2017 年 2 月 6 日，南通市交警中队的巡逻民警在执法检查时，发现一辆黑色小轿车前后牌照均被布套遮住。在民警对嫌疑车辆调查核实时，驾驶人突然猛踩油门，快速逃离执法现场。事故发生后，肇事者顾某被民警当场抓获，被依法罚款 400 元、驾驶证记 18 分、驾驶证被交警部门扣留并停止使用。

二、安全清醒驾驶

目前，汽车行驶过程中的转向、加速、制动等操作都是由驾驶人进行直接控制，高端辅助技术只起必要的补充作用，驾驶人细微的判断失误或操作不当就可能导致严重的恶性交通事故，所以时刻保持清晰的头脑和敏锐的判断思维对汽车驾驶人尤为重要。疲劳驾驶和酒后驾车都会导致驾驶人判断思维迟钝、神经反应缓慢，进而增加汽车转向和制动的时滞性引发意外。驾驶人在日常驾驶过程中，应该保持坦荡淡定的平常心，控制并平复自己的情绪，对其他车辆的违规超车、强行并线甚至无礼挑衅淡然处之，不头脑发热做出针锋相对的危险驾驶，对自己和他人生命怀有敬畏之心，可以有效减少非理性导致的交通事故。在出行过程中谨慎细致，预测可能出现的意外，不要因为遇到拥堵或者时间仓促而抱有侥幸心理超速行驶或冲闯红灯，时刻将安全意识放在首位。

2010 年 10 月 16 日晚，河北保定市李某在河北大学内酒后驾驶汽车超速行驶来接女友，在校园内将两名女大学生撞飞，导致一死一重伤的恶性交通事故而轰动全国。2011 年 1 月，李某以交通肇事罪被判处有期徒刑 6 年。

三、熟悉交通地理

中国的城市建设日新月异，交通道路网络四通八达，出行环境日益错综复杂。汽车驾驶员应通过学习地图、交通手册等资料，以及在日常出行过程中实际认知，熟悉城市道路环境。同时，熟练运用有 GPS 功能的地图导航系统（如图 5–24）进行路线导航和交通疏导，也是电子时代汽车驾驶员应该具备的基本技能。

图 5–24　地图导航系统

四、文明礼让出行

汽车驾驶人在城市交通中相对于行人和非机动车辆驾驶人处于强势地位，理应最有修养、最讲公德，维护城市交通的和谐运行。在车与车相遇或者车与人相遇时，坚持先让、先慢、先停的“礼让三先”；在无交通灯路口礼让行人（如图 5–25 所示）；在人行道斑马线位置礼让行人；在遇到交通信号灯或者辅道汇入主路时，坚持“宁停三分，不抢一秒”。另外，司机还要做到“十个不开”：时间紧，不开急躁车；道路不熟，不开冒险车；道路条件好，不开麻痹车；对方态度不好，不开赌气车；连续工作，不开松劲车；无人检查，不开自由车；车辆有故障，不开“带病”车；心情不好，不开情绪车；受到鼓励，不开“英雄”车；交会车时，不开霸王车。

图 5-25 机动车礼让行人

第四节 世界著名汽车企业精神

世界汽车工业发展到 2014 年，全球轻型车销量就高达 8717 万辆，美国的通用、福特、克莱斯勒，日本的丰田、本田、日产，德国的大众、奔驰、宝马，都已经是世界闻名的一流跨国集团。这些汽车巨头，经过漫长的发展历程，形成了各自独特的企业精神。

一、丰田汽车

2008 年，日本的丰田汽车全球销量达到 897 万辆，首次超过美国的通用汽车，夺取汽车年销量的全球头把交椅。2014 年，丰田汽车全球销量突破 1000 万辆大关，达到 1023 万辆的新高。

丰田汽车的显赫成就与自身的企业精神密不可分，优秀文化引领丰田汽车走向卓越。丰田汽车企业精神的五个核心方面为：挑战、持续改善、现地现物、尊重员工、团队合作。

（一）挑战

不断挑战自己的极限，是丰田汽车诞生后的核心理念之一。第二次世界大战中，日本发动侵略战争，消耗了自身大量的人力物力，后来日本本土又被美国轮番轰炸，在颁布停战诏书时日本已经一片废墟，整个工业一片萧条。丰田汽车却在百废待兴的关头提出“三年赶上美国”的目标，并意识到要赶超美国，必须摆脱模仿进行大胆创新。丰田汽车通过不断创新和实践，提出并完成了丰田生产方式（TPS），也就是柔性生产管理方式。丰田的生产效率一跃提高到美国汽车工业界的五倍，凭借这一优势，丰田汽车迅速崛起，并最终超越通用汽车成为世界汽车工业界的翘楚。

（二）持续改善

丰田汽车鼓励每个员工都对公司现状提出改善提案，全员努力挖掘现实中存在的管理问题并提出相应的改善和解决方案。提案被公司采纳后，给予一定的物质奖励，以促进员工持续上交提案的热情。丰田汽车的每个员工都是问题的发现者，也是问题的解决者，全员参与避免了被公司忽视的管理漏洞的长期存在。

图 5–26 安灯系统

丰田汽车的生产线上有一种安灯系统（如图 5–26），任何员工发现异常，都可以拉下安灯，生产线停线。职责部门确认并解决问题后，生产线才恢复生产。这有效地将问题产品控制在发现之初。丰田汽车的这套问题曝光系统保障每个普通员工都有等同管理者的思考权利，激励他们每天在生产现场发现问题、解决问题，推动企业进步。

（三）现地现物

丰田汽车创始人丰田喜一郎有句名言：“每天洗手次数不超过 3 次的技术人员根本算不上称职。”丰田汽车要求公司从高层到底层的每个人都深入现场，掌握真实情况，进行有效管理，防止决策偏离实际，避免纸上谈兵的“官僚主义”。

在丰田汽车，每天早上都要在生产现场而不是会议室开质量早会。所有涉及的部门都来到生产现场，生产部门和售后部门将前一天暴露出的质量问题一一列举，职责部门代表介绍调查结果和应对策略，领导阶层在现场了解面临的所有质量问题并随时提供必要的支持。

（四）尊重员工

相信员工，创造环境，人尽其才，是丰田汽车的企业文化内核。丰田汽车倡导领导层的使命是协助完成任务，领导不是指挥，不是法官，而是教练，是顾问。员工在职责范围内自主管理，一旦出现差错，领导层查找原因，制定实施相应的整治对策。

丰田汽车为员工营造安全的职业氛围、稳定的薪酬增长、系统的培训学习、员工参与的管理模式、终身雇佣制，让企业员工具有高度的工作成就感和企业认同感，与企业荣辱与共。

（五）团队合作

灵活的团队合作是丰田汽车日常工作中的常见组织形式。大型团队合作主要用来管理和推进企业的重大计划，来自不同部门的成员组成一个庞大的团队，协同作战，共同推动项目开展。多部门的构成可以让很多问题在开始就得到充分考虑，并且被专业人士协作解决。

小型团队合作往往出现在公司的日常管理中，以互相协助共同完成任务。有时候，同一个人可以同时分属于不同的团队，负责完成不同的任务。小型团队合作的组织灵活，能够迅速根据实际需要进行有效的调整。

二、奔驰

奔驰汽车拥有世界上最早的汽车专利，即1886年生产的世界上第一辆三轮汽车。1926年与戴姆勒汽车合并后，新成立的“戴姆勒－奔驰”公司迅速崛起，稳居德国汽车行业榜首地位。奔驰汽车与后来崛起的宝马、奥迪合称为德国高端汽车三大品牌。

奔驰汽车作为百年老店，早就形成自己的核心企业精神：公平、尽责。“公平”是指公平竞争、公平经营，遵循市场游戏规则，依靠产品质量、技术水平、款式设计、市场销售和售后服务方面的实力公平竞争力拔头筹。“尽责”是指尽到顶级品牌的责任，在创造自身经济利益的同时，也兼顾社会效益，努力成立行业楷模。

（一）传统价值——“安全、优质、舒适、可靠”

“安全”是奔驰汽车最为重视的一项价值，是奔驰汽车重视客户理念的体现。奔驰汽车在安全技术方面成果丰硕，同时在汽车生产过程中制作严谨、选料精良，确保奔驰汽车可靠耐用。“质量”是企业制胜的法宝，奔驰汽车采用完善的质量控制体系来确保产品的优质可靠。奔驰汽车对乘坐舒适性的要求超越了简单的生理舒适感，更强调放松心情、消除紧张的心理舒适感。人体动力学自动调整座椅、物尽其用营造的宽敞空间、多重隔音的低噪音乘员舱等，处处反映出奔驰汽车细致入微的设计理念。

（二）潮流价值

梅赛德斯－奔驰在每种产品系列中根据不同客户的需求，将其进一步细分为不同的产品线：标准型车身颜色稳重大方，内饰与外观协调统一，采用标准配备，价格适中；豪华型车身颜色繁多，内饰豪华典雅，囊括奔驰各种豪华配备，尽显车主身份地位；运动型车身色泽鲜明抢眼，内饰与外观色彩反差明显，底盘降低并配有更强动力的发动机和各种动感配备。

（三）社会价值

奔驰汽车在创造经济效益的同时，时刻不忘自己作为德国汽车行业领军企业的社会责任。1954年，奔驰汽车率先在300SL型汽车上装配燃油喷射装置，引领淘汰落后化油器技术的风潮。奔驰汽车最早将三元催化器作为标准配备，推动汽车环保事业的蓬勃发展。20世纪80年代奔驰汽车开始批量生产无铅汽油汽车，并且致力于替代燃料的研究，还积极开发混合动力汽车和纯电动汽车。

三、福特

福特汽车在1903年由亨利·福特在底特律创立。1908年福特汽车的T型车步入历史舞台，引领了世界汽车工业的一场革命。流水线生产让T型车物美价廉，风靡美国。1914 年，亨利·福特宣布大幅度提高工人薪资，缩短工作时间，让员工买得起自己生产的汽车，在全世界范围内掀起了一场消费革命。

福特汽车的企业精神包含四大要素：具有全球化想法、注重顾客需求、持续追求成长以及深信“领导者是老师”。

（一）具有全球化想法

福特汽车经过一个多世纪的发展，始终秉承着“制造人人都买得起的汽车”的梦想，一步一步走向全球化，为全世界人民制造汽车。1922 年福特汽车收购林肯；1981 年福特汽车与马自达合资；1987 年控股阿斯顿马丁。福特汽车已经走向世界，发展成为世界上著名的跨国汽车巨头，2014 年全球汽车销量达到 591 万辆。

（二）注重客户需求

在现代社会发展初期，福特汽车采用流水线标准化生产，提高了生产效率，降低了制造成本，将以 T 型车为代表的家用轿车送入千家万户。当现代社会发展到较高阶段时，居民经济收入大幅度提升，开始追求个性化的展示，对汽车的外观设计、整体性能、参数配置都开始出现各种各样的个性化需求。福特汽车顺应时代潮流，把握时代节奏，推出了个性化的定制生产，在保证生产效率的同时最大化满足个性化需求。

（三）持续追求成长

福特汽车创始人亨利·福特最先认识到高产量、高工资和高消费之间的内在联系。1914 年，福特提出“每天工作 8 小时付 5 美元工资”的举措。这一举措震动了美国工业界，逐渐成为美国工业界的制度性措施。福特清楚的表达了自己的观点：“其实我提高工人的工资并不是对贫苦人的施舍，只是想把公司由于工作效率的提高而产生的利润让大家分享。当员工生活富裕之后，消费水平也会随之提高。这些货币在市场上流通也会使 T 型车的销量提高。”

福特明确阐述了提高薪酬、培育市场、增加效益之间的良性互动关系。人人都应该平等拥有廉价而耐用的汽车，应促进汽车成为大众消费而不是高端的权贵消费的产品。汽车市场的壮大反过来促进了汽车生产规模的扩大和汽车企业利润的增长，这将进一步推动汽车的消费。所以汽车在生产消费者需要的质优价廉的汽车产品的同时，还应该通过分期付款和借贷抵押等金融手段努力刺激消费，促进汽车市场规模的扩大。福特汽车引领的消费理念最终促成美国社会成长为以中产阶级为主的橄榄型社会，福特汽车也在这一进程中发展成为世界顶级汽车公司之一。

（四）深信“领导者是老师”

福特汽车通过公司内部的“颠峰课程”“领导者工作间”“伙伴课程”“交谈时间”等培训课程，将公司从高层主管、基层主管到普通员工都包含在公司的培训教育体系之内，让广大学员参与到企业发展规划的讨论中，让更多员工参与公司的改进和改革，了解企业资源如何进行分配，明确企业的短期发展目标和长期发展目标，以及企业目前面临的主要问题与挑战。在公司内部课程中担任教师的企业主管通过教授课程，与公司员工进行了更多的互动交流，促进了管理理念的提升，促进了公司工作中团队的协调性，也更有利于企业主管坚持自己传授的理念。

讨论与思考

1. 福特的流水线生产方式如何促进了汽车普及？

2. 美国推出“企业平均燃油经济性法规”（CAFE）的目的是什么？

3. 内燃机节能技术有哪些？你能说说具体工作原理吗？

4. 你知道国Ⅰ至国Ⅵ排放标准的推出时间吗？你如何理解不同排放标准之间的差异？

5. 汽车智能技术有哪些？试列举 5 项。

6. 汽车主动安全技术的含义是什么？你能列举哪些汽车主动安全装备？

7. 试解释汽车安全车身的设计理念。

8. 汽车碰撞试验包括哪些项目？具体项目如何进行试验？

9. 2011 年醉酒驾驶法规中，酒后驾车和醉酒驾车的标准是什么？会面临什么样的处罚？

10. 汽车年检中，“环检前置”的含义是什么？

第六章　严谨造车：汽车是怎样制造出来的

【教学目标】

1. 描述汽车造型设计要求、造型艺术设计和汽车设计过程。
2. 描述绿色汽车相关的现代汽车设计理念。
3. 描述汽车整车性能试验以及汽车试验场。
4. 描述汽生产的冲压、焊装、涂装和总装四大工艺。
5. 描述一辆汽车从设计、试验到制造的全过程。

【教学提示】

1. 问题引入：汽车是怎样制造出来的？
2. 选择几款经典车型作为主线，融入本章内容的教学全过程。
3. 让学生收集喜欢车型的设计和生产信息并与同学分享。
4. 安排学生课后观察实车，感受汽车设计制造之美。

本章我们将一起走进汽车的艺术设计殿堂，欣赏汽车艺术形态之美、汽车设计之美，了解现代汽车设计的理念和发展趋势；一起走进汽车试验场，领略严苛的汽车试验和各种有趣的试车道。还要走进汽车生产车间，一起探索汽车制造的四大工艺和现代化生产线的奥秘。

第一节　汽车的设计艺术

一、汽车造型设计艺术简介

汽车造型设计中，艺术是一个最好的载体，因为艺术是不分国界、不分种类、也不分阶层的，任何人都可以欣赏艺术，好的艺术能普遍引起大家的共鸣。汽车品牌通过艺术设计，赋予产品生命力和灵性。汽车产业制造出的文化衍生品已经融入我们生活的各个角落，创造出了巨大的艺术价值。

汽车造型设计是要根据汽车整体设计的多方面要求来塑造最理想的车身形状。汽车造型设计是汽车外部和车厢内部造型设计的总和。它不是对汽车的简单装饰，而是运用艺术的手法科学地表现汽车的功能、材料、工艺和结构特点。汽车造型的目的是以美去吸引和打动观众，使其产生拥有这种车的欲望。汽车造型设计虽然是车身设计的最初步骤，是整车设计最初阶段的一项综合构思，但却是决定产品命运的关键。汽车的造型已成为汽车产品竞争最有力的手段之一。

图 6–1　法拉利超级跑车 LaFerrari（2013 年推出）

二、汽车本身的艺术

（一）车身的造型艺术

汽车车身的造型艺术表达是通过其外观、内室、图案、色彩、材质等方面体现出来的。

1. 形态：汽车的形态包括整车外形和局部的前脸、后脸、侧面、风栅口、车灯、保险杆、后视镜、门把手等，还包括内室的仪表台、方向盘、座椅、门内护板、手柄、按钮等局部的形态。这些形态通过线条、块面、形体元素的恰当组合，体现出统一与变化、调和与对比、对称与均衡、稳定与轻巧、节奏与韵律、过渡与呼应、静感与动感等造型的艺术形态之美。

2. 色彩：首先是汽车外部色彩，每辆车都会突出某一种色彩，使之占绝对优势，形成一个主色调，而其他色彩围绕这个主色调进行变化，以体现出“多样统一”的装饰艺术效果。其次是汽车内部色彩，汽车室内色彩也有主色调，通常采用偏向不同色彩倾向和明度的灰色，这是由于室内是驾驶员工作的场所和乘客休息的地方，色彩搭配需要达到安静、柔和、协调、舒适的目的。

图 6–2　经典的大众甲壳虫

3. 材质：车身用材料极其广泛，不同材

图 6-3 宝马汽车舒适温馨的内饰

料的物理性能不同，各异的视觉效果和触觉效果还会给驾乘者带来不同的心理感受。车身运用的不同质地和肌理的材料，能使相应部件具有良好的视觉美感和触摸感，使驾驶员拥有舒适的操作感觉和舒畅愉快的心情。

（二）汽车标志设计艺术

汽车标志是艺术性和象征性的统一，是质量、信誉、原则和精神展示于世的图腾，是沟通人与汽车、汽车与企业、企业与社会的最直观的中介形象之一。汽车标志作为一种文化介入社会，使其特有的信息成为一种世界性语言和文明的象征。汽车标志的设计要体现出形态美、构成美、色彩美、神态美和寓意美，通常需要表现出力量、动感和速度。按其表现形式可分为具象型、抽象型、文字型和综合型。

（三）汽车吉祥物与雕像艺术

汽车吉祥物是一种体现速度、魅力和优雅的标志，被选用的肖像大部分是轻盈的女性和相关动物，他们使人们联想到一个美丽、快速、恬静的世界。这种吉祥标志均由雕塑艺术家精心创作而成，每件均堪称一件精美的艺术品。

图 6-4 劳斯莱斯的飞天女神

三、汽车造型设计要求

汽车和其他产品一样，给人的第一印象来自外观。汽车的造型设计应具有完美的艺术形象、良好的空气动力特性、良好的工艺性和适应性等。

（一）艺术形象

每一个汽车产品都需要精心地设计，才能不断满足人们审美水平的提升和对汽车外观艺术性的要求。汽车的艺术形象需要符合各国的文化，更要体现个人的身份和气质。汽车的艺术形象不仅体现在外部造型设计上，内饰也同样重要。

图 6-5 造型经典的兰博基尼

（二）空气动力性

汽车在行驶时，尤其是在高速行驶时会受到很大的空气阻力和力矩。这些力和力矩会对汽车的性能产生很大的影响。汽车的流线型设计便是为了减少这种影响。现在几乎所有的运输工具都采用各种各样的方法来降低阻力，良好的空气动力特性可以明显地改善其性能。改善空动力学的重要手段是风洞试验。

图 6–6　汽车风洞试验

（三）工艺性

汽车车身必须具有良好的可加工性，以便容易控制车身尺寸和质量。汽车车身制造工艺复杂、成本比例高，车身结构造型设计时需要考虑冲压、焊接等工序的可加工性。

（四）适应性

汽车所处的环境复杂多变，有些环境甚至比较恶劣。这就对汽车车身的适应性提出了要求。在汽车造型设计时，设计人员必须考虑汽车工作的环境。汽车车身要有足够的刚度和强度，以满足车内人员的安全和舒适性要求。

四、汽车造型艺术设计

随着社会进步和经济发展，汽车的造型艺术也处于发展演化之中。汽车的形状和色彩是其艺术造型的总和。汽车的美包括外表的美和内在的美。汽车的形体协调、色彩适宜是构成外形美的基本因素。而工艺简单合理、结构与形态的统一、材料性能的发挥和空气动力性能的提高、各种新技术的采用，又使汽车具有内在美。将两者巧妙结合，便可形成比较完美的汽车。

（一）汽车造型的形体艺术

汽车造型的形体是由外形轮廓线的轨迹运动组成。各种汽车的造型设计源于不同汽车的时代性和使用功能的要求，不同种类的汽车会塑造个性不同的形体。当汽车的形体映入眼帘时，会使人们产生不同的情感体验。

图 6–7　汽车造型艺术设计

在设计中，通常用直线和斜线反复来塑造汽车的车身，意在产生挺拔、简洁、明快之感。另一种则是选用曲线、曲面来塑造形体，这通常给人柔和、圆润、通透之感。实践证明，垂线表示坚挺有力，水平线表示沉稳安定，两种设计方法都极具表现力，是形成汽车整体感与独特个性的灵魂所在。

图 6–8　汽车造型形体艺术

1. 欧洲车的造型风格

欧洲汽车工业历史悠久，汽车制造技术娴熟，注重展示汽车的民族文化，追求高品位的汽车风格和艺术成就。例如德国车技术精良、英国车华贵典雅、意大利车绚丽奔放、法国车时尚浪漫。

图 6–9　英国华贵高雅的宾利阿纳奇

2. 美国车的造型风格

美国地域宽广、文化多元开放、人民自由豪放、石油价格便宜，造就了美国汽车宽大、舒适、硬朗的造型风格。整车造型多采用直线、斜线和棱线来塑造型体，车身挺拔、冲击力强、充满个性和张力。

图 6–10　美国硬朗宽大的凯迪拉克

3. 日本车的造型风格

日本车造型也同样受到地域经济文化的深刻影响。日本人口稠密、地域狭小、资源匮乏、工业发达，使得日本车造型简洁实用成为明显特色。整车造型具有较强的亲和力，外形中规中矩，车身比例协调，制造工艺精良。

图 6–11　日本丰田卡罗拉

（二）汽车造型的美学规律

汽车的形体设计遵循着美学规律和形式美法则。汽车造型设计中通常运用的美学规律是：变化与统一、比例与尺度、过渡与呼应等。

1. 变化与统一

变化与统一是美学规律中的一个重要规律。变化是指汽车整体中所含的各个部分在形式上的区别与差异性。各部分的特征形成了变化多样的形态，将其组合形成车身整体，使汽车形成了既有变化又有统一的视感效果。

图 6–12　宝马协调统一的腰线

2. 比例与尺度

在汽车造型设计中，整体与局部之间均遵循着不同的比例与尺度。好的汽车造型应具有恰当的车身比例和严格的尺寸。在汽车总布置设计中，遵守黄金分割率，使汽车造型比例协调、尺寸严谨、具有美感。

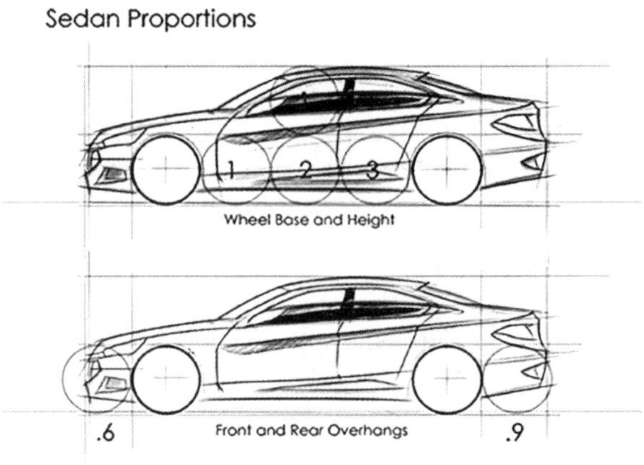

图 6-13　汽车设计中的比例

3. 过渡与呼应

在汽车造型设计中，过渡表现为车身线、面、体的过渡，也可以表现为色彩渐变的过渡，最终目的是使设计达到相互协调、相互和谐的造型效果。汽车造型设计中，呼应主要是指前风窗和后风窗、前大灯和后尾灯、前保险杠和后保险杠之间的配合关系。呼应强调设计的整体性，使车身整体与局部相互和谐。

图 6-14　宝马经典的霍氏拐角设计

五、汽车的设计过程

我们常说的汽车设计指的是汽车的造型设计，是汽车开发的整个周期中的关键过程。一般的造型设计是从产品规划开始的，包含二维设计、三维造型、样式设计等过程。

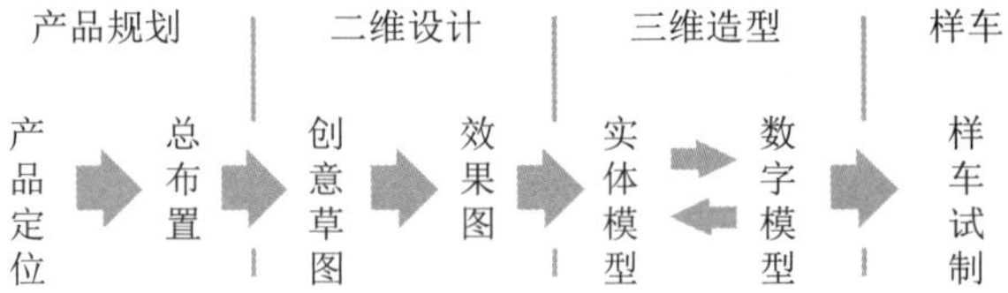

图 6-15　汽车设计流程图

（一）产品的规划

在造型开发的前期，需要对所开发的车型做市场调研，这个调研包含价位、目标客户群、竞争车型、流行元素等方面。在产品规划过程中，设计师了解到的即将进行的造型的风格定位与功能定位有助于设计师更好地把握方向，也能使得新造型尽可能地被目标客户群接受。

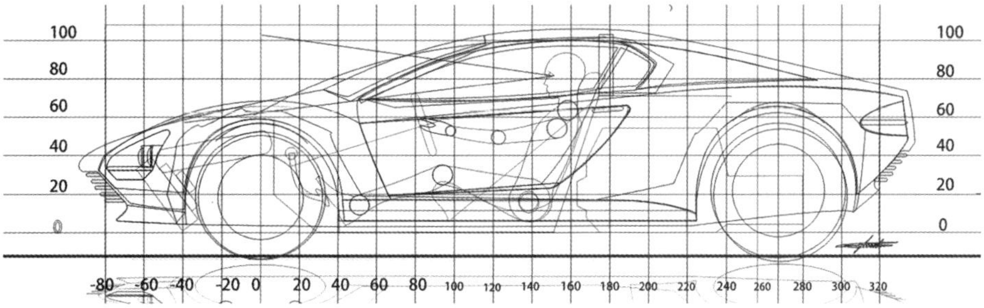

图 6–16　整车总布置

（二）二维设计

二维设计开始时需要造型设计师根据前期的输入条件进行创意构思。新颖的创意是一款车的关键，体现了车的不同个性，通常新颖的创意也是汽车产品吸引消费者的亮点所在。因为汽车的开发周期相对很长（18—48 个月），因此要保证现在的造型创意在两年后不过时。这就需要设计师必须要有敏锐的造型观察力、判断力和对流行的预测能力。

图 6–17　汽车造型创意草图

草图是设计师思维创意的快速表达。草图表现的方法多种多样，彩铅、钢笔、油性笔、马克笔、色粉和电脑辅助都可以单独或者混合使用来表现。草图是设计师记录和推敲创意的途径，往往充满了很多设计师的主关色彩，比较随意和放松。

图 6–18　宝马 5 系换代效果图

草图结束后通常会有一个内部的评审，选出几个具有代表性的造型方向进行下一步的细化工作，也就是效果图。效果图是用来指导油泥模型、数字模型和做方案展示之用，所以需要有精准的效果，比例、透视、色彩、材质都需要有准确的表达。这个时候需要收敛一些草图中天马行空的创意，市场审美、价位成本、政策法规、材料工艺等等都需要被考虑周全。

（三）三维造型

效果图可以做的很逼真但很多细节却无法准确体现，而且效果图通常都是比较理想化的，具有一定的主观性。所以在效果图制作完成后，仍然需要一个三维模型作为依据来推敲和展示造型。

三维模型包括实体模型和数字模型两大类。实体模型按照过程分为小比例模型、全尺寸油泥模型、树脂模型等。数字模型主要有前期的 CAS（Computer Aided Styling）模型和后期的 A 级曲面两种。在实际的工作中通常会制作 1∶4 或 1∶5 的小比例模型。小比例模型比效果图更具有真实感，在尺寸和比例方面也比效果图更为精准。

图 6–19　制作小比例汽车模型

小比例模型要求曲线流畅，曲面光顺。制作小比例模型需要从各个角度去审视，反复推敲每一条线和面。一些有实力的设计公司会在草图效果图结束后借助三维建模软件构建一个简单的模型，通过数控铣床铣出一个油泥模型，再经过少量的精刮处理。最后都要完成 A 级曲面数字模型。

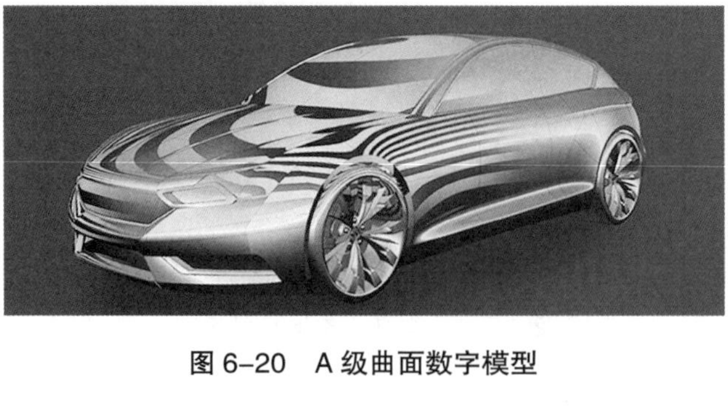

图 6–20　A 级曲面数字模型

第二节 现代汽车设计理念

近年来，生态环境的破坏日益严重，发展绿色汽车成为环境保护的迫切要求，更是汽车产业可持续发展的必由之路。环境的污染达到危害人类健康生存的程度，资源浪费严重、能源枯竭的危机越来越近，这些均对汽车的发展提出了新的要求。人们期望出现一种新型节能环保、能源利用率高的汽车来改变现存状态。因此，根据对现代汽车的设计理念提出的要求，绿色汽车的概念应运而生了。

一、什么是绿色汽车

图 6-21　节能环保的绿色汽车

绿色汽车是环保型汽车的美称，通常是指那些开发过程无污染、使用过程健康且安全、不会破坏环境和生态、在特定的技术标准下生产出来的汽车产品。绿色汽车生产全过程、汽车能源、汽车尾气、环境影响、安全等方面的要求都有一定的国际标准。

目前国际上与绿色汽车相类似的叫法有很多，如“环保汽车”或“清洁汽车”等。虽然叫法不同，但实质上差别不大，都是要求生产环保无污染的汽车，这是一种既追求保护环境、提高汽车安全性，又容易被广大消费者接受的产品。现在市场上的绿色汽车主要有新型柴油车、混合动力汽车、电动汽车、氢燃料汽车等。

（一）新型柴油车

和汽油机相比，柴油机的热效率高，可节省 20%—25% 的油耗。柴油发动机转速相对较低，零部件的磨损相对减少，没有高压点火系统和节流阀体，所以柴油发动机的故障率低，使用寿命更长。在中低转速下，柴油机扭矩更大，汽车加速性能良好。但是柴油机也有噪音、震动更大的劣势。

图 6-22　宝马柴油发动机

近年来，欧洲乘用车中柴油车比例已达到 50%。同一厂家、同一车型的柴油版在噪音、震动方面比汽油版还有一定差距，但通过隔音措施已明显削弱了震动和噪音的影响。柴油车明显的优势是省油、扭矩大，尤其是欧洲消费者爱好环保，喜欢手动档，柴油车成了受欢迎的选择。在中国、北美、日本等国家，柴油车仍不普及，主要是受柴油油品质量、排放法规以及消费习惯等因素的影响。

（二）混合动力汽车

广义上来说，混合动力汽车是指车辆驱动系统由两个或多个能同时运转的单个驱动系统联合组成的车辆，车辆的行驶功率依据实际的车辆行驶状态由单个驱动系统单独或共同提供。混合动力汽车使用的电动力系统中包括高效强化的电动机、发电机和蓄电池。使用的蓄电池有铅酸电池、镍锰氢电池和锂电池，将来应该还能使用氢燃料电池。混合动力驱动车在运行中，能向蓄电池补充电能，因此不用像电动车那样停在充电站点长时间充电。混合动力驱动车辆具有节能、低排放、低噪音等优点。

丰田公司是生产混合动力汽车最成功的企业，1997 年，世界上第一辆量产混合动力乘用车丰田普锐斯诞生。2017 年 1 月，丰田公司混合动力车型的全球累计销量已经突破 1000 万辆。

图 6–23 丰田混合动力车型卡罗拉双擎

（三）电动汽车

电动汽车是指以车载电源为动力，用电机驱动车轮行驶，符合道路交通、安全法规各项要求的车辆。它在行驶过程中有着无污染、热辐射低、噪音小、不消耗汽油、可应用多种能源、结构简单、使用方便等特点，具有无以伦比的优势，受到世界各国的欢迎。电动汽车又是高科技的产物，它集光、电、化各学科领域的新技术为一体。由于对环境影响相对传统汽车较小，其前景被广泛看好。

2016 年全球电动汽车销量首次突破 200 万辆大关，4 年内销量增长 11 倍，电动汽车正在呈指数型增长，预计 2030 年前后将有一半的新车是电动汽车。目前，传统的汽车企业都在积极开发电动汽车，世界最著名的两家电动汽车企业是美国的特斯拉（Tesla）和中国的比亚迪。

图 6–24　特斯拉 Model X 电动车

（四）氢燃料汽车

氢燃料汽车是指以氢为主要能量作为动力来源的汽车。一般的内燃机，通常注入柴油或汽油，氢燃料汽车则改为使用气体氢。燃料电池和电动机会取代一般的引擎，即氢燃料电池的原理是把氢输入燃料电池中，氢原子的电子被质子交换膜阻隔，通过外电路从负极传导到正极，成为电能驱动电动机。质子却可以通过质子交换膜与氧气化合为纯净的水雾排出。氢燃料汽车排出的主要是水，不会污染环境，是非常环保的汽车。

推广氢能汽车需要解决三个技术问题：大量制取廉价氢气的方法；解决氢气的安全储运问题；解决汽车所需的高性能、廉价的氢供给系统。在 1965 年，外国的科学家们就已设计出了能在马路上行驶的氢能汽车，中国也在 1980 年成功地造出了第一辆氢能汽车，最早量产销售的氢能汽车是丰田 2014 年底推出的 Mirai。

图 6–25　氢燃料汽车丰田 Mirai

美国工程院预计，氢燃料汽车将在 2035 年之前取代现有燃油车及混合动力车，占据全球汽车市场主导地位。目前各国都在热火朝天地发展氢燃料汽车。

二、绿色汽车的发展概况

世界各国特别是西方发达国家对绿色汽车技术非常重视。世界上实力雄厚的汽车集团公司争相研制各种新型的无污染环保汽车，力图使自己生产的汽车达到到或接近“零污染”标准。例如：大力开发电动汽车和代用燃料汽车（SFV）；在汽车材料和车身结构方面进行全面优化；改善汽车发动机燃料状况；建立回收网络等。为推动和发展汽车的绿色技术，我国1966年在北京举办了一次国际电动汽车燃料技术交流会。在制定“九五”计划时，把电动汽车列入科技攻关项目，在“十五”期间，在国家863计划中，也把电动汽车产业化技术平台作为重点，力争在电动汽车技术方面有重大的突破。

图 6–26　优秀的绿色汽车设计作品（3D 概念图）

三、绿色汽车的设计体系

绿色汽车的设计体系必须渗透到绿色汽车设计过程的各个环节中。在结构设计与零部件设计时，要采用模块化设计，减少零部件的数目，增加汽车的可拆卸性和可回收性。这样可提高生产效率，降低报废汽车对环境的污染，提高资源利用率。材料的选择也需遵循绿色原则，也就是说要少用短缺或稀有原材料，多用废料、余料或回收材料作为原材料；减少材料种类，并尽量采用相容性好的材料，以利用于废弃后产品的分类回收；采用轻质材料、纳米材料，降低车身重量，提高燃油经济性。

第三节　汽车试验

汽车在设计过程中、大批量生产之前，要在实际使用环境中、专用试验场中或室内试验台上，按照预定程序对汽车或其零部件、材料等进行各项试验，不断验证并改善汽车的技术特性、可靠性、耐久性和环境适应性，以便制造出性能更加优良的汽车产品。

一、汽车整车性能试验

汽车性能试验是为了测定汽车的基本性能而进行的试验。主要包括以下七个性能试验：

（一）动力性能试验

汽车的动力性能指标有三个：最高车速、加速性能和爬坡性能。动力性能试验就是要对各项动力性指标进行实际测试。

1. 最高车速试验是测定汽车所能达到的最高行驶速度。一般是在 1.6 千米的测试区间以最高车速行驶，记录最后 500 米的平均速度。普通家用轿车最高车速在 200 公里每小时左右。

2. 加速试验是测定汽车原地起步加速和超车加速的能力，常见的加速性能有汽车 0–100 公里每小时加速时间。普通家用轿车 0–100 公里每小时加速时间在 10 秒左右，超级跑车能够达到 3 秒以内。

3. 爬坡试验包括最大爬坡度与爬长坡两项试验。最大爬坡度试验要在坡度均匀、测量区间长 20 米以上的人造坡道上进行。爬长坡试验主要用来检查汽车能否通过坡度为 7%—10%、长 10 千米以上的连续长坡。汽车爬坡性能和驱动方式关系密切，前驱家用轿车爬坡能力较低，四驱车爬坡能力较强。另外，爬坡性能受路面湿滑或冰雪状况影响较大。

图 6–27　车辆爬坡性能测试

（二）燃料经济性试验

燃料经济性是指在保证动力性的条件下，以尽量少的燃油消耗量经济行驶的能力。我国使用的指标是每百公里燃油消耗量，单位为 L/100km；美国是每加仑燃油能行驶的英里数，单位为 mile/USgal。燃料经济性实验可在道路上试验或在试验台上试验。汽车转鼓试验台能够测试燃料经济性，测试结果比道路试验精确。

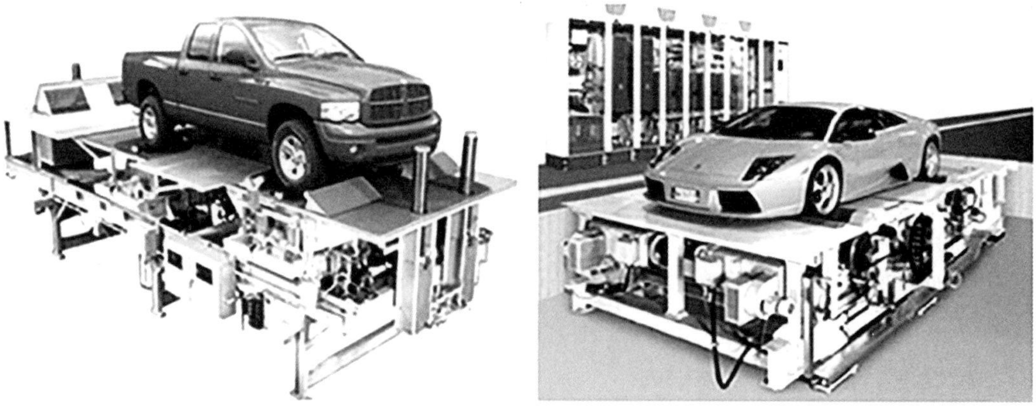

图 6-28　汽车转鼓试验台试验

（三）制动性能试验

汽车的制动性能优劣直接关系到汽车行驶的安全性，可用制动效能和制动效能的稳定性评价。常进行制动距离试验、制动效能试验、热衰退和恢复试验、浸水后制动效能衰退和恢复试验等来测试汽车制动的性能。家用轿车 100—0 公里每小时的制动距离一般在 40 米左右。

（四）操纵稳定性试验

操纵稳定性试验类型较多，如用转弯制动试验评价汽车在弯道行驶制动时的行驶方向稳定性；用转向轻便性试验评价汽车的转向力是否适度；用蛇形行驶试验评价汽车转向时的随从性、收敛性、转向力大小、侧倾程度和避免事故的能力；用侧向风敏感性试验考察汽车在侧向风情况下直线行驶状态的保持性；用抗侧翻试验考察汽车在为避免交通事故而急打方向盘时汽车是否有侧翻危险等。

（五）平顺性试验

平顺性主要是根据乘坐者的舒适程度来评价的，所以又叫作乘坐舒适性，其评价方法通常根据人体对震动的生理感受来确定。主要的平顺性试验有两种，一种是平顺性随机输入行驶试验，测定汽车在随机不平的路面上行驶时，其震动对乘员的影响。另一种是平顺性单脉冲输入行驶试验，评价汽车行驶中遇到大的凸起物或凹坑冲击震动时的平顺性，比如汽车通过减速带。

（六）通过性试验

在一定车载质量下，汽车能以足够高的平均车速通过各种坏路及无路地带和克服各种障碍的能力，称为汽车的通过性。坏路及无路地带是指松软土壤、沙漠、雪地、沼泽等松软地面及坎坷不平地段；各种障碍是指陡坡、侧坡、台阶、壕沟等。

图 6–29　汽车通过性试验（雪地）

（七）安全性试验

汽车安全性试验主要是碰撞安全试验，我国的 C–NCAP（China–New Car Assessment Program）于 2005 年正式启动。C–NCAP 要求对一种车型进行车辆速度 50 公里每小时与刚性固定壁障 100% 重叠率的正面碰撞、车辆速度 64 公里每小时对可变形壁障 40% 重叠率的正面偏置碰撞、可变形移动壁障速度 50 公里每小时与车辆的侧面碰撞、驾驶员座椅在移动台车上进行的 15.65 公里每小时特定加速度波形模拟后碰撞四种碰撞试验。根据试验数据计算各项试验得分和总分，由总分多少确定星级。评分规则非常细致严格，最高得分为 62 分；星级最低为 1，最高为 5+。

图 6–30　汽车碰撞安全试验

二、汽车试验场

汽车试验场，也称试车场，是进行汽车整车道路试验的场所，能够重现汽车使用过程中遇到的各种道路条件和使用条件。世界各大汽车公司都投入巨额资金建造了专用的汽车试验场。

图 6–31 汽车试验场

汽车试验场内主要有各种试验道路，如高速环形道、高速直线道、制动测试道、强化测试道等。

（一）高速环形道

高速环形道用于车辆高速性能测试、轮胎耐磨性试验、直线稳定性试验、挂档滑行测试、动力经济性试验、最高车速测试、等速油耗测试、噪声评价等。可供汽车长时间持续高速行驶，以考验汽车的高速性能和零部件的可靠性。长安汽车综合试验场的高速环形道总长约 5430 米，沥青路面，4 条车道，最高安全车速 200 公里每小时。

图 6–32 高速环形道

（二）高速直线道

高速直线道是水平直线路，长度约 2—4 千米，宽约 15 米。用于动力性、燃油经济性和制动性测量、噪声测试评价、轮胎纵向附着性试验、轮胎滚动阻力试验、挂档滑行测试、加速性能测试、最低稳定车速测试等。

图 6–33 制动测试道

（三）动态广场

动态广场是直径 300 米

沥青铺装的平面广场。用于动态转向（车速 80 公里每小时以下）试验、最小转弯半径试验、直角转弯试验、定角度试验、EPS 失效模式验证、U 字型试验、定圆测试等测试评价。

图 6-34 动态广场

（四）强化测试道

强化测试道包含 30 余种特殊路面组合而成的测试道，用于车辆底盘、悬架、车身开发、可靠性测试等。在强化测试道上模仿汽车使用寿命中在各种好路和坏路上行驶的情况，使汽车能在较短的行驶里程内就能暴露问题。

图 6-35 搓板路和比利时路

（五）标准坡道

道路坡度是坡面的垂直高度与水平长度的比。汽车试验场通常建有各种标准坡度的坡道，如坡度 10%、16.6%、20%、30%、40%、60% 等，用于 TCS 验证试验、ESP 验证试验、爬陡坡性能道测试等测试评价及离合器性能开发、测试等。

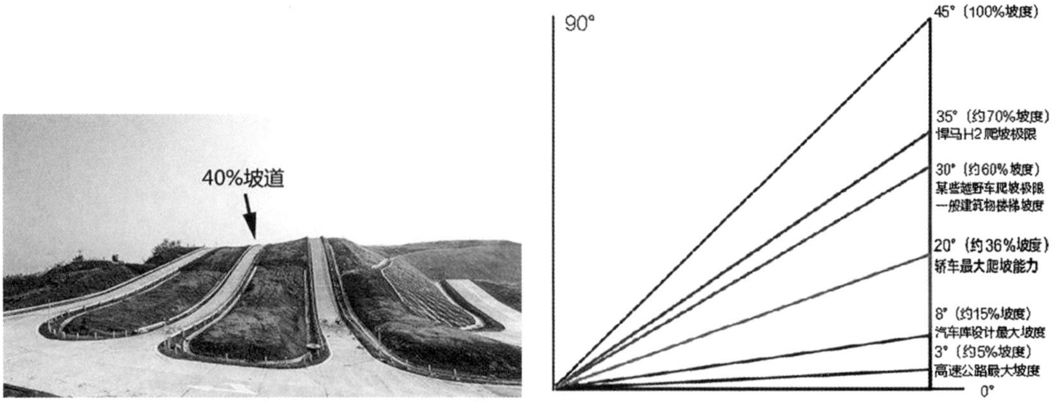

图 6–36　汽车坡道试验路、坡度与角度

（六）操纵稳定性道路

操纵稳定性道路含干燥路面及湿滑路面。用于悬架匹配试验、轮胎性能评价、转向匹配试验等车辆操控性能匹配、测试、评价。

图 6–37　操控稳定性道路

（七）其他实验道路

汽车试验场还可能包含其他各种试验道路，比如：

综合评价道路，含多种不同半径弯道、不同纵向坡度坡道。主要用于整车性能主观评价、一般性耐久试验、磨合试验等。

越野试验道，用于四驱车通过性测试、评价。

异响测试道，由角钢条路等多种特殊路面组成，用于车内异响测试及评价等。

涉水池，有浅水池（水深约 0.2 米）或深水池（水深 1—2 米）两种，用以检查汽车涉水对汽车各种部件的影响，如电气设备、制动器、发动机进 / 排气管侵水后的工作情况等。

第四节　汽车生产工艺

一辆汽车有上万个零部件组成，这些零部件的生产制造涉及到成百上千家企业，我们常说的汽车生产厂是指生产车身并装配整车的制造厂。给汽车制造厂直接供应零部件的供货商有上百家，供应从小的火花塞、传感器到大的制动器、变速器和发动机等各种零部件。全球重点一级汽车配套供应商包括 TRW（天合）、Bosch（博世）、Magna（麦格纳）、Denso（日本电装）、Continental（德国大陆）、Johnson Control（江森自控）、Valeo（法雷奥）、Lear（李尔）、ZF（采埃孚）等。

一、汽车制造工艺介绍

汽车制造有四大工艺，包括冲压、焊装、涂装以及总装。换句话说，汽车制造厂通过前三个工艺生产车身，通过总装完成整车的装配，车身以外的各种零部件都由其他生产基地或厂商提供，如发动机、变速器、座椅、空调等。

简单说，冲压工艺是把钢板等材料冲成合适的形状和尺寸，焊装工艺是把冲压后的钢板等零件焊接成车身，涂装工艺是给车身涂上油漆，总装工艺是把发动机、变速器和车身电器等零部件安装到车身上形成一辆完整的车。

二、冲压工艺

（一）汽车冲压工艺概述

冲压的三大条件是：冲压材料、冲压模具和冲压设备，如下图所示。

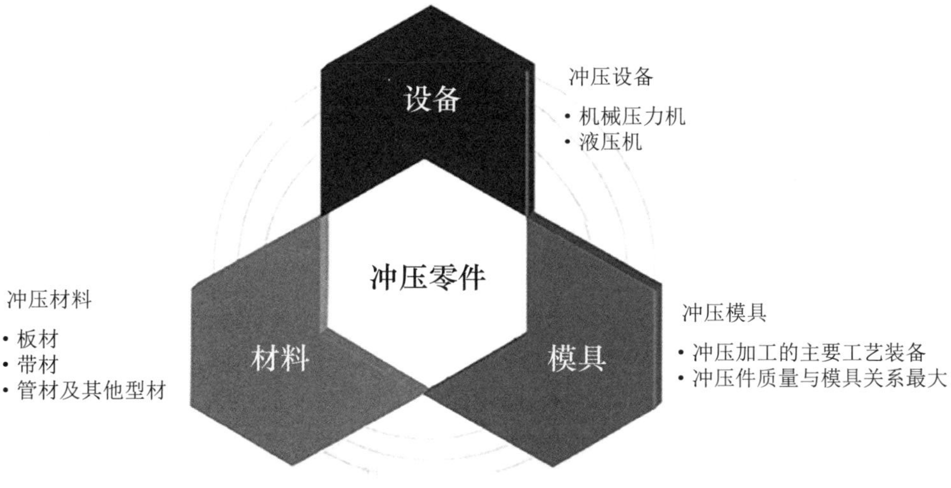

图 6–38　冲压三大条件

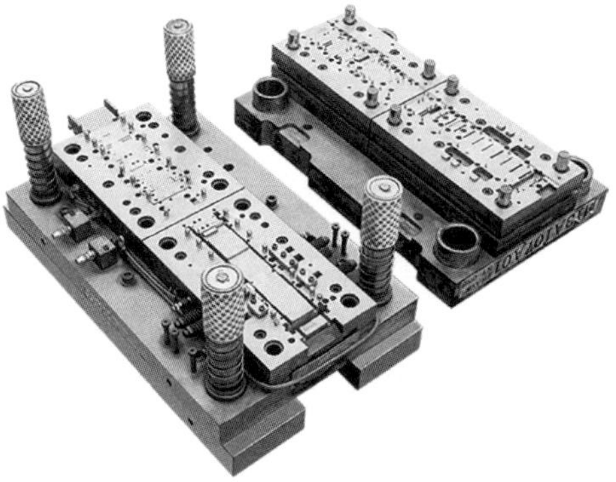

图 6–39　冲压模具

冲压是所有工序的第一步。先是把钢板在切割机上切割出合适的大小，这个时候一般只进行冲孔、切边之类的动作，然后进入真正的冲压成形工序。每一个工件都有一个模具，只要把各种各样的模具装到冲压机上就可以冲出各种各样的工件，模具的质量直接决定着工件的质量。

目前国内生产的用于轿车大型覆盖件制造的大型冲压线已经达到了当代国际先进水平。为了满足自动化冲压生产线的需要，国内知名压力机生产企业进行了高性能单机连线压力机的研制生产。先后研制了具有大吨位、大行程、大台面以及大吨位气垫、机械手自动上下料系统、全自动换模系统和功能完善的触屏监控系统，研制出生产速度快、精度高的冲压设备。

图 6–40　大型气动式冲压

图 6–41　大型液压式冲压

（二）汽车冲压工艺的基本工序

1. 冲裁

使板料实现分离的冲压工序（包括冲孔、落料、修边、剖切等）。

2. 弯曲

将板料沿弯曲线弯成一定的角度和形状的冲压工序。

3. 拉深

将平面板料变成各种开口空心零件，或把空心件的形状、尺寸做进一步改变的冲压工序。

4. 局部成形

用各种不同性质的局部变形来改变毛坯或冲压成形工序（包括翻边、胀形、校平和整形工序等）。

OP05落料

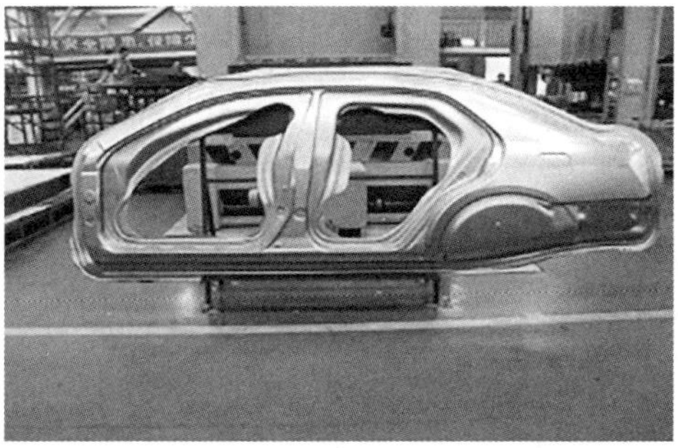

OP10落料

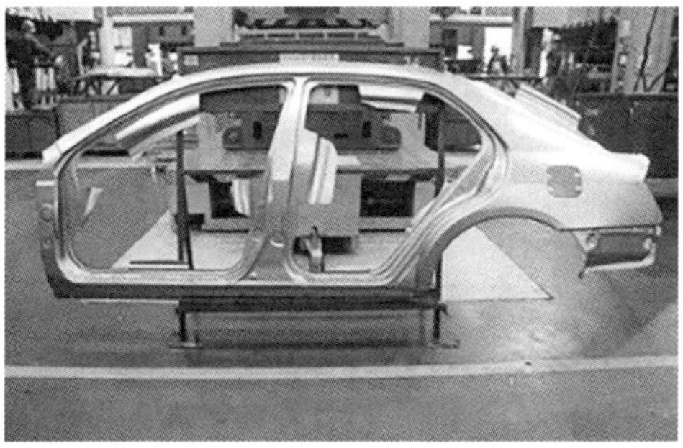

OP20切边、冲孔、吊切边、整形

OP30切边、吊切边、侧翻边、冲孔、整形

OP40切边、冲孔、吊切边、吊翻边

OP50切边、冲孔、吊切边、吊翻边

图 6–42 典型冲压工艺流程

三、焊装工艺

（一）汽车焊装工艺概述

焊装工艺，是通过加热或者加压，或者是两者并用的形式，添加或不加填充材料，使两个分离的工件在其结合表面达到原子间的结合，将冲压成型的车身各组件组装成一个完整白车身的全部工艺过程。其内容主要有焊接、滚/折边、涂胶、合装、返修等。

汽车焊接生产线主要是白车身焊接，是由车体骨架、发动机罩、行李箱盖、左

图 6–43　焊装完成后的白车身

右门外板焊接总成共同组成的。而车体骨架结构是由地板焊接总成，左右前纵梁及轮罩焊接总成，左右侧围焊接总成，前围焊接总成，顶盖及前后横梁、后挡板、左右后纵梁及后轮罩焊接总成，后围焊接总成所构成。

随着技术的进步，焊接新工艺、新材料、新方法不断运用在汽车制造中。镀层钢板、轻金属材料、高分子材料、复合材料、异种材料、特种材料对汽车焊接提出了新的挑战。而汽车焊接过程中的机器人与自动化技术使汽车焊接面貌大为改观，如下图所示。

图 6–44　汽车人工焊接生产线

图 6–45　汽车机器人焊接生产线

（二）汽车焊接工艺方法

焊接工艺在车身焊装工艺中所占的比重超过 90%，成为影响、制约汽车产品成本、质量和工厂生产能力的关键因素。焊接工艺方法有电阻焊、熔化焊、压力焊、钎焊以及特种焊等。

1. 电阻焊：是指被焊工件置于两电极之间加压，并在焊接处通过电流，利用电流流经工件接触面及其邻近区域产生电阻热将其加热到熔化或塑性状态，使之达到金属结合而形成牢固接头的工艺过程。

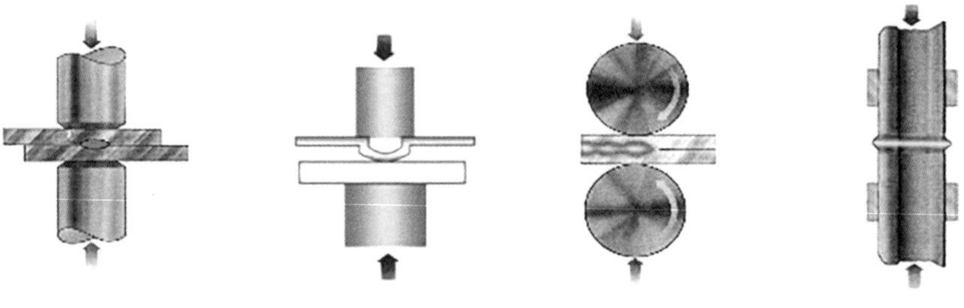

（a）点焊　（b）凸焊　（c）缝焊　（d）对焊

图 6–46　电阻焊的分类

2. 熔化焊：是在焊接过程中将工件接口加热至熔化状态，不加压力完成焊接的方法。熔焊时，热源将待焊两件接口迅速加热熔化，形成熔池。熔池随热源向前移动，冷却后形成连续焊缝而将两件工件连接成为一体。包含氩弧焊、手工电弧焊等。

图 6–47 熔化焊图

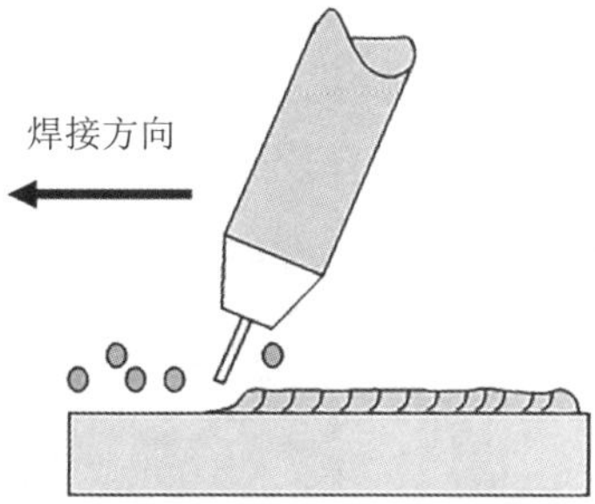

6–48 熔化焊焊接过程

3. 压力焊：是在加压的条件下，使两工件在固态下实现原子间结合，又称固态焊接。常用的压焊工艺是电阻对焊。压焊方法的特点是在焊接过程中施加压力而不填充材料。

4. 钎焊：是使用比工件熔点低的金属材料做钎料，将工件和钎料加热至高于钎料熔点、低于工件熔点的温度，利用液态钎料润湿工件，填充接口间隙并与工件实现原子间的相互扩散，从而实现焊接的方法。钎焊主要用于焊接水箱。

5. 激光焊接：随着科学技术的发展，近年来出现了激光焊接。激光焊接技术使不同钢板之间的连接达到分子层面的结合，在焊接后，原来不同的钢板相当于一整块钢板。目前，大众奥迪公司的车顶均采用激光焊接，宝马、通用公司在车架顶部也采用激光焊接，奔驰公司则采用激光焊接传动部件。国内自主汽车品牌也相继在其新车型上应用激光焊接技术。

图 6–49 激光焊

四、涂装工艺

（一）汽车涂装工艺概述

涂装是指将涂料覆于（基底表面）物面上，经干燥成膜的工艺；或将涂料在被涂物表面扩散开的操作。固化的涂料膜称为涂膜或漆膜，有两层或两层以上的涂膜组成的复合层成为涂层。

汽车车身的涂装质量要求最高，要长期在各种气候条件下使用而不发生漆膜劣化和绣蚀，还要能维持其光泽、色彩和美观。典型的轿车车身涂装工艺是电泳底漆、中涂、面漆体系。在电泳底漆与中涂之间有焊缝密封和底板防护涂层的喷涂，以保证车身的密封、降噪和防锈，面漆后涂内腔防锈蜡。

（二）汽车涂装工艺的工序

1. 漆前处理

喷漆之前要将白车身清洗干净，并为喷漆做好各项准备工作，具体包括脱脂、除锈、表面调整、磷化、水洗、钝化、电泳、清洗、烘干、强冷等多道复杂工序，目的是保证后续喷涂有较高和稳定的质量。这好比给车身泡个澡，然后再烘干。

图 6–50 电泳涂装

图 6–51 汽车烘干室

2. 中涂

中涂应包括下表所示的工艺内容。

表 6–1 中涂工艺功能

序号	工序名称	作用与功能
1	底漆打磨	消除表面缺陷，形成良好的喷涂基面、增强涂层附着力
2	擦 净	去掉车身表面杂质、确保车身表面清洁、保证中涂层质量
3	喷 涂	形成良好、鲜映性好、丰满度高的漆膜

续表

序号	工序名称	作用与功能
4	晾干（流平）	在自然流平的过程中，挥发多余的溶剂、形成平整的漆膜
5	烘　干	使漆膜完全固化，避免后续工序对车身外观的不良影响
6	强　冷	降低车身温度，便于下续工序的连续进行

图 6–52　车身外部喷涂

图 6–53　中涂烘干

3. 色漆喷涂

色漆又称面漆。指获得所要求的设定颜色、色彩鲜艳饱满、无外观质量缺陷的全过程。

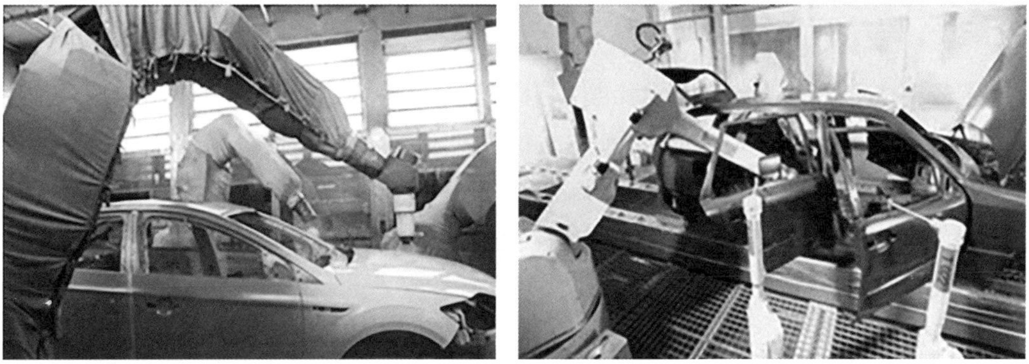

图 6–54　车身内、外部色漆喷漆

4. 面漆的修饰与喷蜡

对于经打磨、抛光的部位，往往需要补漆才能恢复原貌，然后进行车身喷蜡。喷蜡工艺完成后，用专用的堵头密封喷蜡工艺孔。

油漆抛光

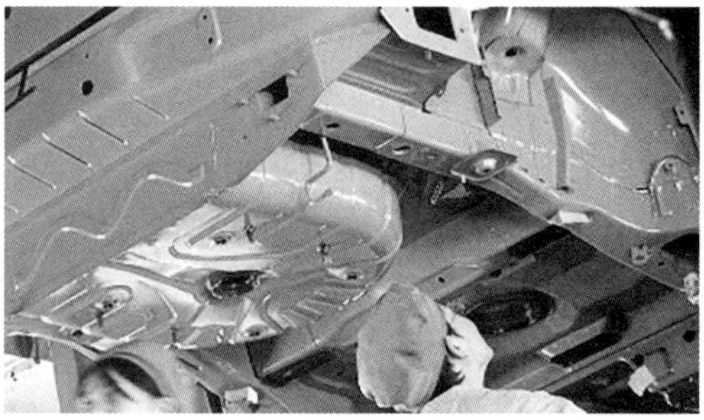

喷蜡工艺孔

喷蜡人工操作

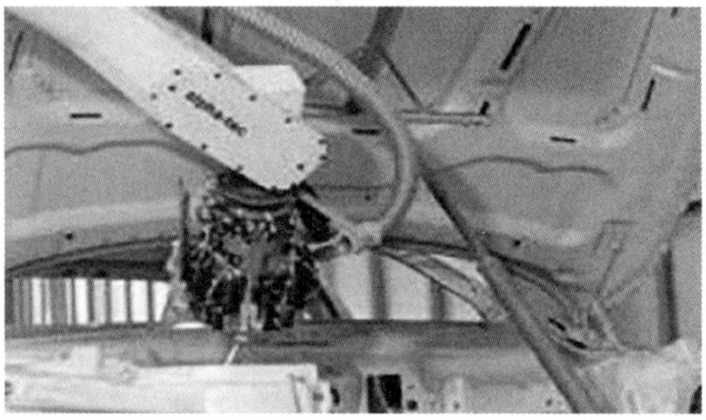

机械手自动喷蜡

图 6–55　面漆的修饰与喷蜡

5. 涂装质量控制

涂装完成后，专业技师要对涂装质量进行人工外观检查，还要使用专用仪器对漆面进行检测，确保涂装质量达到要求，没有缺陷。

涂装质量外观检查

漆面鲜映性和光泽的检测

图 6–56　涂装质量的检查

五、总装工艺

（一）汽车总装工艺概述

总装就是将车身、发动机、变速器、仪表板、座椅等构成整辆车的各零部件装配起来生产出整车的过程。大的工艺流程分为四工段：内饰一线工段、底盘线工段、内饰二线工段、调整检测线工段。

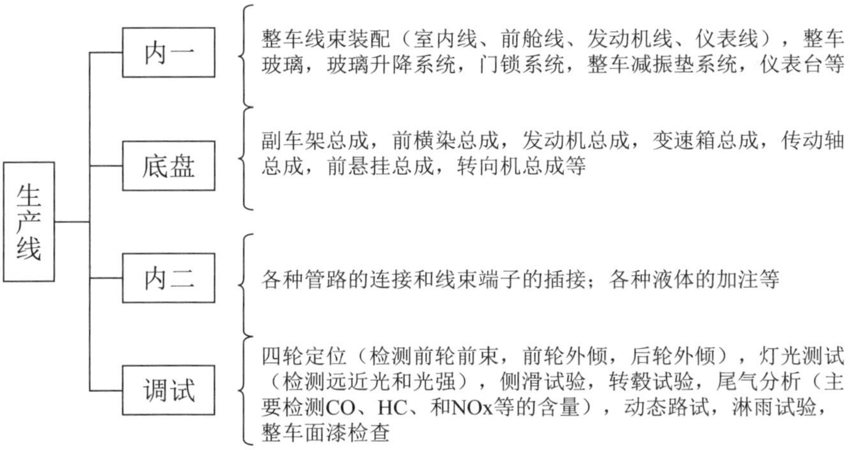

图 6–57　汽车区域划分内容

（二）汽车总装生产线

汽车制造总装机械化生产线系统包括整车装备线、车身输送线、储备线、升降机等。汽车装备线一般是由输送设备空中悬挂和地面专用设备（如举升、翻转、压装、加热或冷却、检测、螺栓螺母紧固等设备）构成的有机整体。

图 6–58　汽车输送设备

图 6–59　汽车总装生产

讨论与思考

1. 你最喜欢的车型有什么设计造型艺术特征，是怎样设计出来的？
2. 现代汽车设计的发展趋势是什么，什么是绿色汽车？
3. 汽车量产之前为什么要进行试验，有哪些试验项目，试车场有哪些设施？
4. 汽车是怎样生产出来的，有哪些主要工艺？

小贴士 1：

世纪设计大师乔治亚罗

乔治亚罗

1938 年，乔治亚罗（Giorgetto Giugiaro）出生于意大利西北部小城的一个艺术世家，14 岁时就进入都灵艺术学院深造，除了画画，他还醉心于工业设计。

乔治亚罗 17 岁时成为菲亚特设计团队一员，1959 年转投举世闻名的博通设计公司（Bertone）旗下，完成的著名车型有法拉利 250GT、阿尔法罗密欧 Giulia GT、玛莎拉蒂 5000GT、阿斯顿马丁 DB4、宝马 3200CS 等，都是车坛闪耀的巨星。1965 年，乔治亚罗离开博通设计公司，任 Ghia 设计中心主管。任期虽很短，但精彩作品同样源源不断：五十铃 117、菲亚特 850 Vanessa、玛莎拉蒂 Ghibli 等，其中 1966 年设计的 Mangusta 堪称年代经典转折之作。

1968 年，乔治亚罗和工程师曼托瓦尼创立了意大利设计公司（Italdesign）。1970 年代，意大利设计公司在商业上获得巨大成功，推出大量经典车型：大众第一代高尔夫、兰旗亚 Delta、菲亚特 Panda、莲花 Esprit 等。1980 年代至今，乔治亚罗从奋战一线的设计师慢慢过渡到设计师幕后主脑，设计工作更多的交由儿子 Fabrizio Giugiaro 担当。据称，世界上现有 2500 多款他设计的汽车在行驶着，乔治亚罗被评为“20 世纪最佳设计大师”。

小贴士 2：

我国主要的汽车试验场

世界上第一个汽车试验场建成于 1917 年的美国，目前世界各地拥有大大小小的试车场超过 200 个。中国第一个汽车试验场是海南琼海汽车试验场，建成于 1987 年，随后，中国定远汽车试验场、二汽的襄樊汽车试验场、北京通县交通部汽车试验场、上海通用汽车研发试验中心、上海大众汽车试验场、重庆西部汽车试验场、中汽盐城汽车试验场等一批试验场陆续建成。这些汽车试验场为我国汽车研发试验发挥着重要作用。

第七章　汽车之美：科技与艺术的完美结合

【学习目标】

1. 建立审美的观念。
2. 对汽车上的美的来源要有感知与判断能力。
3. 了解概念车的引领与启迪作用。
4. 了解汽车造型的演变与进程。
5. 了解汽车内部构造的组成与精致配合。
6. 理解汽车色彩之美的原因。
7. 能够描述几款名车的特点。

【教学提示】

1. 培养学习者对生活中汽车的美的发现与鉴赏能力。
2. 了解汽车造型的不同起源与大致起止时代。
3. 知道汽车的整体构造与组成。
4. 了解几种名车之美的气质与内涵。

汽车已经成为了现代人的“伙伴”，它不仅体现了科技创新，也是艺术的结晶。汽车从外观到内饰，再到其结构布局，处处都体现了现代汽车的色彩与造型的完美结合。本章将从汽车的造型、内部构造、内饰等几方面为大家介绍一下汽车的艺术美感，并选取了一些经典名车，以供大家欣赏、品鉴。

第一节　汽车造型之美

汽车造型的形体是实实在在存在的。各种汽车的造型设计都会有不同的起源与时代的烙印，不同种类的汽车形体也都会塑造本身所代表的个性。犹如人们欣赏名画一样，有现代派、古典派和抽象派等等。当汽车的形体进入我们的视野时，会使人们产生不同的感受和情感共鸣。有些车辆的设计，通常应用直线和斜线反复来塑造汽车的车身，意在给人挺拔、简洁、明快之感；而有些车辆的设计，则是选用曲线、曲面来塑造形体，这样就会给人柔和、圆润、通透之感。不同设计方法都会给人留下想象的空间力量，或是整体感或是独特个性的灵魂所在，又也许是让你的眼光一动，心灵为之所动。

也许大家都喜欢旅游，那么游览过程中让你欣赏的地方在哪里呢？是建筑风格，还是风土人情，亦或是如画山水？同样，不同的人对不同造型的汽车的欣赏程度也不同。下面，让我们看一看汽车的造型会给我们什么样的感觉？

一、黄金分割——汽车造型美

大约在公元前 4 世纪，古希腊数学家欧多克索斯第一个系统研究了“黄金分割”这一问题，他认为 1 ： 1.618 的比例是非常完美的，按此比例设计的造型十分美丽，并建立起比例理论。当代的设计师们也普遍遵循这一规则来进行图形的设计，多年来很多艺术家、学者都是根据这一伟大规则，创作了一幅幅优秀的艺术作品。那么，就让我们通过运用了黄金分割构图的甲克虫加深对这一规则的理解。

每当大众公司的新款甲克虫汽车（volkswagen Beetle）行驶在路上的时候，人们会不自觉地把它看成是一件流动的艺术品，把它说成是一个运动的雕塑而不是一个交通工具。它的造型与其他汽车明显不同，它有力地抓住了人们对美好事物的欣赏视觉期待，使人们在面对这辆车时，更多的是想到了风景、田园、名画等等。这与车辆本身要传递给我们的信息是不太相符的。

新款甲克虫的正视图大致上是一个正方形，图形沿中间对称，见图 7–1。发动机仓盖上的大众公司的标志位于正方形中心。

图 7–1　甲壳虫正视图

在整车布置图中，一个黄金分割椭圆与一个黄金分割矩形内接，主体车身处于黄金分割椭圆的上半部分，椭圆长轴布置在车轮中轴下部。第二个黄金分割椭圆主线沿着汽车侧窗，该椭圆同时与前轮轮径中心和后轮外圆相切，见图 7-2。

图 7-2 甲壳虫侧视图

在一个多世纪的时间里，汽车的车身外形已经发生了翻天覆地的变化，但作为一款老车身的甲壳虫汽车，其外形在主线上并没有怎么改变，入人眼帘的仍是其传统的造型。时至今日，甲壳虫仍然为广大的女性朋友所喜爱。

小贴士：

黄金分割点

据说，在公元前 6 世纪，古希腊的数学家、哲学家毕达哥拉斯有一天路过一个街边的铁匠铺，被里面清脆悦耳的打铁声吸引住了，驻足细听，认定这声音非常优美动听。他走进铺里，仔细测量了铁砧和铁锤的大小，发现它们之间的比例近乎于 1 ∶ 1.618。回家后，他拿来一根木棒，让他的学生在这根木棒上刻下一个记号，其位置既要使木棒的两端距离不相等，又要使人看上去觉得满意。经多次实验得到一个非常一致的结果，即用 C 点分割木棒 AB，整段 AB 与长段 CB 之比，等于长段 CB 与短段 CA 之比，毕达哥拉斯接着又发现，把较短的一段放在较长的一段上面，也产生同样的比例。后来，这样的比例被后人证明会给人一种美感，因为它在造型艺术中具有美学价值，在工艺美术和日用品的长宽设计中，采用这一比值的例子数不胜数。

二、概念车带给我们的灵感

（一）概念车的由来

概念车由英文 Conception Car 翻译而来。概念车是汽车发展史中不可或缺的主要角色，其构造最前瞻、最幻想、最人性化地体现了当代世界汽车科技发展和设计水平。它虽不是即将量产的车型，也不一定是很合理的设计，但是，它所向人们展示的设计人员那种新颖、独特和超前的构思，代表着未来汽车的发展方向，给人们以启迪并促进相互借鉴学习，具有极高的鉴赏价值。

别克 Y Job 是第一部概念车（见图 7-3），它是于 20 世纪 30 年代由美国汽车造型之父——哈利杰·厄尔（Harley Earl）设计出来的。时隔 80 年，以我们现在人的眼光来看，这仍是一部非常杰出的作品。连续、光滑、弯曲的车身表面和突出车身水平面的平行合金装饰带，给人们创造出了一种狭长的流线形车身的感觉。

此款车引入了现代的嵌入式头灯、电动升降车窗、水平线条的水箱护罩、与车身腰线平齐的门把手，甚至是电动的篷顶等等，这些在现在已经是再平常不过的装配与设计风格，在当时足以让生产商和驾驶者们兴奋不已，它不仅带领人们走进了概念车的世界，而且其圆滑、流线型的轮廓设计理念更对后来的汽车设计产生了深远影响。别克 Y Job 向当时的世人充分展示了汽车工艺和造型方面的未来发展趋势和潮流。这也是世界上第一款不以商业生产为目的，而更注重向公众展示新思想、新技术和新造型设计而开发的概念车。厄尔的设计思想已经远远超越了他所在的年代。他这种锐意进取、开拓性的设计手法也很快成为其他制造商竞相模仿的对象。汽车业也从此走上了以概念车的理念引领未来的发展道路。

图 7-3　第一部概念车——别克 Y Job

（二）当代品牌的概念车

时间来到 21 世纪，人们欣赏美的眼光又大大地提升了，让我们来看看当代人们心中的概念车的形象，或许几年、十几年后我们就能进入到这样的汽车当中，自由驾驶、舒心品鉴、惬意生活了。

印度塔塔公司的捷豹在 75 周年庆典之际推出了一款新的概念车，捷豹 C-X75 电动超跑型概念车，这是他们一向坚持打造“优雅迷人而又动感激情”的汽车的又一标志，见图 7-4 所示。

图 7-4　捷豹 C-X75 电动概念车

兰博基尼以“隐形战机”为设计灵感，设计出的“黑白双煞”概念车，外观看起来非常的暴力。这是设计师 Mark Hostler 为了纪念兰博基尼 50 周年而设计的外观极其凶悍、仿佛一把古代利剑般的概念车，见图 7-5 和图 7-6。

图 7-5　兰博基尼 ferruccio 概念车（黑色）

图 7-6　兰博基尼 ferruccio 概念车（白色）

图 7-7 为标志高效节能的电动力三轮车概念车（后排并列 2 个车轮），内部提供足以舒适坐下三位成年人的空间而车重仅为 650 公斤。此车大约一公里的电费成本只有 5 分钱，或许将来的社会三轮车真的会成为主角。

图 7-7　标志 VLEV 电动概念车

奥迪的设计师们又给我们描绘出了一部未来的3座奥迪Avatar电动概念跑车，这款车的设计是给15年后有着出色的驾驶技术以及对驾驶和赛车充满激情的富豪准备的大玩具，见图7-8。

图7-8　奥迪Avatar概念车

三、汽车车型的发展历程

（一）马车型汽车（1885—1915）

汽车制造者在汽车产生之初，主要精力都放在了“汽车力量”的更换上。例如本茨生产的第一辆三轮汽车和戴姆勒的四轮汽车（分别见图7-9、图7-10）都能看到没有车篷的马车外形。19世纪初，著名的德国汽车工程师费迪南德·保时捷对以往的汽车进行了革命性的更改，设计出了带有球面挡风板的汽车，奠定了现代汽车样式基础，也是流线型汽车的雏形（如图7-11）。无篷马车型汽车样式持续了相当长的时间，因其发动机功率很小，行驶速度很低，且最多只能乘坐3人，这种情况下不可能实现装一个车篷和车门，如果装上，就会出现连自身都无法拉动的状况了。

1908年，福特汽车公司推出了一款汽车新产品——福特T型车。马车型汽车的典型代表就是这款福特T型汽车（图7-12）。

后来，随着汽车功率的增加，以及出行受到风、雪、雨及太阳的影响，人们想到了车厢与车篷，这就是接着出现的厢式车型。

图7-9　本茨的第一辆三轮汽车

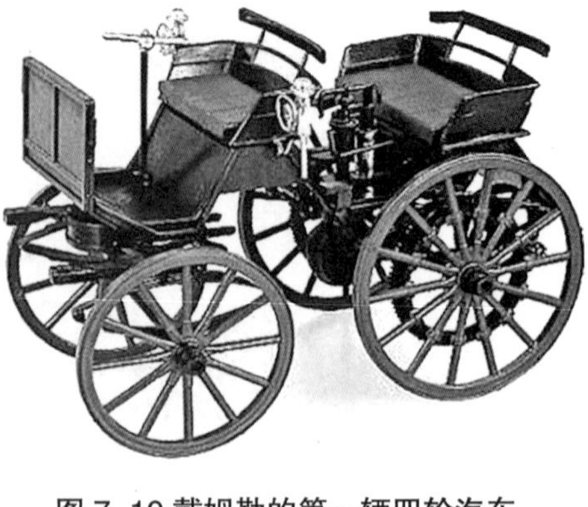

图7-10 戴姆勒的第一辆四轮汽车

图 7-11　带球面挡风板的汽车

图 7-12　美国福特 T 型轿车

（二）**厢型汽车**（1915—1934）

1915 年福特汽车公司生产出一种新 T 型车（见图 7-13），人们将这种 T 型车作为厢型汽车的代表。因为这种车的驾驶室很像当时人们常用的箱子，虽然上面装有门和窗，人们还是形象地将它称为厢型汽车。

当时人们想尽办法来提高车速，如：改进轮胎结构，减小车轮与地面之间的滚动阻力；降低汽车车身的高度，减少迎风面积等等。虽然这些改进起到了一定的实用效果，但汽车的行驶速度仍不能提高很多。

图 7-13　1915 年美国生产的福特新 T 型车

（三）**流线型汽车**（1934 至今）

流线型是近代人们赋予它的名词，流线的来源是鱼类，表示其表面圆角过渡、线条流畅无阻碍的意思，这种形状能减少物体在空气中运动的阻力，特别是在高速行驶的情况下。但在汽车形状设计发展史中，它成了一种象征速度和时代精神的造型语言，使汽车界发展出了一种时尚的汽车美学领域。

20 世纪 30 年代，美国密歇根大学流体力学研究中心的教授们采用模型汽车在风洞中试验的方法测量出了各种车身在空气当中行驶的阻力，这是具有划时代意义的试验。同时期，美国的克莱斯勒公司生产的气流牌小轿车（Chrysler Aeroflow，见图 7-14），就首先采用了流线型的车身外形，给人们带来了很大的视觉震撼。

图 7-14　美国克莱斯勒气流牌轿车

（四）船型汽车（1949 至今）

船是人类发展史上最伟大的发明之一。它的发明，是人类走向文明的一大重要转折点，但将船的造型应用到汽车上则是人类另一大发明。20 世纪 40 年代，美国福特汽车公司经过近十年的努力，于 1949 年推出一款新型福特 V8 船型汽车（见图 7-15）。福特 V8 车型前面采用了双前翼子板和引擎罩，后面采用翼子板和行李箱罩一体式的设计思想，将汽车的前大灯和散热器罩也按整体进行了设计，将车身两侧变成一个平滑的弧面，使人从外表看来，此车的形状与一只船很相似。与经典的甲壳虫汽车相比，福特 V8 翼子板比甲壳虫型汽车较显平坦，后风挡窗明显做出了一个角度，给后排座的乘客留下了足够的头部空间，同时，它也从形状上解决了甲壳虫型汽车对侧向风的不稳定问题。在当时，福特 V8 型汽车是非常成功的车型。它成功的来源主要是船形汽车思想的运用，让设计师们置身于驾驶员及乘员的位置来设计汽车，亲自体验操纵和乘坐的舒适。

图 7-15　福特（ford）V8 型轿车

（五）鱼型汽车（1952 至今）

在船型汽车后部有一空气涡流的缺陷，为了克服这个缺陷，人们逐渐倾斜船型车的后窗玻璃，倾斜成为斜背式。斜背式汽车的背部看起来象鱼的脊背，所以将这类车称为“鱼型汽车”。

鱼型汽车和甲壳虫型汽车光从背部来看很相近，但仔细观察可以看出他们的不同：鱼型车的背部和地面的夹角比较小，尾部却较长，围绕车身尾部的气流也比较平顺，涡流阻力自然也较小。另外车室宽大、视野开阔、舒适性好、行李舱容积增大等这些船型汽车的优势，在鱼型汽车做了基本的保留。

1952 年美国生产的别克牌小客车是最初的鱼型汽车（见图 7–16）。

图 7–16　美国通用汽车公司的鱼型别克牌轿车

（六）楔型汽车（1963 至今）

“鱼型鸭尾”式车型克服了汽车高速行驶时部分空气的升力，但鱼形汽车的升力问题却未从根本上解决。设计师们经过大量的探索试验和筛选，设计出车身前部向下方倾斜、后行李箱高于前发动机舱、车尾平直的楔型汽车，克服了车轮发飘的问题。此种汽车能够形成良好的风压，车身后部陡然平直，整体上看形状如楔子。就目前来看，这种车身外形非常理想，并且适用于高速行驶，还可以有效地克服汽车升力等问题。现在，世界各国汽车生产商都已经生产带有楔形效果的小形车。

美国人司蒂倍克·阿本提（Studebaker–Avanti）于 1963 年第一次设计了楔型汽车（见图 7–17）。

图 7–17　司蒂倍克—阿本提轿车

（七）子弹头型汽车（1980 至今）

随着科技的不断更新与发展，人们对新技术的追求越来越强烈，精益求精已成为当代人的生活准则。人们在寻找自己的灵感和个性创意上又上了一个新台阶，于是，又一种新型的轿车——多用途轿车，也就是被我们俗称为“子弹头型”轿车问世了（见图 7-18）。

图 7-18　雪铁龙毕加索子弹头型汽车

20 世纪 80 年代之后，美国的克莱斯勒汽车公司的道奇与顺风分部率先推出了“Caravan”和“Voyager”这两种新型汽车。这两种汽车虽然仍以轿车外型为原型，但是车身造型却改变了传统的轿车二厢或三厢式的结构，在小型客车的车型概念的基础上进一步发展与进步，使之变成了既有轿车的造型风格、操纵性能和乘坐感觉，又具有小客车的多排座和大空间的特点，优化成为集商务、家庭旅游休闲等功能为一体的多用途车，也就是我们现代人常说的商务车的前身。这种车一出现，立刻引起了爱车的人们的极大兴趣，销售市场火爆，市场占有率节节攀升。以至于到后来，为了与对手进行商业竞争，各大汽车制造公司如通用、福特、雷诺、戴姆勒－奔驰等等汽车公司都先后推出了本公司的多用途汽车，俗称 MPV。由于这种车的造型，特别是前方酷似子弹头，中国人更加贴切地将其俗称为子弹头汽车，而外国的朋友们喜欢称它为蛋形车。

第二节　汽车内部构造之美

生活中，我们随时可以感受到汽车的存在，生活在城市的人们已经每天都离不开交通工具的帮助，汽车可以帮助我们出行、旅游、购物等。汽车对于我们来说已经是一种身边的事物，一种熟悉的交通工具，一种生活的必备工具。

如果我们作为一名医生，将现有的汽车进行“解剖”，那么就有机会看到汽车的精美结构，其拥有的技术与功能魅力会深深吸引我们当中的每一个人。汽车透视图见图 7-19 所示。一辆用燃料做为动力源的汽车一般都是由发动机、底盘、车身和电气设备这四个部分组成。

图 7-19　汽车的整体结构

一、汽车动力的源泉——发动机

发动机是汽车的动力产生与转换装置，是汽车的“心脏”。现代燃料汽车广泛采用往复活塞式内燃机，也是常说的四冲程式内燃机。它是通过燃料与空气混合，形成可燃烧的混合气。这种气体在气缸内燃烧膨胀产生的高压力，推动气缸内的活塞运动并通过连杆使曲轴高速旋转来对外输出功率的。以常见的汽油为燃料的发动机为例，其主要包括两大机构和五大系统，它们是曲柄连杆机构、配气机构；燃料供给系统、起动系统、冷却系统、润滑系统和点火系统。其中，曲柄连杆机构、配气机构相当于人体的骨胳，处处体现了精美的配合与运动的协调；燃料供给系统相当于人的胃与肺，是具体充入能量的机构，其内容的配合与控制相当精细；冷却与润滑系统更像是人的汗腺与供血系统，维持着发动机的正常工作；点火系统则有些像人的神经系统，进行信息的采集与处理；最后的起动系统呢？大家想一想，它应该能对比我们人类的哪个系统呢？

汽车上的发动机按常用燃料可分为汽油发动机和柴油发动机两种，一般汽车上所使用的发动机为四冲程活塞往复式发动机（见图 7-20）。以一种直列四缸机为例，其上细小的零部件数目最少也要在 400 个以上。如果是一台共轨式柴油发动机，其配合偶件间隙在 0.0015—0.0037 毫米之间，相当于我们人类头发丝的五十到一百分之一，

图 7-20　电喷汽油发动机

其做工之考究，真是令人咋舌！

二、汽车“手和脚”——底盘

汽车底盘是汽车整体组成中又一重要组成部分，一般由传动系统、行驶系统、转向系统和制动系统四部分组成。

图 7-21 后驱动桥扭矩控制系统

汽车底盘的作用是转向、支撑和安装汽车发动机及其各部件、总成，形成汽车的整体造型，同时能够接受发动机传过来的动力，并将动力传递给汽车车轮，使之产生旋转运动，从而带动汽车整体产生运动，并保证汽车正常行驶。

传动系统主要由离合器、变速箱、传动轴、主减速器、差速器和驱动半轴等组成。例如三菱的后驱动桥扭矩控制系统（图 7-21），其精细化程度不逊色于钟表的机芯，它完全可以将发动机传递来的动力全部传递给一个驱动汽车的车轮上，而另一侧的车轮“0”驱动力，可实现汽车的在极限情况下的快速行驶过弯。

行驶系统由车架、车桥、悬架和车轮等部分组成，基本功用是支持全车质量并保证汽车的行驶。例如奔驰 C 级轿车前悬与整车的协调配合（见图 7-22）保证了整车的减振效果、提高了乘员的舒适度，使坐在车里面的人感觉非常惬意！

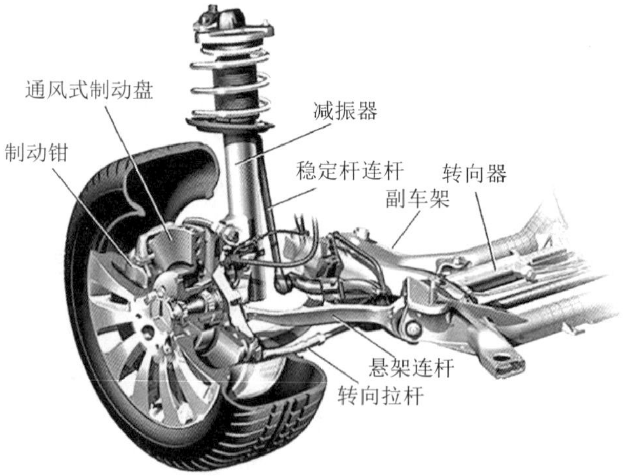

图 7-22 奔驰 C 级轿车前悬结构图

图 7-23 奥迪转向盘

转向系统由转向盘、转向器、转向节臂、横拉杆和直拉杆等组成，作用是使汽车按照驾驶员的行驶方向意图进行行驶。例如奥迪的转向盘（见图 7-23），其精湛的做工，考究的材料，舒适的手感，符合人体操作的结构等，令驾驶它的人爱不释手。

制动系统一般由制动操纵机构和制动器两个主要部分组成，作用是保证汽车能够制动，它是负责行车安全的主要系统。见图 7-24 所示，箭头指向的就是制动踏板，驾驶员只要向下踩它，就可以使汽车减速或停车。虽然它担任着汽车的安全保卫职责，可看它的外形，是不是有一种欣赏艺术品的感觉呢？

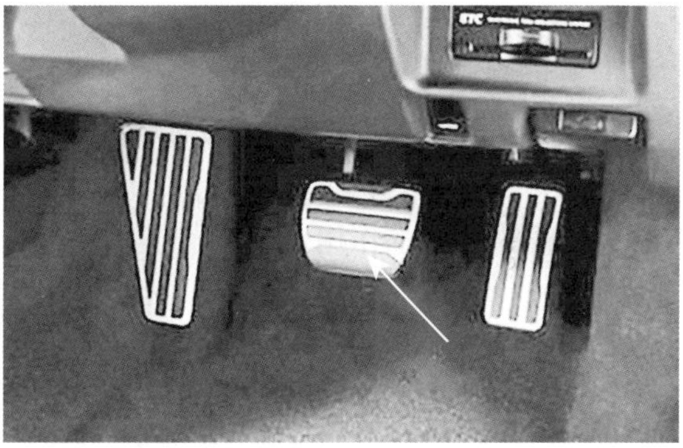

图 7-24 制动系统的制动踏板

三、汽车的外衣——车身

汽车车身的作用主要是为驾乘人员遮风挡雨并保护其安全，在空间上构成良好的空气力学环境，使人们在车内感觉到舒适、静谧与安全。好的车身不仅能带来更佳的性能，也能体现出车主的个性。前面，我们已经欣赏了车身的造型，这里，我要向大家介绍它的别一种美——安全。

一提到安全，大家或许都会想到汽车的碰撞或让我们触目惊心的车祸，这就是车身美的另一层含义。目前，汽车车身结构从形式上说，主要分为非承载式和承载式两种，至于今后会不会出现其他另类的车身，我们尚且不知。

非承载式车身的汽车有刚性车架，俗称大梁架，车身悬置于刚性车架上，用弹性元件等连接。刚性车架的振动通过连接弹性元件传递到车身上，大部分的振动被弹性元件等减弱或消除，当车辆发生碰撞时车架能吸收大部分冲击力，因此车辆碰撞时车厢变形小；车辆在不良路面上行驶时对车身起到保护作用，汽车正常行驶时，保证其平稳性和安全性，且车厢内的噪声较低。但是这种配置的车辆，车身一般比较笨重，高速行驶时稳定性较差，见图 7-25。但是，如果大家再看一看长城 H5 车的非承载车身的结构（图 7-26），你又会想到什么呢？是不是坚强、正义的钢铁侠出现在了你的眼前！

图 7–25　长城 H5 非承载式车身

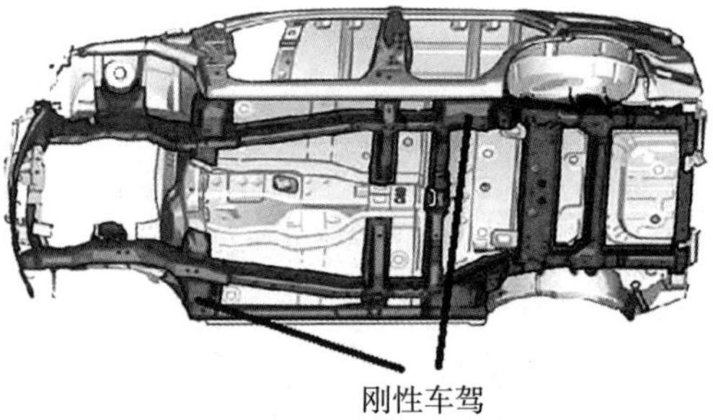

图 7–26　非承载式车身下的车架

承载式车身没有刚性车架，只是在车头、侧围、车尾和底板等部位进行了加强，车身和底架连成一体，共同组成了车身本体的刚性空间，见图 7–27。承载式车身除了其固有的乘载保护功能外，还要直接承受各种力的冲击。这种形式的车身具有较大的抵抗扭转和弯曲的刚度，整体质量小、高度低、整车重心低、装配很简单、高速行驶稳定性较好，碰撞的时候，也会主动通过形状的改变来吸收碰撞过程的能量，起到保护驾乘人员的作用，但缺点是高速行驶时噪声和振动比较大。

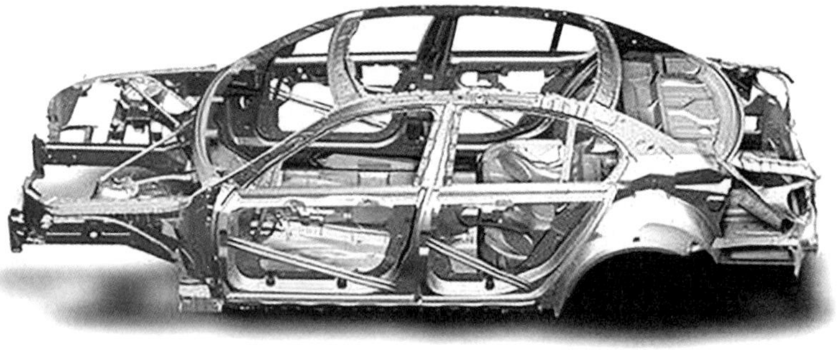

图 7–27　承载式车身

四、汽车上的精灵——电气设备

汽车电气设备与总成主要由蓄电池、发电机、起动机、点火系统、仪表、汽车喇叭、照明装置、车载娱乐系统、刮水器、安全气囊和空调系统等组成。汽车电气设备是汽车的灵魂所在，其性能的优劣直接影响到汽车的各种性能的发挥与匹配。它们就像人的身体一样，有硬件也有软件，是物质与精神的完美结合。例如：为保证汽车工作可靠、行驶安全，各种指示仪表、信号装置和照明灯具、刮水器等电器应正常工作；为保证驾驶者与乘客的舒适性，空调与娱乐系统要正常工作。

此外，在现代汽车上越来越多地装有各种电子设备，比如微处理器、中央计算机系统及各种人工智能装置等，它们与车辆的其他部分完美地组合在了一起。

大家应该知道自动雨刮系统吧。车外下着雨，或淅淅沥沥或大雨滂沱，只见汽车风挡前面的雨刮片一会慢一会快地工作着，保证室内的驾驶员时刻有最好的视野。

图 7-28 所示为整车内部电气设备的示意图，也就是我所说的“精灵”，这些设备只不过是汽车上必须有的一部分。还有很多类似的设备，我们将在汽车技术的学习中，慢慢让大家了解。

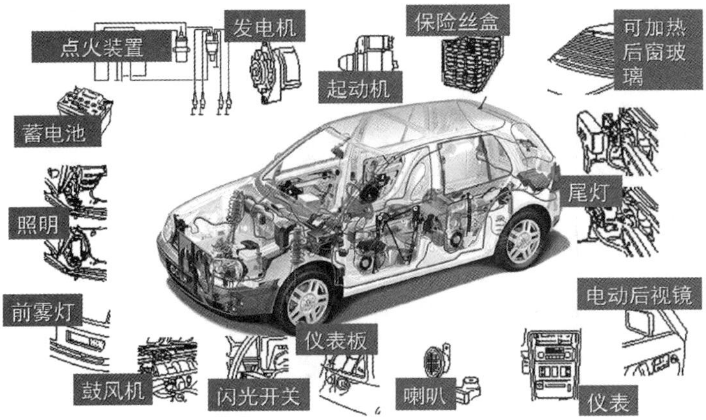

图 7-28 汽车电器设备

第三节 汽车内饰之美

一款好的设计，要基于时代，基于人性。汽车作为人类最好的玩具，更应该内外兼修。俗语说的好：“人靠衣装，马靠鞍装”。汽车的外表固然重要，但其内饰也不能忽略。现代才华横溢的汽车设计师充分认识到了这一点，为我们展示了多样性的、符合我们时代的内饰。

一、汽车的“舵手”——方向盘

奔驰车的方向盘造型一般都比较传统（见图 7-56），给人以大气、沉稳、舒适的感觉。

图 7-29 奔驰 GLK 级 300 中控台

二、汽车内的显示器——仪表

奔驰车的仪表盘的造型虽然是比较传统的圆形（见图 7-57），一般代表着驾驶者中规中矩，但当使用的人看到它时，仍能感觉到它的底蕴与不俗。

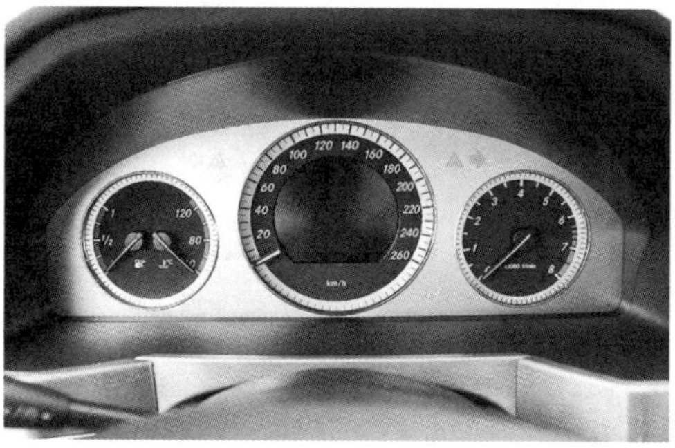

图 7-30　奔驰 GLK 级 300 仪表

三、车中的沙发——座椅

一提到沙发，大家都会想到“美观”“舒适”等字眼。奔驰车的前后排座椅（见图 7-31、7-32）给人直观的感觉就是大气、清爽、舒适。其现代化的简约设计风格，让人过目不忘。

图 7-31　奔驰前排座椅

图 7-32　奔驰后排座椅

第四节　经典名车之美

一、法拉利之美

意大利的赛车之父恩佐·法拉利从小酷爱汽车，于 1929 年创办了法拉利，他曾有句名言：“我最满意的赛车是我还没有造出来的赛车，我最大的成功是我还没有取得的成功。”下面给大家介绍一下法拉利的 LaFerrari 这款车，它于 2013 年 3 月在日内瓦车展首次亮相。

（一）超炫的外观

法拉利设计团队为了表现法拉利的外形与功能之间的完美统一，在 LaFerrari 的造型设计过程中，设计师与工程师协同合作，打造了极具震撼力、创意十足的新车。最为抢眼的就是侧面造型：LaFerrari 设计了一个向下倾斜的尖鼻，还有一个超低的引擎罩，强烈突显车轮拱板，让很多熟悉法拉利的人不禁想起 20 世纪 60 年代后期法拉利原型跑车的造型。

图 7–33　法拉利 LaFerrari 正视图

LaFerrari 的整个车身是经过雕塑工艺处理的，受 F1 赛事的影响，空气动力学设计特性在其车身上彰显无遗。为了提高车速，LaFerrari 前端的扩散器迎风翼片、底盘的导向叶片、后部的扩散器尾翼及车身后部的扰流板都采用了最优主动式空气动力学系统，既可产生所需要的车身下压力，又不会影响车辆的整体风阻系数，其空气阻力系数接近 0.3，达到同类车型的最高水平（见图 7–34）。

图 7–34　法拉利 LaFerrari 侧视图

跑车尾部的夸张造型表现出了其极具运动感的性格，这对于一名赛车手来说，能够充分激发出他驾驶的激情。法拉利 LaFerrari 夸张的打开两门的方式不禁使人相信它能飞起来（见图 7–35）。

图 7–35　车门打开图

法拉利 LaFerrari 尾部独特的造型与排气尾管的布设，会给看过它的人们留下难忘的印象。像炮管的尾管会给人们一种动力充沛的印象（见图 7–36）。

图 7–36　法拉利 LaFerrari 后视图

（二）个性张扬的驾驶舱

法拉利 LaFerrari 驾驶舱的内饰部分也进行了赛车化调整。室内的整个中控台、方向盘、座椅等部分均有所变化（见图 7–37），装配了更多赛车化配件。整体内饰给驾驶者一种强烈的急速狂飙的激情。透过方向盘中间可清晰看见发动机的转速表（见图 7–38），给操作它的驾驶者提供充足的运动信息。

图 7-37　法拉利 LaFerrari 中控台

图 7-38　法拉利 LaFerrari 发动机转速表

（三）出于赛车手的杰作

LaFerrari 车内的中心部件当然是最新设计的方向盘，它集多种功能于一身，配有符合人体工程学的加长了的换挡拨片，更利于赛车手的操作。当时，法拉利 F1 车队两位现役车手费尔南多·阿隆索（Fernando Alonso Diaz）和菲利普·马萨（Felipe Massa）对法拉利 LaFerrari 的建议有助于其设计风格的改进。驾驶者的固定式座椅经过特别定制，脚踏板区和方向盘均可细微调节，驾驶位置的功能类似于单座赛车的功能。

（四）强悍的发动机

法拉利 LaFerrari 是法拉利历史上制造的第一款采用混合动力技术（HY-KERS）系统的车型，内燃机更是代表了发动机研发领域的巅峰之作，其 6262CC 的 V12 发动机可瞬时输出 800CV 的功率，而最大转速居然可达到 9250rpm，创造了同排量发动机的转速纪录。此外，这款发动机具有 13.5 ∶ 1 的超高压缩比，加上电动机的 120kW（163CV），总功率高达 963CV。其加速性能指标也非常令人满意。0—100 km/h 的加速时间为 3 秒，0—200 km/h 的加速时间为 7.2 秒，而 0—300 km/h 的加速时间仅需要短短的 15 秒。LaFerrari 的最高车速超过 350 km/h。

（五）谁与争锋的驾驶乐趣

法拉利 LaFerrari 另一创新领域就是将主动式空气动力学设计和混合动力系统同车载动态控制系统完美地整合。这意味着车辆可以迅速且智能响应驾驶者的各种操控意图，完美融合前所未有的性能表现和无与伦比的驾驶激情。

法拉利 LaFerrari 独有的计算程序使电动机和 V12 发动机得到最优整合，可实现瞬间过渡与响应。过弯的时候，HY-KERS 系统会保持 V12 发动机的高转速，确保出弯时的更快加速。

法拉利 LaFerrari 在菲奥拉诺赛道的单圈最快成绩不到 1 分 20 秒，比上一款法拉利 Enzo 整整快了 5 秒钟！因此，LaFerrari 当仁不让地成为了马拉内罗有史以来最快的公路跑车。

二、兰博基尼之美

兰博基尼，又称林宝坚尼（粤港地区），或蓝宝坚尼、蓝宝基尼（台湾地区），是全球顶级跑车制造商及欧洲奢侈品标志之一，公司坐落于意大利的圣亚加塔·波隆尼，由费鲁吉欧·兰博基尼（Ferruico Lamborghini）在 1963 年创立的。

Aventador LP700-4 是兰博基尼旗下的旗舰超级跑车，在 2011 年日内瓦车展上正式亮相。该敞篷版车型于 2013 年 2 月进入了我国，售价为 739 万元。

（一）夺人眼球的车身

第一眼看到 Aventador 的尾部，只能用毛骨悚然来形容，整体造型更像一只变异后的甲虫，在视觉上便能杀死不少人（见图 7-39、7-40）。车身方面，新车采用全新设计的空气动力学套件，前后保险杠的设计风格十分激进，尾部的下扩散器造型夸张，整车的视觉冲击力更强。

图 7-39　Aventador LP700-4 后侧视图

图 7-40　Aventador LP700-4 前侧视图

其次，全车上下布满棱角分明的线条，在车头和车尾的布置上更是充满前卫的设计风格。进气孔道与排气孔道除了帮助发动机以及刹车系统散热之外，也成为了 LP700-4 形象的特征。在夜晚，尾部的制动灯像两柄利剑一样，指向两旁（见图 7-41）；又似排列在一起飞行的三架飞机，让人不自觉地感受到它的速度感，霸气十足！

图 7-41　Aventador LP700-4 尾部

（二）夸张醒目的内饰

Aventador LP700-4 车内采用了高质量的用料，展现出了意大利的风格，车内的丰富配置与尖端科技进行了完美的结合，真皮方向盘上安装了很多快捷操作键和类似游戏中的拨片。极为夸张的仪表科幻感很强，中央大大的转速表可根据个人的需求，改换成车速表（见图 7-42）。

图 7-42 Aventador LP700-4 仪表

Aventador LP700-4 内饰的设计主轴是斜倾的中控台，并将当代最新的卫星导航、影音系统、通讯系统整合在了一起（见图 7-43）。中央最醒目的红色按钮是起动 V12 发动机的开关，其他各项精心设计的控制按钮，让驾驶者有一种在操控一台战斗机的感觉。

其内饰主要材质是真皮，加上经得起推敲的制作工艺，代表了 Aventador LP700-4 与众不同的身份。

图 7-43 Aventador LP700-4 驾驶员方向的中控台

（三）碳纤维打造的一体成型车舱

Aventador LP 700-4 是一款动感十足的低矮车身跑车，当其运动起来时，会让驾驶者享受如同贴地飞行般的驾驶体验。更值得注意的是，LP700-4 的车体部分采用了当前车身最流行的高端技术——碳纤维，由碳纤维设计的一体成型驾驶舱不仅具备了出色的轻量化特点，也拥有了一流的车身被动安全性。

（四）充沛的动力与传动机构

在动力方面，Aventador LP700-4 本车配备了全新研发的 V12 发动机，在自然进气的前提下，可在 8250rpm 处发出 700 匹最大马力，在转速 5500rpm 时出现最大扭矩 690 牛米。

在变速箱方面，应用了全新 ISR（Independent Shifting Rods）自手排变速系统，它能够以快到 50 毫秒的速度完成换档操作，为驾驶者带来极为激情的驾驭快感。

另外，加上碳纤维车身，铝合金前后悬吊等结构以后，整车的车重仅有 1500 公斤左右，使得 LP700-4 能在 2.9 秒完成 0—100km/h 的提速，极速更达到 350 km/h。

（五）完备的控制系统

Aventador LP700-4 是一款全时四驱跑车，其上配备了电子助力转向、电子驻车制动、7 挡自动变速器、无钥匙启动系统、动态稳定控制系统（ESP）、前大灯自动开闭与自动清洗功能、上坡辅助系统等，前后悬挂是横向推杆水平悬挂，这些配置很适合非专业的车手操控。

三、宾利之美

宾利是一家发迹于英国的豪华房车和 GT 车的制造商，是由沃尔特·欧文·宾利在 1919 年 7 月于英格兰创立的。

宾利曾经有这样的一个动人故事：20 世纪 50 年代，有这样一位美国人，他经过努力终于拥有了梦寐以求的宾利车，每天他都把爱车打理得干干净净。他开着它四处度假，闲暇时常与它“聊天谈心”，把它当成了自己的一个朋友。在这位美国人 80 多岁时，他已经无力每天保养好爱车，为了给他的知心朋友找一个“温暖的家”，他把爱车捐回给了创造它的宾利公司，让它回到了“妈妈”身边接受精心的照顾。宾利公司把这辆有着特殊意义的车陈列在了它的博物馆里，继续展示它的风采，延续它的生命。那位美国人由于没有爱车陪伴，在他过当年的圣诞节时，还不远万里，给英国的宾利寄了一张圣诞卡，上面写着：“亲爱的宾利，圣诞快乐……”这份爱，令人感动！

在 2014 广州国际车展上，宾利公司带来了一款慕尚极致版车型——慕尚 Speed，此款车是在巴黎车展上首发，此次则是在中国的第一次亮相，下面就让我们一起来欣赏一下它的美艳之处。

（一）非常自信的外表

初见慕尚，它身上散发出的那种淡雅、自信及奢华的气息，深深感染着每一位观众，同时它又体现了宾利的赛车传统，继承了 1950 年宾利 S 型的设计，采用了强劲而独特的前脸，保留了格栅圆顶和圆形车灯这两大宾利的独有标志（见图 7–44），飞翔的字母 B 车标在阳光的反射下熠熠生辉（见图 7–45）。

图 7–44　宾利慕尚正视图

慕尚的车身整体腰线均匀，舒畅地延展至车辆后部，并在车辆后门处上挑，给予观赏者视觉上的冲击，顿显车辆设计力量感之所在（见图 7–45）。后风挡完全嵌入车身之中，配合造型精美的 D 柱，以及前悬短而后悬长的设计风格。设计独特的 20 英寸轮毂（可选 21 英寸）等外观设计都彰显了浓郁的英伦古典韵味，使车辆无论从空间还是性能上都得到优化（见图 7–46）。

图 7–45　宾利慕尚左侧视图

图 7–46　宾利慕尚左前侧视图

慕尚的后尾灯虽然不是采用了最新的技术，设计也只有浓厚的古典和大气感，没有透露出太多的现代气息，但一点也不失其豪车的霸主地位。车尾处没有过多的线条变化，这种沉稳低调的主设计路线从两侧一直延伸至车尾，给人营造出了强烈的肌肉感和立体感（见图 7–47）。

图 7–47　宾利慕尚左后侧视图

（二）来自英格兰的风格

在内部装饰上，慕尚延续了宾利传统的风格，配色上深下浅，细腻均称的菱形缝线的座椅和门板让慕尚车有了明显的地位感（见图 7–48）。细节之处见精华，稳重之处见大气。宾利慕尚车钥匙上的徽标代表其不菲的身价，深色与浅色的搭配，体现它的与众不同（见图 7–49）。

图 7–48　宾利慕尚驾驶仓

图 7–49　宾利慕尚钥匙

精湛的手工工艺在整车内部装饰上表现得淋漓尽致。任何细小之处均为全手工缝制，无不体现了它的完美（见图 7–50）。

图 7–50　宾利慕尚中控台

英式圆形的小仪表盘显示了它的传统（见图 7-51），踏脚旁边的亮色体现了它的精致，使人一进入驾驶仓，就明显感觉到了它的“气场”！

图 7-51　宾利慕尚中控小仪表

宾利慕尚首席内饰设计师罗宾·培治（Robin Page）说过：“传承并不代表守旧，我们要记得现代技术是如何运用了传统材质和手工技艺的。”慕尚内饰中的不间断的环形木饰设计，是使用了整块木材嵌入车厢内壁环绕，木纹要讲求对称性，显示出了宾利的优雅气质。加上各种照明工具，并配合不同的座椅，让车的主人得以拥有鲜明个人风格的私享空间。

宾利车内饰的选料豪华与做工精细是非常出名的，内饰中的每一个细节都力求完美无暇。最考究的是手工缝制的真皮内饰以及木质饰板。内饰所选用的皮料全部选用斯堪的纳维亚半岛的纯牛皮，那里的牛皮质地细腻且没有斑痕。在慕尚轿车上消耗的牛皮最多达到 27 张，工人缝制时间超过 150 个小时，单单方向盘蒙皮就需要一个熟练缝制工用时 15 个小时制成，而那些坐垫则由年轻女工们精心缝制（见图 7-52）。

图 7-52　宾利慕尚驾驶座椅

进入驾驶室内的人，都会十分喜欢慕尚的挡把（见图 7-53）。它外观设计充满着艺术感，大范围柔软真皮包裹的挡杆、冰冷的金属挡头使其拥有着无与伦比的手感。

日常经常使用的功能基本上在方向盘上都能找到，多媒体控制、蓝牙电话等常用功能操作起来会更加便捷。无钥匙进入与启动系统方便了驾驶员开车前的一些细节工作。该车配备了上坡起步辅助控制系统，此系统能够在坡道起步时起到辅助控制，防止车辆向后下滑的作用，所以驾驶员进行坡道起步时，可以从容在制动踏板至油门踏板间进行切换，轻松驾车。

图 7-53　宾利慕尚变速挡把

作为一款顶级豪华车，车内配置奢华是必然的，而且舒适性也应该是顶级的。慕尚的高级真皮座椅集成了多方向调节、加热、通风和按摩等功能，而且包裹性极佳，并在驾驶室内增加了移动式 Wi-Fi 热点以及后排小桌板（见图 7-54），小桌板打开后可见内置 iPad 和无线键盘。它的座椅就像是一张高级真皮按摩椅，众多的调节功能让任何身材的人都可以找到一个舒适的坐姿。

图 7-54　宾利慕尚后排小桌

（三）慕尚的乘员特色区

后排的乘客同样可以享受到奢华的尊贵体验。腿部空间一点都不受约束，方便的控制区域也可让你单独享受那份悠然（见图 7-55）。

图 7–55　宾利慕尚后排座椅空间

能把慕尚的空间舒适性完全展现出来的地方是它的后排座椅，尤其是右后排位置。前排座位的豪华和舒适性驾驶者会深有体会，而后排座椅更是高一级的享受。除了拥有前排座椅的功能外，后排座椅还有独立的空调控制、独立的多媒体娱乐设备，而且右后座乘客还可以对前面的座椅进行独立的调节，尊贵的身份得到更充分的体现，这也是顶级豪华车一贯的做法。此外，后排还配备车载电话。

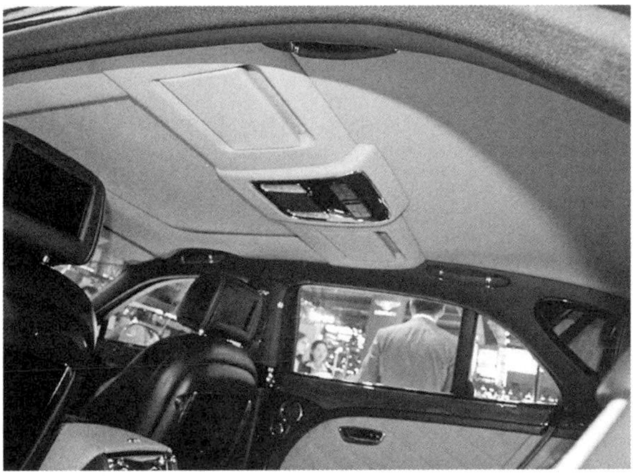

图 7–56　宾利慕尚后排座椅头部空间

（四）肌肉感十足的发动机

搭载 6.75L 的 V8 涡轮增压发动机是慕尚的一个主要特点，相比宾利普通版的车型有所升级，最大功率输出为 513ps/4200rpm，峰值扭矩为 1100 牛米，官方公布的该车 0—100km/h 的加速时间为 4.9 秒，极速为 305km/h。此外，这台发动机还拥有气缸钝化技术，能够根据需求只运行 4 个气缸，借助中断燃料供应使耗油量降低了 15%，同时减少二氧化碳排放量，非常符合当今人们的环保要求。传动系统匹配的是来自于 ZF 的 8 速自动变速箱，其还拥有 S 挡（运动挡），能够提供更好的发动机响应。

讨论与思考

1. 为什么遵循“黄金分割”这一原则的构图形式被认为是“和谐”的呢？
2. 你喜欢书中哪一款“概念车”呢？说一说为什么？
3. 除了书中提到的汽车内部构造之美之外，你还能说出哪些呢？
4. 每天坐车出行的时候，你能准确判断出汽车车身结构形式吗？
5. 法拉利 LaFerrari 的上翻式车门，你如何评价它？
6. 什么是多功能方向盘？你在宾利慕尚 Speed 车型的方向盘上都能找到哪些功能？

第八章　汽车之思考：汽车与人类生存发展

【学习目标】

1. 建立人车和谐发展的概念。

2. 能列举出造成道路交通事故的主要因素。

3. 了解各国政府为了汽车节能减排而采取的主要措施。

4. 了解 PM、NOx、O_3 等车辆排放污染物对人体的危害。

【教学提示】

1. 引导建立人和车相互密不可分、互相影响、互相依存的概念。

2. 引用大量实例来分析影响道路交通安全的主要因素。

3. 通过我国地方政府采取的一系列措施来分析地方政府如何引导各地汽车行业的发展方向。

4. 列举出欧盟、美国和中国对汽车能耗和污染物排放的相关政策和规定来系统分析各国对汽车节能减排采取的措施。

5. 掌握 PM2.5 的定义。

6. 从化学和生物学角度分析车辆排放污染物对人体和环境造成的危害。

截至 2020 年，全球在用汽车的总保有量已达 14.91 亿辆，中国增速为世界第一。随着在用车辆数量的不断增长，城市密集人口地区，越来越多的人直接或者间接地参与到和车相关的环境中。汽车的增长导致了诸多问题的发生，比如在用汽车数量的暴增导致的拥堵、乱停车等交通问题；各种人为或者客观原因导致的汽车安全事故；汽车排放的各类污染物对人类生存环境和人体健康的影响；汽车消耗的能源与可持续发展的问题等等。

第一节　汽车与交通

快速增长的中国汽车市场成为全球汽车保有量的重要增长部分。2020 年中国汽车保有量达 2.81 亿辆，较 2019 年增加了 0.21 亿辆，同比增长 8.08%。中国汽车产业的快速发展带给了使用者用车的舒适和便利，同时也极大地支持了我国经济的发展。2017年，全国汽车工业总产值就达到8.82万亿元，占全国工业总产值的7.6%；当年，汽车工业增加值占全国GDP的比重约为1.66%。

然而对于大城市的人们来说，相对高的收入和相对广的活动范围都导致了对汽车的需求，再加上人口基数本身就大，如果不加以控制，汽车的保有量增长速度甚至会造成灾难。表8-1为2020年全国前十大汽车保有量城市，这还是在当时北京、上海、深圳等城市先后采取限牌措施后的结果。当一个又一个的城市因为交通、环境及其他配套设施无法承受激增的车辆时，政府则不得不采取限牌的措施来强制限制汽车保有量的增长，这时政府肯定不认为车越多越好。当车主开着车，焦急地一步步在拥挤的车流中往前龟速挪动时，也都在考虑一个问题：怎么这么多车？我明天还开车么？

表8-1　2020年中国十大汽车保有量城市

排　名	城　市	2020年数量	2019年数量	增量
1	北京	603.2	593.4	9.8
2	成都	545.7	519.5	26.2
3	重庆	504.4	463.3	41.1
4	苏州	443.3	419.3	24.0
5	上海	440.3	415.8	24.5
6	郑州	403.9	3818	22.1
7	西安	373.6	343.0	30.6
8	武汉	366.0	336.8	29.2
9	深圳	353.6	343.4	10.2
10	东莞	341.0	323.7	17.3

一、汽车与拥堵问题

北京王府井一名黑衣男子于2015年3月16日晚7时左右在一家卡地亚表店抢劫了店内11只手表后，拦截一辆出租车逃跑。随后35分钟北京警方就在距事发地不到2公里处将该名男子成功抓获。这是首都北京市中心的下班高峰时间，该男子不出意外地堵在了路上，于是被抓了。因此事，有网友戏称：首都北京的堵车还有防盗功能。这当然只能当作一个笑谈，但也表现了北京人民对于堵车的无奈。

2010年12月23日，北京在当时机动车保有量接近500万辆的情况下，正式公布《北京市小客车数量调控暂行规定》，从而成为国内首个汽车限购的城市。

北京市每年限额增量机动车从2011年的24万个逐年递减到如今的15万个，并有可能继续递减。表8–2是机动车在典型城市城区道路上的行驶工况，即车辆在平时、节假日、早晚高峰、非高峰按照各市的交通流调整因子来覆盖不同的道路类型（高速路、快速路、主干道、次干道）进行持续采样，通过计算得到的行驶工况。从表中可以发现综合各种道路各种工况的条件下机动车在通勤高峰的实际速度低至31km/h以下。可以想见，如果是在市区主干道的高峰时段，车辆的平均速度有多低！图8–1就是“英雄难过梅林关”中堵车的梅林关。

图8–1 拥堵中的深圳梅林关

表8–2 机动车在典型城区道路上的平均行驶速度

城 市	通勤高峰实际速度（km/h）
北京	25.84
重庆	25.27
长春	25.99
贵阳	26.42
上海	25.90
广州	30.94
武汉	27.64
哈尔滨	27.26
昆明	30.25
西安	29.29

数据来源：百度地图2021中国城市通勤高峰交通拥堵榜单。

交通流量突然增大从而超出道路设施正常的容量，此时所引起的交通拥堵称常发性交通拥堵。常发性拥堵相对而言稳定、有规律并且可以预测，此种拥堵最易产生于出行高峰时间，属于周期性拥堵。常发性交通拥堵多由于道路设计交通的容量不足或者交通的需求增长过快等造成，带有较明显的客观性的特征。城市交通拥堵对城市经济和社会的发展造成了极大的影响，已经成为阻碍城市快速健康发展的一大顽疾。

城市交通拥堵大大地降低了社会效率，其对出行人社会生活的影响首先就是出行成本的增加，即出行时间和燃料费用的增加。

其次，出行时间和费用的增加，一定程度上抑制了非必要性出行（上下班等基本出行之外），从而使得人们生活质量下降。

交通拥堵会导致出行人情绪烦躁，影响人们的工作效率和身心健康，比如很多路怒族的出现。

交通拥堵易造成交通事故的频频发生，而使交通阻塞加剧，从而形成恶性循环，造成更严重的经济损失，降低了社会效率。

交通拥挤还破坏了城市环境。机动车保有量的快速增长对环境的污染也在不断增加，汽车尾气污染物排放、加油站油气污染、汽车噪声污染和废旧电池的化学污染等逐步成为城市环境质量恶化的主要来源。

除上述影响外，有时一个常见的拥堵就关系到个别人甚至是多个人的生死和数亿资产的存亡。这对于每天行驶在城市拥挤道路上的救护车的医护人员和有紧急救援任务的消防车上的消防战士来说有着巨大的感触。

北京市一名 50 多岁的骑车人不幸被轧成重伤，救护车路上遇到堵车，无车让路，不到 3 公里的路，足足走了 40 分钟，最终因为时间耽误太久，伤者死在急救车上。我国法律规定，救护车以及救火车在遇见紧急情况下，鸣笛和喊话后，是不需要遵守红绿灯的，并且在通常情况下，任何车辆遇见执行任务的救护车和消防车必须退让。可是这次遇见的不是通常情况，而是北京城每天都能碰到的景象——堵车。任由救护车怎么鸣笛怎么喊话，前面的车就是不动，实际上也是动不了。

而当堵车出现在消防救火的紧急时刻，辄则因为救火延误面临数额巨大的经济损失和人数众多的人员伤亡时，堵车就不仅是堵车了，它造成了极大的社会危害！2008 年上海奉贤区雷盛塑料包装（上海）有限公司塑胶车间发生重大火灾。火灾救援过程造成 3 名消防战士牺牲、9 名消防战士负伤、2000 多平方米厂房全部烧毁。火灾救援中，近 50 辆消防车、300 多名消防官兵参与抢险，但整个救援过程，最大的问题就是奉浦大桥发生的堵车。“至少有几十辆消防车被堵在大桥上，虽然警笛长鸣，但前方车辆不肯相让，拖延了整个支援。”

二、汽车保有量增大引起的其他不便

伴随着我国各地汽车保有量的急剧增长，城市的硬件配套难以跟上。其中表现最为突出的是停车位的缺乏。从全国范围来看，快速增长的车辆保有量远超出现有城市道路及停车场所能承受的最大负荷。据 2015 年 9 月国家发展和改革委员会副主任连维良所说，目前我国各类停车位缺口超过 5000 万个，而深圳市交警部门估计深圳停车位大概有 99 万个，而缺口达到 200 万个。停车的管理涉及公安、市政、城管、环保、物价、工商、税务等多个部门，其管理水平直接与各大城市的综合管理能力有关。

停车位的缺乏再加上部分车主素质不够高导致车辆乱停，从而给其他人的生活带来了诸多不便，有时甚至带来了严重的安全隐患。图 8–2 中，车辆停放在道路的公交站台前后，公交车无法进站，乘客只能跑到路中央上下。图 8–3 中，车辆停放在人行道上，车辆有地乘凉，而行人只能在机动车道上靠边小心行走。而图 8–4 中，车主直接将车辆停放在小区消防通道上。

图 8–2　小车停在公交站台

图 8–3　车辆停在人行道上

消防通道是保证消防车辆能够迅速到达火灾现场正常出入的道路，也是被困人员迅速安全逃离火灾现场的生命通道。消防车的宽度一般在 2.9 米左右，由于转弯时需要较大的转弯半径，所以我国规定消防通道的宽度必须在 4 米以上，而对于一些专门处置高层火灾的登高和高喷消防车，消防通道的宽度要求在 6 米以上。随着小区私家车的数量越来越多，随之带来停车位数量的严重缺乏的问题。因为没有足够的车位，于是很多业主直接停在消防通道上，剩余的空余路面上连两车交会错车都很困难，一旦火灾发生，被占用的消防通道给消防官兵救火带来了巨大的障碍。

图 8–4　车辆停在消防通道上

三、政府应对措施

针对越来越大的汽车保有量带来的城市拥堵和城市大气环境的恶化，地方政府采取各项措施来治理汽车保有量急剧增长带来的后遗症。一般政府采用以下一点或者几点。

1. 限牌。截止到 2015 年 4 月，全国先后有 8 个城市实行限牌来控制城市汽车保有量的增长。最先实行限牌的是上海。1994 年上海借用新加坡的拍卖模式，对私家车牌照实行有底价、不公开拍卖的政策。参拍者凭着拍卖中标后获得的额度，可以去车管所为自己购买的车辆上牌。此种方式称为“竞拍”。全国第二个实行限牌的城市是北京。2010 年 12 月 23 日北京市政府以政府令的形式发布了《北京市小客车数量调控暂行规定》。规定指出，小客车配置指标将以摇号方式来无偿分配。北京市政府确定 2011 年度小客车总量额度指标为 24 万个，此数目以后每年递减。规定自发布之日起实行。此种方式称为“摇号”。而后面的贵阳、广州、石家庄、天津、杭州和深圳先后实施限牌政策，大部分采用的是“摇号 + 竞拍”政策。这种方式虽然简单粗暴，却也是目前为止最为有效的控制机动车增长、缓解城市交通压力的方式。

2. 限行。比起限牌，限行的实施方法更为多种多样，也为更多的城市所采用。为治理交通拥堵，各大城市一般采取两种限行措施：外地车限行；本地车尾号限行。一般的限行是针对特别时段的特别区域。截至 2020 年，北京、杭州、天津、广州、上海、深圳、海南等城市执行了外地车限行措施；成都、贵阳、南昌等城市实施常态化的汽车尾号限行政策。除此之外，为了应对突发事件，有时还会采取临时限行等措施。采取限行来治疗城市拥堵，取得的效果是迅速且明显的，但是也不是长远的。就北京来说，08 年实施尾号限行的初期，四环减堵效果最为明显，市区没有较大幅度的拥堵集中路段。但北京市交管局相关信息显示，正式实施尾号限行 40 多日后，与上月尾号限行新政启动之初相比，其缓解拥堵的效果正在减弱。而 3 年之后再看限行效果，即使沿用尾号限行策略，交通流量也超过了限行前。

3. 经济杠杆。经济杠杆包括高额停车费和道路拥挤收费等。道路拥堵费是指对行驶于拥挤道路或高峰路段的车辆征收一定数量的额外费用，国外称为拥挤通行费。收取该费用的目的是利用价格机制，来引导交通需求，从而抑制交通出行的产生，以此来缓解交通拥堵。新加坡等城市实例表明，“道路拥挤通行费是一种行之有效的交通管理政策和措施”。周珂教授说：“但这种办法如果要在北京来运用，还需进行大量论证和探索，最为关键的是如何合理确定拥挤收费的体系，包括确定收费对象、收费区域、收费费率和收费方式等。”

党的二十大报告指出，加快建设交通强国。优化基础设施布局、结构、功能和系统集成，构建现代化基础设施体系。治理城市的拥堵，除了政府用行政手段强制限制汽车新增数量并辅以经济手段外，更应结合国外大城市好的经验，大力发展公共交通，合理设计城市道路，合理设置城市轨道交通接驳停车、公交线路和站点，科学规划公交线路站点和线路辅助以城市智能交通管理等手段。

第二节 汽车与安全

随着人类活动范围的越来越大，汽车成为很多人必不可少的出行工具。但汽车在给人提供便利的同时，随之产生的安全问题直接导致了人们生命财产的损失。不管科技多么进步，不管道路设施多么完善，不管法制法规多么健全，交通事故的发生总也无法杜绝。据国家公安部统计，2019 年中国道路交通发生数量为 24.8 万起，交通事故直接财产损失为 13.46 亿元，2019 年中国交通事故死亡人数为 62763 人，中国交通事故受伤人数为 256101 人。全国平均每天因为道路交通事故死亡的有 171 人！

美国国家地理频道的《重返危机现场》（*Seconds From Disaster*）第一季第二集播出了一个交通事故：勃朗峰隧道大火。勃朗峰隧道位于法、意边境，在阿尔卑斯山的最高峰——勃朗峰下，连接着法国和意大利，长达 11.6 公里。隧道建好之前，司机们需要在蜿蜒的山路上绕行 7 小时，隧道通车后只需走 15 分钟就可以了。这条隧道成为意法之间的主要通道，每天都有近 5000 辆车从这里通过。该隧道的长度和安全设置在当时世界排行中均名列前茅。

1999 年 3 月 24 日上午，一辆满载面粉和黄油的比利时卡车进入隧道后不久失火。但这辆卡车并没有停下来，它继续行驶到隧道中部，火势很快殃及前后车辆。随后隧道内布满浓烟并传出了数声爆炸声。隧道大火燃烧产生的巨大热量使这条隧道混凝土全部沙化，路面沥青全被烧成泡沫翻腾状的粘稠浆体。事后，意法两国消防队员从隧道火场共清理出 41 具尸体。图 8-5、8-6 为勃朗峰隧道大火烧过之后的卡车残骸。

图 8-5 勃朗峰隧道大火烧过之后的卡车

图 8-6 大火高温造成隧道混凝土穹隆

调查发现：火灾中比利时卡车上装载的九吨黄油是造成如此严重火灾的关键。

火灾起因是司机的烟蒂引燃了汽车的空气滤清器，进一步点燃了冷冻车里的聚苯乙烯（隔热材料），产生高温并融化了车里装载的黄油，它们燃烧并放出大量热能，使火势发展到了不可收拾的地步。

交通事故每年每月每日都在全球各个地区上演着，有的是人为的，也有其他原因造成的。大事故引起人身伤亡和巨大财产损失，报导于当地新闻，引起当地读者的一声唏嘘，带给当事人及其亲属的则是几年甚至几十年的痛苦；小事故虽对相关人员造成的伤害较小，但对于个体而言，也是不小的损失。

世界卫生组织（世卫组织）《2018 年全球道路安全现状报告》指出，道路交通死亡人数继续攀升，每年死亡 135 万人。该报告强调，道路交通伤害如今是 5 至 29 岁儿童和年轻人的主要杀手。

世卫组织《2018 年全球道路安全现状报告》指出，近年来，尽管死亡总人数在上升，但相对于世界人口规模的死亡率保持稳定。这表明一些中、高收入国家目前在道路安全方面作出的努力使情况得以缓解。

世界道路死亡人数有超过 90% 发生在中低收入国家，而这些国家车辆的保有量还不到全球车辆保有量的一半。在中低收入国家中，较大比例的道路伤害受害者是道路使用者中较为弱势的一方，如行人或骑自行车者。全球道路交通死亡者中约有一半是行人和骑自行车或摩托车者。

在我国 20 世纪 50、60 年代每年因道路交通事故而死亡的人数在几百至几千人，到 70 年代这一数字发展至 1 万至 2 万人。随后随着我国经济发展和汽车保有量的不断增加，道路交通事故死亡人数急剧上升。2004—2006 年全国公路部门共投入资金近 90 亿元用于安保工程，因而从 2004 年开始我国道路交通事故又开始呈现下降趋势。我国与其他道路安全状况较好的国家相比，具有道路交通事故死亡人数多、高速公路事故率大大高于普通公路等特点，以及事故总数虽有所减少，但危害依旧很大的特点。

道路交通系统是一个由人、车、路、环境构成的动态系统。人、车、路（整个环境）被称为道路交通系统的三要素。三要素必须协调地运动，才能达到整个道路交通系统安全、快速、经济、舒适的要求。正是交通系统三要素的不协调，才导致了交通事故的发生。根据国外学者的研究，导致交通事故的原因中与人有关的原因占 93%—94%，与车有关的原因占 8%—12%，与道路有关的原因大约占 28%—34%。这表明人是导致交通事故的关键因素。

我国近年来的事故统计分析显示，造成交通事故的主要原因有很多，而机动车驾驶员的违法行为一直占据主导地位。2019 年中国机动车交通事故发展数量为 215009 起，中国道路交通体系在运输能力供给、设施总量规模以及服务质量等方面获得了显著成就，车祸事件数量也在逐年下降。2019 年中国交通事故发生数量中，机动车占比高达 86.8%，交通事故死亡人数逐年下降，但 2019 年中国机动车交通事故死亡人数占比还是较高，为 90.7%，机动车交通事故受伤人数占比 86.4%，机动车交通事故受伤人数为 221309 人，机动车交通事故直接财产损失为 125800.9 万元。

在机动车驾驶员违法行为之中，由于醉酒驾驶、疲劳驾驶而导致的驾驶操作措施不当、疏忽大意以及超速行驶、违反交通规则等人为原因造成的交通事故起数最多。

一、酒驾的危害

公安部统计显示每年全国约发生道路交通事故超过 50 万起，其中，因酒后驾车、醉酒驾驶引发的交通事故占全国道路交通事故总数的 2.32%，造成的死亡人数占总数的 4.37%。

2011 年 5 月 1 日《刑法修正案（八）》和修改后的《道路交通安全法》正式实施，醉驾被认定为危险驾驶罪，醉酒司机将受到刑事处罚。近年来，深圳的醉酒驾驶率及醉驾事故数均呈下降趋势，醉驾查获率按照排查每 1 万部车辆查获醉驾计算，由入刑初 2011 年的 300 宗 / 万辆，到 2016 年的 45.7 宗 / 万辆，降至 2020 年的 6.1 宗 / 万辆，醉驾查获率逐年下降。

2014 年 6 月 21 日凌晨，深圳市南山区龙井路光前村路口发生了一起 6 人当场死亡的特大交通事故。造成此事故的原因经分析是酒驾、超载和路边违停等。

事故车辆在龙井路由西往东行驶中，追尾撞上了停在路边的货车尾部，车头钻进货车底部，事发时货车没有人。事故小汽车惨不忍睹，车头几乎变为一堆烂铁，车顶被夷平全毁。事故现场见图 8-7。

据了解，西丽消防中队官兵在救援时，闻到车内一股刺激的酒精味。事后经交警部门通报，驾驶员为醉驾，其余 5 人为酒驾，据称 6 人从酒吧里出来不久后就撞车了。

有权威的数据调查显示，酒后开车发生事故的可能性是清醒时候的 16 倍。喝酒后的反应时间是清醒时候的 3 倍。酒驾醉驾的的危害有以下几点：

1. 触觉能力降低。由于酒精的麻醉作用，饮酒后驾车人的手、脚的触觉较平时降低，甚至无法正常踩油门、刹车及控制方向盘。

2. 判断能力和操作能力降低。饮酒后，人体对光、声刺激反应时间延长，脑部本能反射动作的时间也延长，感觉器官和运动器官的配合功能如眼、手、脚之间的配合发生障碍，从而无法快速准确地判断距离和速度。

图 8-7　深圳南山 621 交通事故现场照

3. 视觉障碍。饮酒后会使视力

暂时受损，视像不稳，辨色能力也会下降，因此不能及时发现或正确领会交通信号、标志和标线。同时饮酒后驾驶员视野大大减小，视像模糊，眼睛对处于视野边缘的危险隐患较难发现，易发生事故。

4. 心理变态。酒精对人的刺激，有时会使人过高地估计自己，对周围人的劝说不愿予以理睬，往往干出一些身不由己，力不从心的事。

5. 疲劳。酒精会麻醉神经，使得司机对外界刺激的反应时间延长、自身条件反射的时间也相应延长，各个器官之间的配合失调或者发生障碍。同时它也会造成司机视觉障碍、视野变窄、视线模糊，从而易发生事故。

酒后驾车害人害己，《中华人民共和国道路交通安全法》规定：在我国饮酒驾驶机动车辆，罚款 1000—2000 元、记 12 分并暂扣驾照 6 个月；饮酒驾驶营运机动车，罚款 5000 元，记 12 分，处以 15 日以下拘留，并且 5 年内不得重新获得驾照。醉酒驾驶机动车辆，吊销驾照，5 年内不得重新获取驾照，经过判决后处以拘役，并处罚金；醉酒驾驶营运机动车辆，吊销驾照，10 年内不得重新获取驾照，终生不得驾驶营运车辆，经过判决后处以拘役，并处罚金。

二、疲劳驾驶的危害

疲劳驾驶极易引起交通事故。疲劳驾驶，是指驾驶人在长时间连续行车后，产生生理机能和心理机能的失调，而在客观上出现驾驶技能下降的现象，一般由于驾驶人睡眠质量差或不足或者连续长时间驾驶车辆而产生。疲劳驾驶会影响到驾驶人的注意力、感官认知、思维判断、运动等诸方面的能力。当驾驶员出现疲劳驾驶而继续驾驶车辆时，会感到注意力不集中、判断能力下降、困倦瞌睡、四肢无力，甚至出现精神恍惚或瞬间记忆消失等精神现象，肢体动作出现动作迟滞、操作停顿等不安全因素，极易引发道路交通事故。因此，各国都严格规定驾驶员严禁疲劳驾驶车辆。我国《道路交通安全法实施条例》中规定：连续驾驶机动车超过 4 小时要停车休息且休息时间不得少于 20 分钟。新颁布的公安部 123 号令规定：连续驾驶机动车超过 4 小时未停车休息或停车休息时间少于 20 分钟的，一次扣 6 分，如果驾驶的是中型以上的载客汽车或者危险物品运输车，一次扣 12 分。

根据我国国家交通部门的相关统计，疲劳驾驶是绝对的头号杀手，每年因疲劳驾驶产生的交通事故造成数十万人的死亡和伤残，为社会带来巨大的损失，给无数家庭带来巨大痛苦！相比超速和酒后开车等显性违法犯罪行为，疲劳驾驶的鉴定和防治都较难解决，且任何驾驶员在任何时间均有可能发生，从而危害更大！

2012 年 8 月 26 日凌晨，陕西省延安市境内包茂高速公路安塞段由北向南 K484+95 米处，发生一起特大交通事故，一辆从呼和浩特市开往西安市的双层卧辅客车在安塞服务区外与一辆刚驶出服务区的装有甲醇的重型罐车发生追尾，引发甲醇泄漏起火，并致两车起火。事故确认共有 36 人死亡，3 人受伤，直接经济损失

3160.6 万元。事故导致客车严重变形，人员疏散困难，加上事故发生正值凌晨，乘客均在熟睡，大量甲醇泄漏，迅速围住客车燃烧，车上乘客逃生机会相当少。大客车的车头在与罐车尾部撞击后已完全变形（见图 8-8），车身在火烧之后已经荡然无存，只剩下一副“车架子”，可以想象事发当时火势的凶猛。

图 8-8　2012.8.26 包茂高速公路陕西延安特别重大道路交通事故

事后，国务院批准成立了包茂高速陕西延安“8·26”特别重大道路交通事故调查组（以下简称事故调查组）。事故调查组聘请了有关专家，并邀请最高人民检察院特派员参加了事故调查工作。经调查认定，包茂高速陕西延安“8·26”特别重大道路交通事故是一起生产安全责任事故。此次事故的直接原因是司机疲劳驾驶。据车载 GPS 卫星定位装置记录，此次事故中，陈强连续驾驶时间达 4 小时 22 分，中途未停车休息，造成驾驶时精力不集中，反应和判断能力下降，未及时发现前方汽车从匝道驶入高速公路且违法低速行使的险情，未能采取安全、有效的避让措施，导致事故发生。根据事后实验，大客车驾驶人有足够的时间发现前方罐车，如能采取有效的避险措施，可以避免事故的发生。

疲劳驾驶给红眼卧铺带来的伤害最大。红眼卧铺一般夕发朝至，每辆车乘坐人数多，行驶距离长，行驶时间多是晚上，司机较容易疲劳从而易发生交通事故。且乘客多半处于睡眠之中，当事故发生时，应对缓慢。据数据统计分析，从 2012 年 3 月至当年 8 月 26 日包茂高速特别重大道路交通事故事发期间，全国共发生 6 起双层卧铺客车事故，共导致 140 名乘客死亡。卧铺客车造成的伤亡一般比较惨重。

国家有关部门自 2012 年陕西延安“8·26”特大交通事故之后，就要求停产双层卧铺客车产品，并要求停运红眼卧铺。但自从 1989 年中国第一批长途卧铺客车在扬州客车厂应客户要求改装并上市以来，这类车辆为改革开放初期一大批涌入外地打工的外来务工人员提供了便宜且便捷的服务。据 2011 年 9 月工信部牵头全国其他各相关部委进行专项调查的数据显示，中国长途卧铺客车一直保持着每年近 2 亿人次的客运量，且服务对象 60% 以上是农民工及个体从业者等中低收入人群。以 2012 年 8 月 26 日的陕西延安特大交通事故为例，这辆从呼和浩特开往西安的卧铺客车票价全价为 188 元，下午 16：10 分发车，次日临晨即可到达。同样从呼和浩特开往西安的火车硬座票为 180 元，硬卧 248 元，机票全价则为 825 元。夕发朝至的卧铺客车不仅可以让乘客睡到目的地，汽车客运站在城市中的分布也较火车站更为广泛，从而省了部分转车换乘环节，乘客的旅途也变得较为轻松。

三、超速超载的危害

（一）超速的危害

2015 年《中华人民共和国刑法修正案（九）》（简称为《刑九》）审核通过，于 2015 年 11 月 1 日起正式施行。《刑九》第八条中明确规定，将刑法第一百三十三条之一修改为：在道路上驾驶机动车，有下列情形之一的，处拘役，并处罚金。“从事校车业务或者旅客运输，严重超过额定乘员载客，或者严重超过规定时速行驶的”被列入其中。

道路设计部门根据道路等级、道路的技术状况、道路的所属环境等设计了各类车在此道路上的最高、最低限速。当不在此速度范围内行驶时，较容易发生道路交通事故，其中超速引起的交通事故占多数。车辆超速的危害主要有以下几点：①超速使驾驶员对车辆驾驶操作频繁，驾驶人的反应时间减少，发生交通事故的几率增加；②超速易使驾驶员长时间紧张，长期超速行驶，容易出现驾驶疲劳，操作失误，从而酿成事故；③超速使驾驶员视野狭窄，对速度、路况的判断力减弱，增加事故发生几率；④超速使车辆制动停车距离加长、冲击力加大，从而更容易发生交通事故，而发生交通事故的危害性也更大。因此，驾驶员在行车过程中，要严格遵守相应道路的限速规定。在容易发生道路交通事故危险的路段，以及在行程时遇有沙尘、冰、雪、雨、雾等恶劣气象条件时，应降低速度行驶。

图 8-9　深圳市 5.26 滨海大道飙车现场事故图片

据天津市 2014 年交管部门统计，2014 年上半年天津市高速公路发生的小客车交通事故中，超六成涉及超速违法。深圳市“5 · 26”滨海大道飙车案，时至今日还令人记忆深刻。2012 年 5 月 26 日凌晨，侯培庆在酒后驾驶未悬挂车辆号牌的红色日产 GT-R 跑车搭载另外 3 人回家，在福华路与民田路交叉路口闯红灯后，在途经福田区滨海大道侨城东立交桥由东往西方向路段时严重超速，在行驶过程中该车失控，车头右侧撞到前方蓝色电动出租车的车尾左侧，出租车被撞后车尾继而与绿化带上的大树发生碰撞后起火。同时，另一辆红色桑塔纳出租车为避让失控的红色跑车，车头与道路中间绿化隔离带相撞后翻车。事故造成蓝色电动出租车驾驶人和该车上 2 名乘客共 3 人当场死亡，红色跑车上 3 名乘客受伤，3 辆车严重损坏。事故现场如图 8-9。

（二）超载的危害

超载是指交通运输工具的实际装载量超过核定的最大容许限度。货运车辆超载通常是指货运机动车运输的货物重量超过货运机动车的装载能力。客运车辆超载是指机动车上的乘客超过额定载客人数。

我国《公路法》及《超限运输车辆行驶公路管理规定》都严禁车辆超载。运输专业户由于受利益的驱动，车辆超载现象屡禁不止。超限超载运输被称为头号“公路杀手”和“事故元凶”。公路超载运输危害极大，主要有以下两个方面。

1. 超载严重破坏公路设施，增加了国家公路维护费用，大大缩短了公路使用寿命。

货车超限运输对公路的危害非常大，设计为20年寿命的公路，为何常常不到4年就要重新翻修？据专家介绍，随着车辆超限重量的增加，其对路面的损害是呈几何数增长的。超限10%的货车比正常车辆一次行驶对道路的损坏度增加40%，一辆超限2倍的车辆在公路上行驶一次，对公路的损害相当于不超限车辆行驶16次。司机和车主超限运输每赢利1元钱，就会造成公路被破坏100元的代价。国内某些主要道路，每天高达上万辆超载车辆在路面上行驶，必会造成路面发生结构性的破坏，形成路面诸如网裂、变形、松散、坑槽等病状。国家每年必须投入巨资对道路进行修复，比如国道319线漳州超限运输的路段有80公里长，维修已耗资几千万元，平均每年修复投资上千万元。

图 8–10　因长期超载压坏的路面

此外超载对公路桥梁的安全构成严重威胁。超载车辆大多是私自改装的车辆，使车货总量等指标大大超过了公路桥梁的设计荷载标准。超载车辆的行驶导致了大部分桥梁涵洞出现拱圈开裂、桥墩变形等病状，逐渐导致桥梁结构灾难性的破坏。目前超载货车越超越重，一辆载重量为5吨的货车经常被改造成20吨，甚至30吨来使用，而载重量为15吨的货车则能被改造成近100吨。

图 8–11　2015 粤赣高速广州往河源方向城南出口匝道突然断裂坍塌的事故现场

2015年6月19日凌晨3时40分，粤赣高速北行城南出口匝道桥面发生断裂塌落事故，4辆在匝道桥面上行驶的大货车坠落。该起事故造成 1 人死亡 4 人受伤。

粤赣高速于 2005 年 12 月建成通车，此段匝道桥建桥时间为 2004 年 1 月。此段断裂塌落的匝道桥梁为城南互通往江西方向的出口匝道桥，长度为 130 米，宽度为 8.5 米，桥梁高度为 11.75 米，其中垮塌部分长 75 米。

事故发生后，责任方调查后声明说，桥的设计承载量为 20 级，理论上设计成一台 55 吨的车在通过时，前后 10 米至 15 米可通行两台 20 吨的车；但是现场肇事货车的运货量据估计是 60 吨以上，4 辆货车紧凑运行肯定存在桥梁承重超限现象。

图 8–12　粤赣高速 2014 年货车超载造成的交通事故现场图

2. 超载容易引发道路交通事故。

车辆超载运输使得超载车辆长期处于超负荷状态，从而导致车辆的制动和操作等安全性能迅速下降，具体的表现为转向器轻飘抖动、刹车失灵、轮胎变形爆胎、钢板弹簧折断、半轴断裂等等。据统计，在我国跟载重货车相关的道路交通事故中 80% 以上是由于超限超载运输所造成的。

2014 年 12 月 13 日凌晨，粤赣高速公路北行 30 公里处发生一起 6 车连环相撞的恶性交通事故，事故造成 12 人死亡，3 人受伤。经调查后得知事故起因为货车超载：驾驶人驾驶半挂货车（核定载质量 34 吨，实际装载 56.01 吨，超载 65%）沿粤赣高速公路由南往北行驶至 30 公里路段时，因刹车不及，碰撞并挤压前方遇事故等候通行的 2 台小汽车和 3 台大货车；碰撞挤压过程中，其中一辆小汽车受该半挂货车前部碰撞推移，导致燃油箱脱落、供油管断裂，该小车溢出的汽油被损坏的电线搭铁产生的火花点燃起火燃烧，并致使半挂牵引车等 5 辆车起火燃烧，造成 6 车人员死伤和货物的不同程度损毁。

而客车超载造成的交通事故产生的人员伤亡更加严重，这其中最痛心的莫过于校车超载。

就在全国《校车安全条例（草案）》发布不久，2015 年 1 月 12 日 18 时许，徐州市丰县张后屯村发生一起校车侧翻事故，该事故造成了 15 名学生死亡。事故原因为车辆超载避让一辆电单车而失控侧翻。

为了加强校车管理，我国于 2012 年出台了两项强制性国家标准，并颁布了《校车安全管理条例》以加强校车管理，对校车安全管理提出了针对性的要求，其中包括有：保障就近入学、强化公共交通、细化监管责任等。可从 2015 年 1 月的全国校车事故统计可以看出，校车的安全依然是个很严峻的问题。

为什么出台了政策，还是解决不了校车安全问题？21 世纪教育研究院副院长熊丙奇认为，农村地区学校、幼儿园校车之所以超载，与经费投入不足、压缩校车的成本有关。因此农村地区也是交通事故的频发的重灾区。

他说，这是不得不面对的现实：由于政府教育经费投入不足，导致学校（幼儿园）向地区中心集合，学校布局的不合理，使得学生必须长距离走路（或乘车）上学，又由于政府经费的不足，学校提供接送学生的车况差、平时超载严重——长久如此，出事故是必然的。

同样，货车的超载也和现在国家法律不健全、车辆生产和交通部门以及交通部门内部（交通和车管）极其不配套和不协调有关。这使得货车挂牌难度大、周期长、吨位不符、车型尺寸不符，所以出现许多车辆超载现象。当然，这也意外地给国家多部门（交通，交警，公路，林政，检疫等等）创造了高收入。另一方面，部分货车运输经营者在购置车辆时，为了逃避国家税费，节省购车成本，往往希望购买标定吨位较小，而实际装载量大的车辆。而一些小型汽车制造企业和改装企业为了打开销路，迎合购车者的心理，不顾国家标准，随意生产吨位大车轴小的重型车，伪造车辆型号和技术数据，以谋取不正当的经济利益。这些车企行为阻碍了货物运输车辆向大型化、专业化和高技术方向发展，使得货运车辆生产企业竞争力和经济利益难以提高。

政府应该规范公路货运车辆类型，特别是特种运输车辆的类型；联合各级相关部门加大查处违规企业力度，加强汽车生产各环节的控制管理，禁止非法改装车辆，禁止企业生产违规超限车辆。政府应加快清理整顿货车生产管理目录，杜绝“大吨小标”和倒卖产品合格证等问题。

人的主观因素是指造成交通事故的当事人本身内在的因素，前面所述的酒驾、疲劳驾驶、超速超载等都属于主观因素，事故的发生一般都是由人的主观因素造成的，驾驶员也都比较注意。但有一些交通规则，人们经常表现得不那么重视，而有意无意违反，比如随意变道、不系安全带、闯红灯等。另外人也是个复杂的个体，有时的疏忽大意或者操作不当也会造成重大的交通事故。

各种不遵守交通规则的现象如随意变道、不系安全带、闯红灯、开斗气车等目前还是比较广泛地存在于驾驶者中的，他们或多或少都有各种各样的借口，但有时一些貌似小小的违章经常会造成交通事故的发生，使当事人轻则受伤失财、重则丧命，从而造成重大的人员财产的损失。

2012 年 5 月 12 日凌晨 4 时，一位 31 岁中国籍司机驾驶一辆红色法拉利跑车在新加坡市区一交叉路口超速闯红灯，与绿灯方向行驶的一辆出租车相撞，法拉利车主当场死亡，事故另造成出租车中 52 岁的新加坡籍出租车司机和车内一名日本乘客不治身亡。

由于驾驶者疏忽大意或者操作不当等引发的交通事故也时有发生，造成事故的各样原因都有，比如女司机穿高跟鞋，鞋跟卡在油门处无法踩刹车而造成重大伤亡事故的；比如进停车场拿卡时，车停得太远，拿卡时脚触到油门，将驾驶员卡死的；也有在停车场倒车，结果将旁边的人撞到的；还有车停下来，车内人员开车门出去的时候，车门打开将门外行驶过来的电动车撞翻的，等等。总之，我们在享受车辆带给我们便利的同时，也应该保留一份敬畏之心，严格遵守交通法规，礼貌开车，小心驾驶才能尽可能地减少事故的发生。

四、不按规定运输危险品的危害

危险品运输在我国是特种运输的一种，是一种专门组织相关的技术人员对非常规货物使用特殊车辆进行的运输。通常只有经过国家相关职能部门的严格审核且具有能保证安全运输危险货物的相应设施和相关设备的企业，才能取得危险品运输的资格。我国每年通过公路运输的危险品据统计多达 2 亿多吨 3000 多个品种，其中包括易燃易爆品 1 亿吨以上。国内外相关统计均表明，危险化学品运输事故占所有危险化学品相关事故总数的 30% 到 40%。危险化学品运输事故极易燃烧爆炸、散发有毒有害物质，且危化品运输事故有对社会影响巨大、对周边环境危害严重、相关救援难度大等问题。

由于非法违规运输危险化学品而引发的道路交通安全事故时有发生。2014 年 3 月 1 号下午，晋济高速岩后隧道，一辆货车追尾一辆载有液态甲醇燃料的货车，造成大量甲醇泄漏，爆炸引发隧道内足足 73 小时的大火。这起事故造成了 40 人死亡，12 人受伤，另外滞留在隧道内的 42 辆车全部被烧毁，直接经济损失达 8197 万元。

图 8–13　晋济高速公路山西晋城段岩后隧道“3・1”特别重大道路交通危化品燃爆事故现场

最近几年几乎每年都有由于这类危险货物运输车出现问题，造成的重大交通事故。相关危险化学品运输车辆引发的交通事故每发生一起都让人触目惊心，接二连三的事故背后，一个个违法违规的行为依然在黑暗中运行着。改装、扩容、买证、卖证及违规上牌依然存在于部分唯利润为大的生产企业，存在于某些监管部门的眼皮底下。

五、客观因素

各国统计都表明，交通事故 90% 的原因都归因于驾驶人员，但也有一部分是由于客观因素而导致了交通事故的发生，比如道路、气象等原因；也有可能是车况不佳，比如在行驶，特别是高速行驶过程中当制动、转向失灵，车轮爆胎等情况突然发生时。

（一）道路原因

道路条件只是造成交通事故的很小一部分原因。通常那些明显与道路路面结构、建筑失修，缺少护栏等有联系的事故，才用道路条件不佳来解释。但是交通事故发生时，一般不可能是单一的原因导致的，有时道路本身的技术等级、设施条件等作为构成道路交通的基本要素，在某些情况下，也极有可能成为导致道路交通事故发生的主要因素。

图 8–14 为深圳市塘朗山隧道北口的设计图，由西往南的进入隧道的匝道不仅是南坪快速西段经常堵车的瓶颈，而且由于该高架桥弯道较急，在此处已经发生过多起严重车祸。那么该高架桥为什么事故频发呢？如此弯度是设计有缺陷还是司机超速行驶？多位长期跑该高架桥的货柜车司机均吐槽每次都得很提心吊胆地走这条道。深圳市某货柜车司机表示，自从南坪快速开通后，他们公司从盐田到龙华的货运都是走这条线，但这个高架 90 度的弯道却着实不太好走。货柜车本身货运重量都在 10 吨上下，隧道口前先有一个长下坡，驾驶员即使踩刹车，由于货车自重的惯性仍使得车辆速度加快，驾驶员如果在弯道处控制不好车辆，就极易因为速度过快而侧翻，甚至翻下桥面。货车制动都是牵引型，从前端控制刹车到整车制动需要一定的时间，又由于载重重导致的车身惯性大，全车制动的时间更是比小车要长，再加上货柜车的车长，如果前端紧急刹车，很容易导致车头已经刹住，但车尾却甩尾，再遇上 90 度弯道，如果操控不好，就很容易侧翻（如图 8–15）。

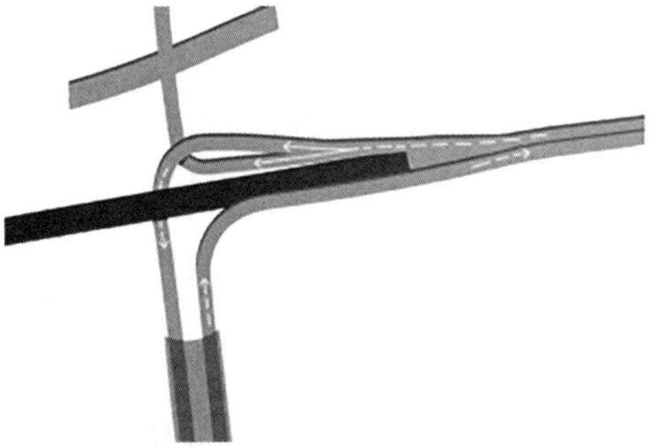

图 8–14　深圳南坪快速塘朗山隧道北口（由西往南）设计图

图 8–15　深圳南坪快速塘朗山隧道北口匝道事故现场

类似因为道路设计缺陷而引发的交通事故在每个城市都有上演，深圳也绝不止南坪快速这一处，这就希望道路设计者在规划设计时，考虑更加全面些，从而减少此类事件的发生。

（二）车况不佳

新车和在用汽车一般都须按照国家规定的时间来进行汽车性能检测，一般是对汽车的动力性、经济性、安全性、舒适性以及环保性能等方面进行检查测试，以便对发现的问题做出及时调整，使汽车保持良好的技术状况，并尽量减少汽车对交通和环境的不利影响。但是汽车的故障有偶发性从而不可避免，当处于行驶过程中，特别是高速行驶时，驾驶员如果应对不得当，极容易产生严重的安全事故。这其中无论小汽车还是大货车，较易在行驶过程中出现故障的是车辆的制动失灵、轮胎爆胎、车辆的转向失灵等动力参与机构的失效等。

2012 年 10 月 17 日晚 9 时，深圳市彩田红荔路口，一辆空载泥头车欲前往福中路建筑工地，在行至彩田红荔路口时，由于刹车失灵导致车辆失控，一路撞向路口斑马线上的行人，造成 4 人死亡，2 人受伤。事故发生后，经查明原因为该肇事车辆制动系统的制动阀少了一个螺丝，无此螺丝堵头导致制动时的高压气泄漏，从而造成刹车失灵。

车辆的偶发故障虽然概率不大，但是在行驶过程中突然出现，往往导致重大交通事故。出车前，对车辆进行安全检查可以大大降低车辆在行驶过程中产生故障的概率。通过安全检查，可以使车辆保持良好的运行状态，避免和减少车辆因机件故障发生交通事故。如果是自己不能解决的情况，赶紧联系专业维修人员进行维修。

六、环境因素

环境因素直接影响着驾驶者的行动，一般分为社会性交通环境和自然环境。

道路上的所有交通参与人员如驾驶员、骑车的人和行人等，他们之间的相互关系直接影响着驾驶员的动作从而直接构成了社会性交通环境。这种环境是由作为交通主体的人所形成的，因而也叫作人的环境。道路上各类人的活动都是运动的，因而也称为动态交通环境。

一般情况下，驾驶员在驾驶车辆的过程中，必须随时观察和预判周边人和车的动作，以为自己的下一刻行动做好准备。比如在车辆过路口和大厦大门的时候，一定要刹车减速，观察四周情况，以防撞到周边道路突然出来的行人和电动车；在车辆停车开门的时候，一定要看后方有无车辆和行人过来，以防后方向前行驶的车辆和行人撞到你打开的车门上等等。作为一个合格的驾驶员，一定要适应所在的社会性交通环境，和谐地和其他驾驶员、骑自行车的人和行人共同在道路上行驶。

相较于复杂的、不可预知的、有人类活动参与的社会性交通环境，自然环境的恶劣变化是可以提前预知的，因此自然环境引发的交通事故如果能引起道路交通管理部门和驾驶者的警觉，采取足够的措施是可以避免的。

雨、雾、冰雪天气公路交通事故率相较于正常天气来说会大大上升，雾天对驾驶员来说是最恶劣的气候条件之一。雾天最容易发生恶性交通事故的主要原因有以下两点：1. 行车能见度下降。雾是一种大自然的常见现象，它可以使光线散射，并能吸收光线使周围景物的亮度下降，从而使得驾驶员无法看清周围的情况。驾驶员对车间距离的掌握、对车间距离的控制，以及辨识道路标志都产生困难，从而极易发生碰撞，特别是雾大时，能见度更低，更易发生事故。2. 路面附着系数下降。水与累积的泥水混合。使得轮胎与路面的附着系数减少，特别是当雾天发生在北方的冬季时，道路表面会形成一层薄冰，轮胎与路面的附着系数下降得更为显著。这样极易导致制动距离延长，出现行驶打滑、制动跑偏等现象。

为保证车辆在雾天的行车安全，驾驶员应注意以下两点：1. 充分利用各种车灯提高能见度。在雾天行车时应保证车辆的挡风玻璃、前照灯和尾灯干净。驾驶员在行车途中打开前后雾灯以增加能见度，保持适当距离顺着车流行驶。2. 适时停靠车辆。当大雾的影响使得驾驶员视距降低到 20 米以下时，驾驶员就无法看清前方的车辆，此时，驾驶员应特别注意自身车辆的防卫措施。较安全的方法是尽快将车辆停到安全处暂避。

我国的东北、西北、华北地区一年有相当长的时间处于寒冷气候。路面常常有积雪，白天气温回升融化积雪，路面潮湿泥泞，晚上气温降低路面又冻结成冰。积雪结冰的路面，路面与轮胎之间的附着系数极小，一般冰路上轮胎附着系数为 0.1，积雪路面上轮胎附着系数为 0.2。车辆在这种路面上的制动距离要数倍于干燥路面。即在同样车速条件下，同样的驾驶者在良好的路面上能实现的安全行车，在这种积雪结冰的恶劣条件下早已酿成了车祸。另外由于轮胎附着系数的下降使得轮胎极易打滑。情况严重的会使得驾驶员无法控制车辆方向，甚至会引起汽车大幅度甩尾甚至翻车。当一车发生车祸时，极易导致后面的车辆紧急刹车或转向从而发生追尾、侧滑或者翻车，而引起连环车祸。通常一起车祸都会伴随多车事故（见图 8-16）。

图 8-16　雪天沈大高速 90 公里路段 40 多起车祸现场图

因此在雪天时行车，应注意：1. 保持匀速行车速度。在积雪结冰路面上行车时，驾驶员应尽量保持匀速行车，尽可能减少因变更车道超车等所需要的车辆急加速。就算要提升车速，也不可加速太猛，一定不能急踩油门。防止车辆驱动轮由于突然加速而打滑，此时若左右轮在急加速中地面摩擦力相对不同则会产生横滑。2. 避免使用紧急制动。积雪结冰路面驾驶员一定要密切观察注意其他车辆的动态，提前预判其他车辆和行人及路面其他情况。增大行车间距，并应控制车辆行驶速度，尽量避免使用紧急制动。

作为一个滨海城市，深圳较多暴雨天气。雨天行车，由于道路条件变差，给安全行车带来很多困难。近几年我国事故处理统计数据表明，雨天发生的交通事故数量高出非雨天 2—3 倍。雨天行车，驾驶员视线和道路条件都比正常情况下要恶劣，给行车安全带来较多困难。暴雨中，能见度极低，驾驶员视线非常不好，此时应打开雾灯，不要轻易变道，加强观察，减速慎行。而暴雨中，路面较滑，制动片和制动盘之间会进水，从而减弱制动力，此时应加大与前车之间的距离。另外因为路面积水，轮胎附着系数降低也容易造成车辆的侧滑、跑偏和甩尾，故降低车速匀速行驶是驾驶员避免上述危险的最好办法。当雨势过大时，驾驶员应果断就近找安全位置停车等候，当天气好转再驾驶。

七、政府应对措施

总之，交通事故的发生是主观因素和客观因素同时发生的结果，也是人（参与当时路面交通活动的人、道路交通安全管理人员等）和物（车辆、天气、道路等环境）共同作用的结果。人类在享受到汽车带给人们“日行千里”的便利的同时，也承担着交通事故带来的生命财产安全的损失。为了避免交通事故的发生，科学家做了许多研究，在交通环境、交通安全法等上面不断地进行完善。因此道路交通安全是一项较为复杂的系统工程，涉及到上述各方面的因素。预防交通事故的发生，一般也应从上述几个方面来分别考虑。

预防交通事故的控制对策应从人、车、道路环境、管理、事故应急机制等几方面考虑：

1. 人的安全化
2. 车辆安全化
3. 道路环境安全化

世界各国在预防交通事故的发生方面都取得了十足的进展。欧盟每 10 年制订一次道路交通安全战略行动计划。美国、澳大利亚、日本、加拿大等发达国家，为了提高道路运输的安全性、降低道路交通事故，均在国家层面出台了相关的文件和计划。如美国的 SAFETEA-LU，即安全、负责、易适应的高效运输公路法；日本的《交通安全综合计划》；加拿大的道路交通安全全民强制性计划等，再配合各级政府部门、安全机构和一些强制性组织地积极参与，均有效地控制了道路交通事故的死亡人数。

第三节 汽车与人类环境

一、机动车排放与温室气体

二氧化碳（CO_2），是造成温室效应的主要气体，会造成全球变暖、极端天气频发，严重威胁人类的生存环境。CO_2 也是传统燃油车燃烧燃料后释放的最多的气体。现在世界各国对 CO_2 减排非常重视，包括 CO_2 排放大户——汽车。汽车 CO_2 减排主要从政府以政策法规强制执行以引导厂家开发新型技术来实现的。因为 CO_2 的产生主要来源于燃料的燃烧，减少 CO_2 排放实际就是节能。

（一）机动车 CO2 减排技术

关于机动车 CO_2 减排的技术有很多，厂家有在传统汽车的基础上进行技术改进以达到节能并减少 CO_2 排放的，也有发展电动汽车技术的。

传统汽车技术改造主要包括以下几个方面。

1. 汽车轻量化

汽车轻量化即在确保汽车原有性能不变或者能提升原有性能的基础上，对汽车减重。当汽车重量减轻时，车辆的惯性减小，车辆加速所需克服的摩擦力和惯性大大减小。有研究得出汽车重量每减少 0.1 吨，百公里油耗即可降低 0.3—0.6L，当车辆的重量降低 10% 时，车辆的燃油效率可提高 6%—8%。因此可见汽车车身轻量化使得汽车的油耗和性能都有大大地提升。

一般汽车轻量化首先倾向于汽车车身材料的轻量化，比如：铝合金或者碳纤维车身、镁合金等材料的运用；另外也包括发动机、变速箱等结构组成上的优化，让组件模块化和关键零件结构优化都可以让汽车轻量化。

2. 发动机技术的革新

一般指重新采用小排量发动机。小排量发动机其排量一般集中在 1.0—1.5L 之间，这种发动机的排量小，油耗比较低；发动机缸体也较小，造价成本也随之降低。发动机的重量大大降低，如果配合涡轮增压技术，小排量发动机的输出动力已经不输于传统大排量发动机了。另外，发动机技术的革新还包括缸内直喷技术的采用。缸内直喷技术是将喷油嘴直接布置在燃烧室内的进排气门之间，该技术让高压燃油直接注入到燃烧室，与传统汽油发动机将汽油喷入到进气歧管的方式不同，该技术让汽油直接喷射在气缸内，从而提高了燃油的燃烧效率。传统自然吸气发动机的燃油燃烧效率大概为 30%。但是对于采用直喷技术的汽油发动机来讲，燃烧效率可以达到 35% 甚至更高。效率明显占优。

3. 插电式和非插电式混合动力汽车的发展

在政府和厂商的大力推动下，通过多年发展，它的技术目前越来越成熟，用户也越来越多地购买混合动力汽车来使用。混合动力车在控制器的控制下使得车辆在内燃机和电动机的理想运行区间运行。插电式混动汽车跟普通混动汽车相比，可以用外部充电装置对车辆电池进行充电，在配置上加大了电池容量和电机功率。这样跟非插电混动车相比，插电式混动汽车的电机参与时间较长，能实现较长距离和高速纯电机驱动，从而可以只靠外部充电来行驶。

4. 变速箱与起停技术上革新

一般包括自动起停技术和变速箱的节油技术。当驾驶员在等红灯或者在面对极为拥堵的路况时，汽车经常停住，而汽车发动机则怠速运行。此时，汽车发动机怠速纯粹是浪费燃料，还产生了相当可观体积的尾气。现在有很多车辆配置发动机起停功能，它在车辆临时停车的时候，发动机自动熄火，而车辆需要继续行驶时，车辆控制系统会自动重新起动发动机。根据停车时间的长短，这项技术可相应降低车辆的油耗及尾气污染物的排放。停车时间越长，起停技术的使用带来的车辆所节省油耗就越多。这项技术只需在传统发动机上植入具有怠速起停功能的加强起动机，并对传统车辆的蓄电池进行优化管理，使车辆在满足怠速停车条件时，发动机完全熄灭，且车辆能满足频繁起动的要求。变速箱省油节能最有效果的技术就是无级变速箱（CVT）的采用。无级变速箱与传统自动变速箱相比，结构简单，体积更小。最主要的是无级变速箱可以使该变速箱的传动比不是固定的几个值，它可以随着车辆的行驶工况来自由改变传动比，可以使得车辆全程无级变速，使车速的变化更加平稳，没有传统变速器换挡时那种“顿”的感觉。因为无级变速箱的档位变换更为精细，可以非常精密地根据车况来不断调整传动比，因此其最大的优点是节能省油，其燃料使用效率比手动变速箱和自动变速箱都要高，能够比传统的自动档车省油 5% 到 15%。而自动变速箱（AT）车辆也从原来的 4 个前进档位发展到某些车的 9 个前进档位，档位变多，节油和平顺性能上也随之不断提升。

纯电动车以电池为能量来源，依靠电机驱动，在运行时没有传统汽车的尾气排放问题。电动汽车以消耗电能取代直接燃烧石油。但在我国，电大多数仍然来自燃煤的热电。所以热电厂由此增加的废气排放要最终归入到电动汽车的排放之中去。从表 8-3 中可以看出，传统汽车与电动汽车在行驶相同距离产生的排放的比较。

表 8-3　传统汽车与纯电动车排放比较（单位：kg/100km）

污染物	传统汽车排放	电动汽车排放
CO	0.0394	0
HC	0.0046	0
NO_x	0.0022	0.041
CO_2	16.85	11.6358

从表中可以看出，电动汽车的能量来源于电，电动汽车行驶过程中所需的电，其产生所需要的排放比行驶相同公里数直接燃烧汽油的汽车直接排放出来的污染物除了 NO_x 外，其余均要少。另外电动汽车与传统汽车相比，在产生的废弃上还有以下优势：

（1）随着更新的技术应用在汽车驱动电池上，电池的充放电效率也更高。随着车辆的控制器和驱动电机技术的不断改进，车辆的能源使用效率也越来越高，单位路程所消耗的电能也越少。电动汽车随着时代的进步和技术的发展，更加节能，对应所需用电更少，电厂对应也排出更少废气。

（2）相较于传统汽车大范围的、分散的、较难控制的污染物排放而言，电动汽车用电来自于发电厂，国家更易于监督、控制和管理。因此集中治理污染物排放的效果更加明显。

（3）随着清洁能源和可再生能源技术（风力、水力、太阳能和核能等）发电的不断发展和扩大应用，燃煤发电的比重越来越小，国家发电产生的大气污染物排放将逐渐减少，间接来讲，电动汽车对环境的排放也进一步减少。

（二）有关 CO_2 减排的政策法规

1. 机动车碳税的收缴

根据 OECD（经济合作与发展组织）统计，OECD 国家交通领域的环境税收入占总环境税收入的 90%，其中包括 64% 的交通燃料税（主要是针对机动车用汽油、柴油等燃料的税费）和 26% 的直接针对机动车的机动车环境税，其他污染税仅占总税收的 10%。机动车环境税分为一次性税收和常规性税收两类，分别是在车辆购置时一次性缴纳的税费和车辆使用时期内每年定时缴纳的税费。

2. 政府政策强制减排

美国、欧洲和中国政府采取了不同的政策和措施来达到同一个目标：机动车的节能减排。一方面用法规限制排放，通过政府强制排放标准，提升整车生产企业的技术研发水平，控制每台车辆的排放水平，降低燃料的消耗，减少尾气污染物的排放。另一方面，采用政策和经济手段，鼓励生产企业和消费者分别在研发、生产和消费等不同的环节来促进节能减排技术的应用。

2015 年 2 月 25 日法国斯特拉斯堡通过了欧洲议会给汽车制造商制定的新一轮节能排放目标。目前欧盟条例规定汽车二氧化碳的平均排放限值为 130g 每公里，而新的欧盟标准规定将在 2021 年将汽车二氧化碳的平均排放降低到了 95g 每公里。实现新的欧盟标准将使得车辆的二氧化碳排放仅为 1990 年的五分之一，从而大大减少了温室气体排放的目标，也起到了节能的效果。

2020 年 9 月 22 日，中国政府在第七十五届联合国大会上提出：“中国将提高国家自主贡献力度，采取更加有力的政策和措施，二氧化碳排放力争于 2030 年前达到峰值，努力争取 2060 年前实现碳中和。”

在 2021 年国务院《政府工作报告》中，李克强总理提出扎实做好碳达峰、碳中

图 8-17　深圳市雾霾前后城市景观对比

和各项工作，制定 2030 年前碳排放达峰行动方案，优化产业结构和能源结构。

二、机动车排放与大气污染

雾霾，是雾和霾的组合词。雾霾常见于城市。中国不少地区将雾并入霾一起作为灾害性天气现象进行预警预报，统称为“雾霾天气”。雾霾是特定气候条件与人类活动相互作用的结果。高密度人口的经济及社会活动必然会排放大量细颗粒物（PM 2.5），一旦排放超过大气循环能力和承载度，细颗粒物浓度将持续积聚，此时如果受静稳天气等影响，极易出现大范围的雾霾。

2013 年，“雾霾”成为年度关键词。这一年的 1 月，4 次雾霾过程笼罩 30 个省（区、市），在北京，仅有 5 天不是雾霾天。有报告显示，中国最大的 500 个城市中，只有不到 1% 的城市达到世界卫生组织推荐的空气质量标准，与此同时，世界上污染最严重的 10 个城市有 7 个在中国。2014 年 1 月 4 日，国家减灾办、民政部首次将危害健康的雾霾天气纳入 2013 年自然灾情进行通报。

空气环境问题触目惊心……

2021 年上半年全国 168 个重点城市空气质量排名，深圳位于第六，但是深圳市空气质量的状况并不容乐观。深圳空气污染主要分为春夏多发的臭氧污染和秋冬季节多发的雾霾天气。

随着我国经济的持续快速发展，机动车有害排放物已成为我国城市大气污染物的主要来源。根据国家汽车年鉴统计，2020 年全国汽车保有量达到 2.81 亿辆。

截至 2020 年底，全国新能源汽车保有量达 492 万辆，占汽车总量的 1.75%，比 2019 年增加 111 万辆，增长 29.18%。其中，纯电动汽车保有量 400 万辆，占新能源汽车总量的 81.32%。新能源汽车增量连续三年超过 100 万辆，呈持续高速增长趋势，但相对于已经在使用的燃油车，数量差距还是很大的。由于柴油车和汽油车的燃烧特性不同，柴油车的发动机燃烧温度要高于汽油车，因此，柴油车排放产生的 NO_x 较高，PM 也较高，CO 和 HC 等污染物的排放较少。而汽油车产生的 CO 和 HC 污染物排放较高。环保部统计数据也显示，全国柴油车排放的 NO_x 接近全国机动车排放总量的 60%，PM 排放则超过总量的 90%；而汽油车的 CO 和 HC 污染物排放量超过机动车排放总量的 70%。

机动车在起动和行驶过程中直接排放的主要污染物有 NO_x、HC（也有称挥发性有机物 VOC）、CO、PM 颗粒物、SO_2 等，另外车辆制动和轮胎的磨损会产生颗粒物排放，加油站以及发动机的燃油蒸发会产生 VOC 排放。这些一次污染物排放进入大气后，经过光照并和大气中的其他成分进行化学反应，产生了更加复杂和有害的大气污染物。此过程称为二次污染，也称为复合污染。二次污染的产生物主要有臭氧（O_3）、细颗粒物 PM2.5 和硫酸盐、硝酸盐等酸性物质。分别引起了光化学污染、灰霾污染和酸沉降等污染形式。

机动车的主要排放物 NO_x 在大气污染物产生的化学反应中具有重要作用。NO_x 在进入到大气中后，以亚硝酸根（NO_{2-}）或硝酸根（NO_{3-}）的形式进入地面和水体，引起生态系统的酸化和富营养化。同时,NO_x 也是光化学反应产生臭氧 O_3 的重要前体物之一。柴油车由于发动机燃烧温度较高，NO_x 的排放往往较高。大气中的 NO_x/ NO_2 浓度一定程度上可表征机动车污染程度。20 世纪 90 年代以来，中国超大型城市逐渐表现出明显的机动车污染特征，而且污染形势愈显严峻，体现为 NO_x/ NO_2 污染浓度频繁超标。

VOC 在机动车排放研究中，也常采用碳氢化合物（hydrocarbon，HC）、总碳氢化合物（total hydrocarbon，THC）等术语替换。VOC 是对流层 O_3 和二次有机气溶胶的重要前体物，对于大气复合污染具有非常重要的贡献。而且，VOC 中的很多成分对于人体具有较强的毒性，健康危害很大。

CO 是一种无色无味的有毒气体，是发动机燃料不完全燃烧而产生的。CO 是化学反应产生臭氧 O_3 的重要化学成分，同时它是大气中氢氧自由基（·OH）最重要的来源。

含碳颗粒物包括黑碳（BC）和有机碳（OC），也是源于燃料的不完全燃烧过程。含碳颗粒物对于环境、气候、能见度和人体健康都具有不良影响。BC 对长波和短波辐射均具有吸收作用，能产生辐射强迫而影响气候变化，同时导致能见度的降低。OC 则含有多种具有致癌、致畸、致突变作用的物质，对人体健康具有很大危害。

机动车排放的 VOC 和 NO_x 是 O_3 的前体物，早在 1986 年夏季，北京就发现了光化学烟雾的迹象。随后十几年内，O_3 污染水平逐年恶化，超标面积和浓度不断增加，超标小时数由 1991 年的 188 小时增加到 1999 年的 777 小时。随着北京市空气污染治理不断深入，O_3 污染水平有所下降，但是 O_3 超标现象仍然严重。2012 年，北京市夏秋季节 O_3 超标天数为 76 天，超标小时数达到 296 小时。中国东南部沿海城市均已监测到光化学烟雾的污染。特别是在日光照射时间较长的夏天，光化学烟雾污染现象更是频发。

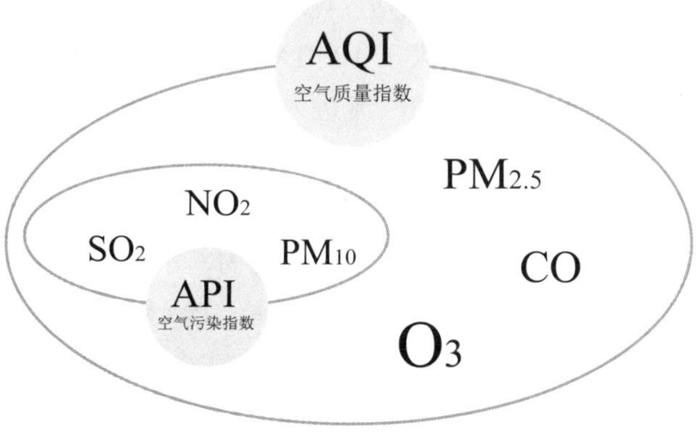

图 8-18　AQI 空气质量指数的监测内容

目前一般用 AQI（Air Quality Index，空气质量指数）来衡量一个地方的空气质量。如图 8-18，AQI 一共要衡量 6 种大气污染物，除了原有的 SO_2、NO_2 和 PM10 等 3 种以外，又增加了 3 种大气污物：PM2.5、O_3、CO。

其中 PM 和 O_3 主要为二次污染物。它们的产生机理较为复杂，对人们的影响非常大，给人体的健康带来了巨大的损伤。

（一）PM 污染

颗粒物（PM）已成为我国城市大气污染的重要污染物之一。大范围较高浓度的颗粒物导致了雾霾等区域性大气污染事件频发。PM 一般来源于机动车排放、道路和建筑扬尘、工业燃烧、农业烧秸秆等，如图 8-19 为 PM 的城市主要民用来源。

图 8-19　PM10 和 PM2.5 的城市主要民用来源

根据中国环境科学研究院观测数据显示，北京市雾霾天气中细颗粒物（PM2.5）质量浓度曾经平均高达 300μg/m^3 以上，在强沙尘暴过境期间，甚至达到 100010μg/m^3，远高于日平均 7510μg/m^3 的国家标准。

北京市生态环境状况公报显示，2020 年，北京市空气中细颗粒物 (PM2.5) 年平均浓度值为 38 微克 / 立方米，首次进入“30+”。

近年来，在实现低碳经济发展目标的过程中，我国逐渐加大对新能源汽车、火电减排、建筑节能、资源回收、节能材料和环保设备等低碳新能源产业的投资。同时，碳排放交易市场作为一项有力的工具，通过市场调节机制实现碳减排，在我国渐成体系。

PM 的英文全称是 particulate matter，即颗粒物质。PM2.5 就是直径小于等于 2.5 微米（1 微米等于 1×10^{-6} 米）的颗粒物。PM2.5 究竟有多大呢？我国普通人群的头发直径为 70—80 微米，细颗粒物的直径仅有头发直径的 1/30 左右。因此，细颗粒物对我们来说几乎就是“隐形”的。空气污染物主要通过鼻腔呼吸道进入人体，其中空气动力学直径大于 10 微米的 PM 颗粒物大部分被阻拦在鼻腔或口腔内，10 微米以下的 PM 颗粒物随气流进入鼻腔，7 微米以下的 PM 颗粒物即可进入咽喉，但这些随着吐痰、打喷嚏被部分排出体外；PM2.5 即 2.5 微米以下的颗粒物则可到达肺泡并沉积。部分通过氧气交换，进入血液循环，随血液循环系统到达全身各处。空气污染物中 PM 颗粒物还可降落至食物、水体或土壤，通过饮食和饮水，经消化道进入人体，进一步对人体健康造成危害；PM 颗粒物也可通过直接接触黏膜、皮肤等进入人体。由于 PM2.5 颗粒物的颗粒非常小，它对光的消解作用更明显。因此 PM2.5 也是造成冬季雾霾天能见度退化的重要污染物。

雾霾空气中由于 PM2.5 粒径小、数量较多，从而导致可吸入性颗粒物增多，

PM2.5 的表面积大，且沉积速度慢、传播距离远，相较与较大直径的颗粒物，极易富集空气中的其他有毒、有害物质，因为表面形状不规则，同比相同动力学直径的圆形颗粒，自然界产生的 PM2.5 其表面积更大（比表面积）。PM2.5 可为一些化学物质、细菌、病毒、提供载体；当燃烧排放的炭烟颗粒进入空气后 PM2.5，发生复杂的物理化学变化，可看出其物理形态各异。PM2.5 主要包括含碳组合、无机物、水溶性矿物质和有机化合物等。

不同地区不同城市不同时间空气中的颗粒物，其化学组分也各有不同。因此 PM2.5 的化学组成可用来分析其来源。表 8-4 为 PM2.5 的组成及其对健康的影响。

表 8-4　PM2.5 的组成及其对健康的影响

成　分	对健康的影响
颗粒核	作为异物，刺激了呼吸道，引起呼吸道上皮细胞增生，并使肺泡的组织纤维化。
金属（铁、铅、钒、镍、铜、铂等）	诱发炎症，引起DNA损伤，改变细胞膜通透性，产生活性氧自由基，引起中毒
有机物	致突变、致癌、诱发变态反应
生物来源（病毒、细菌及内毒素、动植物屑片、真菌孢子等）	引起人体的变态反应，刺激呼吸道的免疫功能，引起各类呼吸道疾病。
化学离子	损伤呼吸道黏膜，改变金属等的溶解性
光化学物（臭氧、过氧化物、醛类）	强氧化性对呼吸道产生极大的刺激，引发下呼吸道损伤

由于 PM2.5 粒径小，能直达人体内部，进入肺泡，进入循环系统。且由于其物理形态复杂，成为各种化学物质、细菌、病毒的载体，因此，其对人的健康危害非常大，PM2.5 对人体的危害见图 8-20。

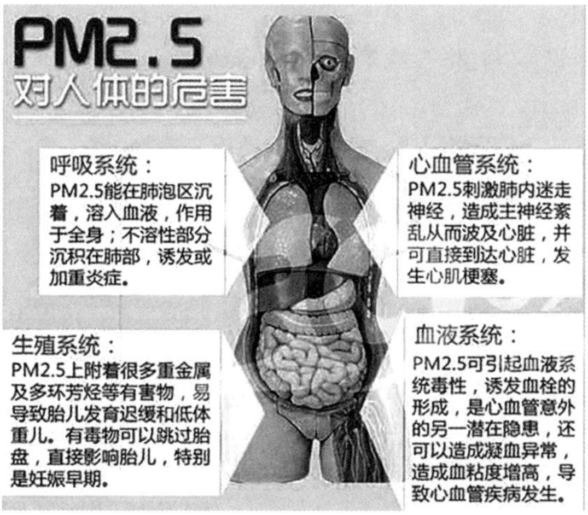

图 8-20　PM2.5 对人体的危害

1. 对呼吸系统的危害

大气中 PM 颗粒物由于粒径细小，可进入人体呼吸系统各个器官，最后引起人体支气管炎、肺炎，促发哮喘等急慢性呼吸系统疾病。同时由于颗粒物中化学生物成分的复杂性，进入人体不断沉积，持续污染人体的肺部，从而提高了肺癌的发病率。近 30 年来，我国公民吸烟率不断下降，但是肺癌患病率却上升了 4 倍多，这很有可能就是雾霾带来的恶果。

2. 对心脑血管的危害

PM 颗粒物中的细小颗粒可以通过肺泡进入到人体的血液循环系统，影响了人体的心脏功能，阻碍了人体血液的畅通，从而加重了心脏的负担，并导致脑血管病患者血管堵塞加重，严重者导致中风。

3. 对眼鼻喉的危害

大气中的可吸入性悬浮颗粒物对眼、鼻、咽喉黏膜均有刺激作用，颗粒物表面携带的病毒和致病微生物会让眼部黏膜、鼻部黏膜发炎；也会使咽部干痒甚至发炎。

4. 对皮肤的危害

皮肤会出现瘙痒等皮肤病，甚至发生过敏性皮炎。

5. 对情绪的危害

雾霾天遮挡住阳光照射，同时由于颗粒物粒径较小，对光的消解作用更明显。环境能见光减少。这种环境容易让人抑郁，情绪低沉，并容易感觉到倦怠。

6. 其他危害

雾霾天遮挡住阳光照射，使得儿童紫外线照射不足，对钙的吸收大大减少，严重的话会引起婴幼儿生长缓慢。同时紫外线的减少，会使得空气中的病毒、细菌更易生长，传染更多疾病。

值得庆幸的是，目前各级政府和民众已经意识到雾霾对人体健康的影响，不断的寻找对策，制定措施，来控制雾霾的产生。

环境保护部 2012 年发布的《关于加强机动车污染防治工作推进大气 PM2.5 治理进程的指导意见》中明确了建立环保信息管理系统和推进环保监管能力建设。国务院 2013 年颁布的《大气污染防治行动计划》中也明确了“强化移动源污染防治”，“加强机动车环保管理”，机动车污染治理已逐步成为城市治霾的关键。

2012 年 2 月，国务院常务会批准发布新的《环境空气质量标准》把细颗粒物 PM2.5 的年平均浓度标准（35 $\mu g/m^3$）及日平均浓度（75 $\mu g/m^3$）列入了新的评价标准。2012 年 10 月，国家发改委、环保部、财政部联合下发《重点区域大气污染防治“十二五”规划》，要求以解决 PM2.5 污染问题为重点，强化多污染源综合管理，切实改善大气环境质量。2013 年 9 月，国务院印发《大气污染防治行动计划》，要求“到 2017 年，全国地级及以上城市可吸入颗粒物浓度比 2012 年下降 10% 以上，优良天数逐年提高；京津冀、长三角、珠三角等区域细颗粒物浓度分别下降 25%、20%、

15% 左右，其中北京市细颗粒物年均浓度控制在 60 μg/m^3 左右”。“大气十条”的发布明确了我国城市特别是城市群近 5 年大气污染控制的总体方向和策略，提出了有针对性的控制措施，是我国短期内大气污染控制的指导性纲领。

2019 年 6 月 5 日世界环境日，生态环境部对外发布《中国空气质量改善报告（2013-2018 年）》，报告用“大数据”形式，对 2013 年以来的空气治理成果进行了总结。这是我国首个阐述 2013 年以来空气治理改善成效的报告。

自 2013 年我国“向污染宣战”以来，PM2.5 治理情况怎么样了？在以往，我们缺乏这方面的宏观数据。但如今，随着报告发布，这些一目了然。

从 2013 年到 2018 年，在全国 GDP 增长 39%，能源消费量和民用汽车保有量分别增长 11% 和 83% 的情况下，多项大气污染物浓度反而实现了大幅下降，74 个城市 PM2.5 平均浓度降 42%，二氧化硫平均浓度下降 68%。与此同时，报告对环境治理尚有不足的地方也坦诚以告。如报告披露，当前中国尚有 6 成以上的城市 PM2.5 年均浓度，仍未达到每立方米 35 微克的环境空气质量标准要求，这与世界卫生组织每立方米 10 微克的准则值仍有较大差距。

而深圳市在 PM2.5 方面也有相应的目标，作为国家首批环境保护模范城市和试点单位，市政府将大力实施大气环境治理。深圳市政府在《大气环境质量提升计划（2017—2020 年）》的通知中指出，尽管深圳市大气污染防治工作已取得显著成效，在国内大中型城市中空气质量较优，但对比国际先进都市，仍有较大差距，并存在 PM2.5 年均浓度持续改善难度大，臭氧逐渐成为主要大气污染物等问题。

大气环境保护事关人民群众根本利益，事关经济持续健康发展。为进一步提升大气环境质量，推动产业结构优化、科技创新能力增强、经济增长质量提高，实现环境效益、经济效益与社会效益多赢，在完成 2013 年实施的《深圳市大气环境质量提升计划》基础上，市政府组织制定《深圳市大气环境质量提升计划（2017—2020 年）》，以 PM2.5 和臭氧污染防治为重点，进一步强化电厂污染减排、挥发性有机物治理和新能源车辆推广力度，提高在用柴油车和机械的治理标准，增加柴油车总量控制和强制岸电使用率等新要求，全面治理机动车、船舶、工业生产及城市建设排放的大气污染物。

《大气环境质量提升计划（2017—2020 年）》的工作目标是：2017—2020 年全市大气环境质量持续提升，到 2020 年，空气质量优良天数比例达到 98%，PM2.5 年均浓度控制在 25 微克 / 立方米以内，年灰霾天数控制在 40 天以内。

2021 年 6 月 5 日是第 50 个“六五世界环境日”。作为一个人口密度高、发展快速的一线超大城市——深圳，创造了一个又一个奇迹，不仅仅是经济增速，还有环境质量改善增速，深圳交出了一份令人满意的答卷。

在大气治理方面，“深圳蓝”这张环保名片备受关注。在 2020 年全年深圳空气质量优良天数为 355 天，占总有效天数的 97%。城市 PM2.5 的浓度为 19 微克 / 立方米，是我国大城市中第一个达标的。

深圳市结合产业升级，落后产能坚决清退，形成以电等清洁能源为主的能源结构。数据显示，深圳市机动车每公里道路的车辆密度约750辆，居全国前列，机动车已成为深圳市大气污染的主要来源，全面推行新能源汽车迫在眉睫。

截至2021年3月底，仅深圳巴士集团就拥有纯电动公交车5966辆，纯电动巡游出租车4731辆，而深圳也在全市范围内实现了公交、出租全面电动化。深圳注重运用经济手段、通过持续大量的财政资金投入促进污染治理，实现空气质量全面达标。先后出台了一系列奖补政策，促进老旧车提前淘汰，推广新能源汽车。截至2020年，深圳新能源汽车保有量达39.7万辆，居全球城市前列；已成为名副其实的新能源汽车之城。

（二）臭氧的污染

城市天气晴朗，和风日丽，湛蓝的天空飘着朵朵白云，此时，谁也不会将这种天气与空气质量差联系在一起。但从城市AQI指数显示上来看，有可能你所在的地方已经臭氧超标了。比起雾霾，臭氧超标让人无法查觉，让人放松警觉，对人体的健康也产生极大的危害。

与广东省2015年公布的第二季度全省城市环境空气质量状况相似，深圳市相关统计得出，在2015年6月空气质量超标天数中，以臭氧为首要污染物的天数居多。由于日照时间和强度较强，臭氧成为春夏季首要污染物。在京津冀地区的6至8月之间，臭氧也取代了PM2.5成为空气头号污染物。根据上海相关部门2015年统计数据，在2015年夏季，上海连续11天臭氧污染，其中6天为中度污染，5天为轻度污染，污染指数最高达到了181。一般而言，随着午后日光日益强烈，臭氧的含量也急剧上升，特别是中午11时以后；直至傍晚5点太阳光逐渐减弱，臭氧的含量也随之减少，空气质量也随之变好。

位于大气层不同位置的臭氧起着截然不同的作用，在距地面10公里以上的高空，大气中化学性质较为稳定。处于此处的臭氧的主要作用是吸收宇宙中的紫外线，保护地球生物。由于人类活动的破坏，现在的大气层上空出现了越来越大的臭氧漏洞，这使得全球皮肤癌患者不断增加，人体免疫系统机能减弱。全球因白内障而引起的失明者也越来越多。

而由于臭氧的强氧化性，当其处于近地面的大气中时，化学性质极为不稳定。对生物的强氧化能力使其具有较强的毒性，当人体吸入臭氧时，首先会刺激和损坏呼吸道粘膜，引发呼吸道疾病，严重的将会引发哮喘，同时臭氧进入体内会破坏人体免疫系统，诱发淋巴细胞染色体病变等。

臭氧污染从哪儿来？

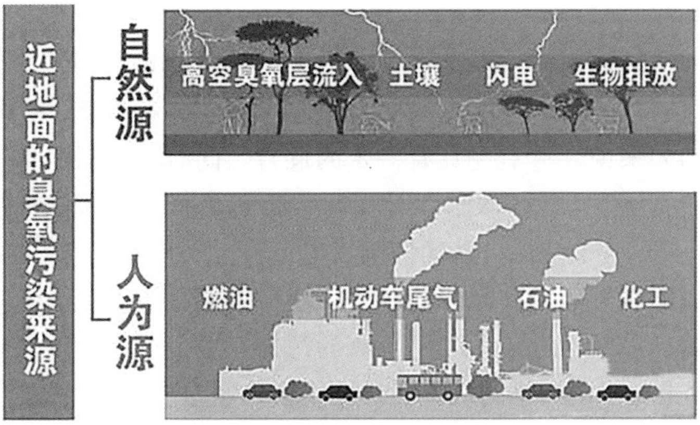

图 8-21　近地面的臭氧污染来源

近地面大气层中臭氧的来源如图 8-21 所示，一部分是本来就从自然界产生的，这些可以归结为“天然源”，这些臭氧来源于土壤、闪电和生物排放等；另一部分来自于“人工源”，这是造成近地面大气层臭氧污染的主要因素，它主要是由燃煤、机动车尾气和石油化工等工业排放出来的污染物 NO_x、CO、VOC 等化学污染物在太阳光照下产生的，称为“光化学反应”。因此，要减少近地大气层的臭氧污染，从根本上说就是要降低污染物 NO_x、CO、VOC 等化学污染物的排放，这跟 PM2.5 的治理一样，在城市中，主要任务是控制机动车排放。

光化学反应过程中，NO_x、CO、VOC 在光照下产生化学反应生成 O_3，在此化学反应下还会产生一些醛类、酮类化学物及另一类刺激性强烈的物质如 PAN（硝酸过氧化乙酰）等。O_3 的浓度过高，一是表明空气中 NO_x 和 CO 等废气浓度较高，另外也表明在产生 O_3 的化学反应过程中另外产生的刺激性 PAN、醛类、酮类物质也含量较高。

臭氧一般来说是由光化学污染产生的，臭氧的浓度显示出了当时光化学污染的严重程度。2012 年新修订的《环境空气质量标准》，新增了臭氧 8 小时浓度限值

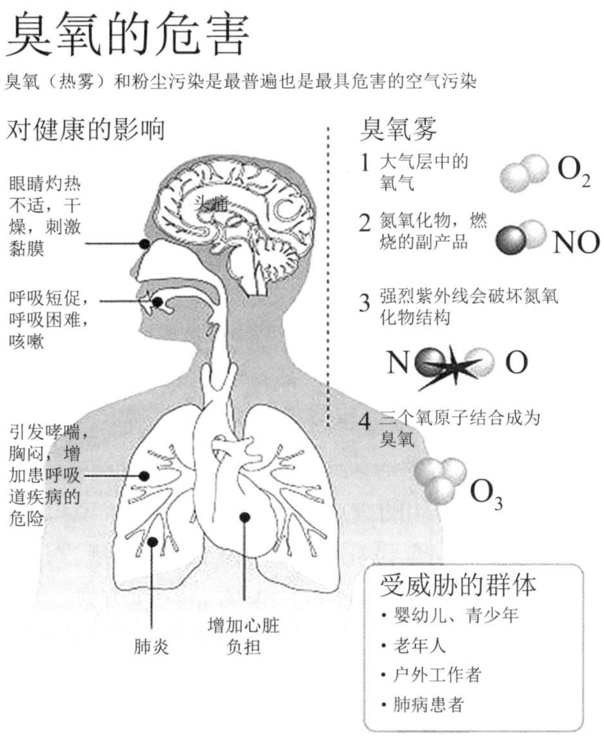

图 8-22　臭氧对人体的危害

监测指标。

臭氧是一种强氧化剂，如果存在于近地大气层中就表现为相当强的毒性。当臭氧被吸入呼吸道时，会损坏呼吸道黏膜，引起呼吸道各种疾病，特别是对于患有慢性呼吸道疾病的人来说，臭氧更具有一定的危害。同时臭氧对人体和动物的其他黏膜都有一定的强氧化性，比如眼睛和喉咙等。臭氧除了对动物会产生一定的毒性外，对植物也具有同样的强氧化性，从而抑制其生长，给人们带来经济损失。

不同于雾霾那样对阳光和光线的遮挡，使得人们在视觉上有直观的感受，从而自觉使用各种防护措施，近地大气层臭氧的污染一般发生于阳光最好的时候，人们难以从直观感受上觉察出污染的发生，具有相当的迷惑性，因此杀伤力更强。

据国家环保部统计，2006 年 8 月 15 日至 30 日期间，北京地区因臭氧污染导致的呼吸系统疾病住院有 199 例，心血管系统疾病住院有 407 例，哮喘有 3651 例，死亡有 216 例。2008 年全年，上海市因臭氧污染而导致的居民早逝有 1892 例，住院有 26049 例，造成健康方面的经济损失达到 32.42 亿元。2006—2012 年，珠三角地区因臭氧污染而造成的心血管疾病死亡为 1894 例 / 年，呼吸系统疾病死亡为 1128 例 / 年，其中 2012 年因臭氧污染而死亡的人数是 2006 年的 3 倍，呈上升趋势。

流行病学方面统计说明，人体在臭氧监测值超过 $160\mu g/m^3$ 时，就能感觉到明显不适。

除了对人体健康造成的伤害，臭氧的强氧化性还会造成严重的经济损失。比如，臭氧浓度达到一定值时，植物会受到氧化作用而出现叶片脱落坏死的现象，甚至会造成生长受到抑制，从而使农作物减产。随着臭氧浓度的增加，减产还会更严重。

臭氧的强氧化性除了对动植物造成损害外，还会让工业产品加速氧化，比如材料褪色，轮胎老化等等。

根据深圳市人居环境委数据，2014 年以来，深圳市空气质量持续改善，影响空气质量的 SO_2、NO_2、PM2.5、CO 的平均浓度均有明显下降，但 O_3 浓度却上升，成为主要污染物。研究表明参与臭氧生成的一次污染物氮氧化物，机动车排放贡献率达到了 61%。另外各类 VOC 也是参与臭氧生成的重要污染物。VOC 的排放途径较为多样化，室外 VOC 主要来自燃料燃烧和交通运输；室内 VOC 的来源比较复杂，包括有天然气、煤气等燃烧产生的废气；吸烟、烹调等产生的烟雾，装修材料、家具、电器、清洁剂等化工用品使用的排放等。对于深圳市来说机动车排放污染仍然为主要污染来源。

控制机动车排放对于深圳市政府降低空气中臭氧的浓度来说是至关重要的一环。截至 2020 年底，深圳汽车保有量 353 万辆，位居广东第一，在全国大中城市中名列第九位。由于深圳市港口货运发达，柴油车保有量相对较多，主要分布在货运物流、公共交通等行业。柴油车贡献了大量的 NO_x 排放，汽油车和油罐车、加油站等贡献了大量的 VOC 排放。

深圳市政府于 2012 年印发了《深圳环境空气质量提升行动计划》以加大空气污

染治理力度，特别是针对机动车污染的治理做了详细的规划。《计划》提出了未来的工作任务，明确了政府各职能部门的相关责任。从油品升级、鼓励黄标车淘汰、补贴老旧车淘汰、检测管理制度、车辆限牌及划分区域限行等多方面开展对机动车污染的全面防治，取得了良好的效果。

在完成 2013 年实施的《深圳市大气环境质量提升计划》基础上，市政府组织制定《深圳市大气环境质量提升计划（2017—2020 年）》，加大新能源车辆推广力度，提高在用柴油车和机械的治理标准，增加柴油车总量控制等措施，进一步提升空气质量。

第四节　汽车与人类社会：能否持续发展

随着国民经济的不断发展，我国机动车保有量也急剧上升，全国机动车截至 2020 年达 2.81 亿辆。机动车数量上的迅猛发展为我国的能源供应提出了严峻的考验。据有关方面统计，目前我国在用机动车汽柴油消费占全国汽柴油消费的比例已经高达 85% 左右，每年我国新增石油消费量的 70% 以上被我国新增的机动车所消耗。2020 年，我国石油消费总量达 7.02 亿吨。而目前我国原油大约 60% 以上依靠进口，到 2030 年，中国石油消耗量的 80% 需要依靠进口，汽车产销规模及保有量的急剧膨胀已经威胁了到国家能源安全。

由于近年来各方面原因的影响，国际原油价格一直处于一个较低的位置。在国内油价与国际接轨的定价机制下，国内燃油价格一直处于一个低位，因此车主用车买车较少考虑燃油成本的问题。随着新一代换车潮的来临，“高、大、豪”的大排量车、油耗高的 SUV 车和各大豪车销量迅速增加，进一步加剧了中国的能源短缺问题。

美国作家奥康诺（Harvey O’Connor）在其著作《石油帝国》中说道：“谁占有石油，谁就占有了世界，因为他可以柴油统治海洋，用高度提炼的石油统治天空，用汽油和煤油来统治陆地。除此之外，他还能从经济上统治他的同胞，因为从石油中他可以取得意想不到的财富。”

房宁说：“石油美元的每一个毛孔都渗透着鲜血和肮脏。”

石油作为当代社会最为主要的能源来源，与人们的生活息息相关。为了争夺石油，控制石油，争夺石油定价权，围绕“石油”人类各显神通来互相角力。有的为了抢夺石油而发动战争，有的在战争中争夺石油。历史上的几次石油危机都与战争有着直接的关系。

不仅石油的产量和价格与世界各国经济息息相关，关于世界上大多数参与其中的“石油通道”所引起的地缘政治和军事的问题，就更为复杂了。特别是对于绝大多数石油依靠进口的中国来说，为保证能源长期平稳的供应，中国在外交上下了十足的功夫，石油通道的建设甚至能称为“中华命脉”！

位于东北的中俄原油管道，位于西北的中哈油气管道，位于西南的中缅油气管道以及传统的海上油轮运输线为中国的4大海外石油通道。

中哈原油管道2006年7月投入商业运营，当年输油176万吨；2007年输油477万吨；2008年输油量突破600万吨；2009年则达到773万吨；3年多累计输送2039万吨。

来自中亚的天然气管道A线正式通气于2010年，1月初开始向新疆乌鲁木齐城市管网输气。乌鲁木齐由此成为全国第一个用上中亚天然气的城市。1月20日，来自中亚的天然气经过持续增压沿着我国国内西气东输二线（西段）管道进入国内天然气输送重要枢纽站——靖边联络站，然后经过加压分输，一部分进入北京及周边地区，另一部分则输往华东地区，为沿线区域冬季供气安全提供了新的保障。目前中亚天然气管道日输气量已经超过1000万立方米，进入通畅输气新阶段。

2011年1月1日中俄原油管道正式投入运行，每年1500万吨、期限20年的中俄原油管道输油合同正式开始实施，标志着中国东北方向的原油进口战略要道正式贯通。

2013年7月28日投产通气了中缅天然气管道，2015年1月30日，中缅原油管道工程也在缅甸皎漂马德岛举行试运行仪式。其中天然气主要来自缅甸近海油气田，原油主要来自中东和非洲。

中东和非洲地区仍是未来我国石油进口的重要来源，海上运输仍然是我国目前石油的主要手段。中国每年石油对外需求量已超过2.5亿吨。而其中大多数要经过马六甲海峡。这个885公里的狭长水域就像容易被扼住的咽喉。国际形势的错综复杂，也为这条堪称我国石油运输“生命线”的海上运输路线的未来蒙上了一层阴影。

中国目前过高的能源对外依赖程度对中国今后不管是经济、政治还是军事上的发展提出了史无前例的挑战，事实上，中国政府目前除了做好现有能源的“开源”外，还应该鼓励新能源的开发和利用，达到真正的“开源”，同时应该把目光放在“节流”上，这样才能不受制于人。

2012年世界主要国家能源消费结构中，相比于加拿大、巴西、法国、德国等国来讲，我国经济要持续健康发展，一定要改变现在这种高耗能的模式，我国能源消费结构亟待优化，加大对风能、水能、太阳能、核能等新能源的开发使用力度。我国消费者也要树立一个公民的基本意识，让“节能减排”从我做起。

另外由于美国压裂技术的发展，页岩油气生产大幅上升，不仅使美国的能源供应大量增加，能源结构也发生了根本性变化。美国2012年石油和天然气的使用占比约为77%，这其中大量原因是由于页岩气革命而产生的能源结构的变化。我们国家目前对新能源技术的开发和利用迫在眉睫。我国目前官方给出的目标是非化石能源占一次能源消费比例从2015年的15%提升到2030年20%左右。

随着国民经济的快速发展和居民可支配收入的不断提高，中国汽车保有量也逐年提升，2020 年中国汽车保有量达 2.81 亿辆，较 2019 年增加了 0.21 亿辆，同比增长 8.08%。由于机动车的燃油消耗占据我国原油消耗的大多数，因此对机动车的“节能减排”迫在眉睫。政府不断提高新车入市标准，促使生产厂商采用新技术来降低油耗，减少排放。另一方面，通过鼓励和限制两方面的措施，来引导消费者使用油耗更低、排放更少的车辆。

早在 2009 年我国就已经出台对节能和新能源汽车的补贴，从 2011 年 10 月 1 日起，国家调整并实施新的节能汽车补贴政策，更加偏向于新能源汽车，补贴政策提高了纳入补贴范围的节能汽车的门槛，将百公里平均油耗从 6.9 升降低到 6.3 升，补贴标准仍维持 3000 元 / 辆不变。插入式混合动力车补贴 4000—50000 元；电动车补贴 60000 元。随着混合动力汽车和电动车补贴的实施，我国新能源汽车的占有率也越来越高。而新能源汽车的普及和充电桩等相关设施的广泛布置，使得我国新能源汽车的补贴越来越少。

2021 年 4 月，工信部发布的《四部委关于完善新能源汽车推广应用财政补贴政策的通知》内容显示，国家四部委（财政部、工信部、科技部、发改委）综合技术进步、规模效应等因素，将新能源汽车推广应用财政补贴政策实施期限延长至 2022 年底。平缓补贴、退坡力度和节奏，原则上 2020—2022 年补贴标准分别在上一年基础上退坡 10%、20%、30%。另外通知也明确新能源乘用车补贴前售价需在 30 万元以下含 30 万元，为鼓励换电新型商业模式，加快新能源汽车推广，换电模式新能源汽车不受此规定。

各地方政府根据国家政策也相应出台各种补贴政策，比如北京市新能源汽车发展促进中心指出，北京市陆续出台鼓励私人购买纯电动小客车的政策，包括购车补贴、购买纯电动车无需摇号等。补贴标准是每辆小客车国家最高补贴 6 万元，地方政府最高补贴 6 万元。各种税费按照电动车市场价减去补贴后的价格来计算。

广东则出台《广东省新能源汽车产业发展规划（2013—2020 年）》，计划到目前形成 20 万辆以上新能源汽车生产能力。《规划》要求各地开设新能源汽车办证“绿色通道”，优先办理新能源汽车的注册登记、年检等业务；研究纯电动汽车路桥通行费、停车费等费用减免措施；研究探索在城市公共停车场、市政道路停车场和部分繁华商业区划出一定比例的专用停车位，优先用于停放电动汽车，并出台优先停车的具体办法；各地在实施限号行驶、牌照额度拍卖、购车配额指标等措施时，应对新能源汽车区别对待等。

随着国家新车入市的油耗排放要求的不断提高，汽车厂商不断提升自己的技术水平，研发和引入最先进的节能减排技术如起停系统、缸内直喷、分层燃烧、涡轮增压、车辆控制系统的不断增加等。另外，由政府倡导的新能源汽车在研发和投入使用上也取得了巨大的进步，目前，纯电动汽车、混合动力汽车、燃料电池电动汽车、氢发动机汽车等技术的成熟和广泛使用也将会为车辆节能减排起到关键的作用。

思考与讨论题

1. 面对中国各大城市由于机动车保有量的增长带来的交通拥堵以及城市污染，除了限购限行外，讨论一下还有一些什么其他方法可以解决。

2. 在交通事故的发生中，是人为主观因素多一些还是客观因素多一些？针对现在的交通法规，请予以说明哪些条款是约束人为主观因素来保障交通安全的。

3. 请分析柴油车与汽油车的排放污染物对人体的危害有什么不同。

4. 请讨论在除去各级政府对新能源汽车的补贴因素外，新能源汽车在我国的销售会如何变化？

第九章　汽车的将来：未来不是梦

【学习目标】

1. 了解未来汽车的发展方向。
2. 掌握智能交通的组成部分。
3. 了解绿色交通的相关概念。

【教学提示】

1. 通过目前空气污染严重的问题引导学生了解新能源汽车的发展趋势。
2. 通过生活中新能源汽车普及情况，引导学生了解未来汽车的发展方向。
3. 通过生活中交通拥挤的实际案例，引导学生掌握未来智能交通的概念。
4. 从生活中观察公共交通和共享单车的普及情况，引导学生了解绿色交通的相关概念。

【核心提示】

1. 汽车的未来将向更环保、更智能、更安全和更便利的方向发展，更多形式的能源、更多的智能装置和安全措施将为人、车、环境提供全方位的保护。
2. 智能交通是未来世界交通的主旋律，通过技术、政策等途径，将人、车、路合成智能一体，从而有效改善交通状况、减轻交通拥挤、减少交通事故、制止交通环境的恶化。
3. 为了人类生存环境的改善，未来人们将更多选择绿色交通方式出行，越来越多的人选择步行交通、自行车交通、常规公共交通和轨道交通，交通车辆也将更多采用绿色能源。

我们每日出门工作，都要与公交车、出租车、私家车、地铁或者自行车打交道，这是最常用的交通工具，我们也有可能乘坐火车、轮船、飞机，它们也是交通工具的一部分。也许大家有这种经历：乘车拥挤、交通堵塞、空气污染，既浪费了宝贵的时间，又影响人体健康。我们是否可以改变现在的交通状况、减轻交通拥挤、减少交通事故、制止环境的恶化，让现代交通更好地为社会服务呢？下面让我们一起展望未来的汽车与交通世界吧！

第一节 未来汽车

随着国内外提出和号召低碳经济与节能减排，发展绿色汽车、节能减排已经成为当今汽车工业的主要方向。党的二十大报告指出，加快构建新发展格局，着力推动高质量发展，推动绿色发展，促进人与自然和谐共生，积极稳妥推进碳达峰碳中和，立足我国能源资源禀赋，坚持先立后破，有计划分步骤实施碳达峰行动，深入推进能源革命。

碳达峰碳中和助力汽车新能源革命进程加速。其一，降碳要求汽车新能源进程持续。根据中汽中心数据，我国汽车使用阶段碳排放约占社会碳排放 7% 左右，汽车新能源进度的持续有益于我国顺利实现碳达峰碳中和。其二，我国新能源汽车市场强劲增长。2022 年前三季度我国新能源车销量达 457 万（同比增加 110%），占比达到 24%，前三季度充电基础设施增量为 187 万台，桩车增量比为 1:2.4，充电保障能力基本满足。但是，随着汽车不断增加而产生的日益严重的拥堵问题、安全问题，仅有“绿色”是远远不够的，未来的“绿色”汽车应与车辆“智能化”相结合，这将是汽车技术的发展方向。

一、更环保

作为化学能源，石油的耗尽是必然趋势，而化学能源所产生的大量废气使得汽车对自然环境造成严重破坏，导致空气质量严重恶化、全球气候变化加剧。因而采用更多的清洁能源，以及能源的多样化是未来汽车发展的重要趋势。未来汽车新能源的发展趋势，主要集中在以下一些能源上：

（一）氢动力汽车

20 世纪 60 年代，氢能源汽车开始进入人们的视野。理论上说氢能源是完全清洁且取之不尽的能源，氢燃烧只产生水，同时其燃烧放出的能量是所有元素中最大。同质量的汽油和氢气，氢气燃烧放能是汽油的 5 倍，因此氢燃料是未来汽车十分理想的一种能源。氢燃料汽车是以氢为主要能量。一般的内燃机燃烧柴油或汽油，随着氢燃料技术的发展，出现了将氢气直接作为发动机燃料的应用，这种以氢为燃料驱动发动机的汽车也称为“氢动力汽车”“燃氢汽车”。目前氢燃料主要用于汽油发动机，大多采用氢与汽油或柴油混合的方式，国内外也已研制成 100% 使用氢燃料的汽车，但距离大规模推广还有一段距离。如图 9-1 所示的氢动力发动机的燃料供给系统，无需改变原汽油发动机的结构，仅需作微小调整，并加装一套氢燃料供给系统部件，就可实现燃烧氢的功能，而且无氢燃料发动机仍可使用汽油作为燃料。这种技术对于耗油量大、排放差的汽车来说，可作为其更新过渡措施，可以有效减少传统燃油汽车所造成的空气污染问题。2007 年中国长安汽车成功点火中国第一台高效零排放氢内燃机，并在 2008 年北京车展上展出了自主研发的中国首款氢动力概念跑车“氢程”（图 9–2），为中国汽车能源的多样化提供了样板。

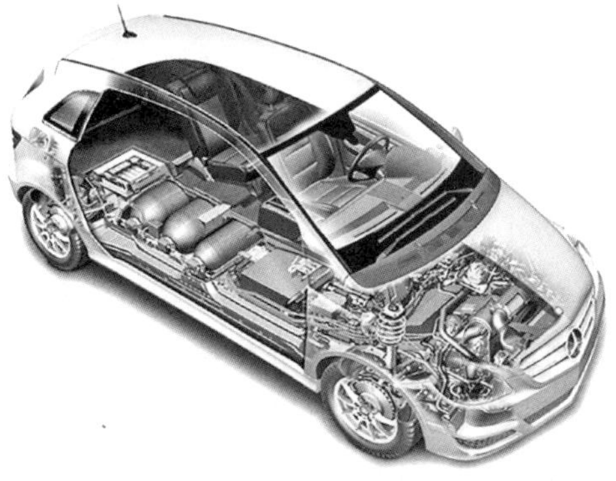

图 9–1 氢动力汽车示意图

图 9–2 中国长安“氢程”概念车

德国宝马汽车公司可以说是氢动力汽车研究的先行者。2007 年宝马公司发布了一款可采用氢气发动机的 Hydrogen 7 轿车。该车采用能够使用液氢燃料和汽油的 6.0 升 V12 发动机，实现两种燃料合于一身，通过方向盘的按钮可以迅速在汽油 / 氢气两种燃料之间切换。为了配合氢动力汽车的推广，宝马公司在欧洲和北美建立多个加氢站（图 9–3），以推进氢动力汽车的应用。

图 9–3 宝马氢动力汽车加氢站

（二）燃料电池汽车

燃料电池汽车属于电动汽车的一种，其核心部件是燃料电池（Fuel Cell）。

燃料电池是将燃料与氧化剂化学反应后的化学能量直接转化为电能的一种发电装置。燃料和空气分别被送进燃料电池装置中，产生电。从外表上看，燃料电池有正、负极和电解质等，类似一个蓄电池，但实际上它并不能“储电”，而是一个发电装置。其单体电池是由正、负两个电极（正极即氧化剂电极，负极即燃料电极）以及电解质组成。传统的电池活性物质贮存在电池内部，限制了电池的容量。而燃料电池的正、负极本身不包含活性物质，只是个催化转换元件。因此燃料电池是把化学能转化为电能的能量转换装置。燃料电池工作时，燃料和氧化剂由外部供给，在内部进行反应。原则上只要反应物不断输入，反应产物不断排出，燃料电池就能持续发电。

近年来，国内外高度重视燃料电池电动汽车的研发，成为最被看好的可用于替代汽油和柴油等传统内燃机技术的新型新能源汽车技术。

日本计划到2020年燃料电池汽车销量达到500万辆，再通过10年实现全面普及。1966年美国通用汽车就推出了世界上第一款燃料电池电动汽车GMC-Electrovan。美国在2003年开始大力推进氢技术和燃料电池技术，其中重要项目之一就是美国能源部在北加州、南加州、密歇根州东南部、大西洋区中部和佛罗里达州中部5个区域开展的氢技术和基础实施验证与示范综合工程。①

在中国，国家“863”高技术项目、“十五”规划的电动汽车重大科技专项与“十一五”规划节能与新能源汽车重大项目通过产学研联合研发，中国的燃料电池汽车技术研发取得重大进展，初步掌握了整车、动力系统与核心部件的核心技术，基本建立了具有自主知识产权的燃料电池轿车与燃料电池城市客车动力系统技术平台，也初步形成了燃料电池发动机、动力电池、DC/DC变换器、驱动电机、供氢系统等关键零部件的配套研发体系，实现了百辆级动力系统与整车的生产能力。中国燃料电池汽车正处于商业化示范运行考核与应用的阶段，已在北京奥运燃料电池汽车规模示范，上海世博燃料电池汽车规模示范，UNDP（United Nations Development Programme，联合国开发计划）燃料电池城市客车示范以及“十城千辆”、广州亚运会、深圳大运会等示范应用中取得了良好的社会效益。“十二五”规划期间为保持中国电动汽车技术制高点，国家继续保持了对燃料电池汽车的支持力度。从产业界来看，即使在“十五”和“十一五”规划燃料电池汽车全球产业化热潮期间，中国汽车工业界并没有在燃料电池汽车方面有明显投入，进入“十二五”规划后，在燃料电池汽车产业化趋于理性化的大背景下，上汽集团制定了燃料电池汽车发展的五年规划，以新源动力为燃料电池电堆供应商，开始投入大量资金研发燃料电池汽车，目前正进行第3代燃料电池轿车FCV的开发，在2011年必比登比赛中，上汽开发的FCV（如图9-4）在燃料电池轿车组别中，名列第3。②《“十三五”国家战略性新兴产业发展规划》对燃料电池车的发展寄予更高期望，《规划》明确，到2020年实现燃料电池车批量生产和规模化示范应用。

---

① 曹建国，廖然，杨利花著．燃料电池电动汽车发展现状与前景．新材料产业．2015.04.

② 李建秋，方川，徐梁飞著．燃料电池汽车研究现状及发展．汽车安全与节能学报．

图 9–4 荣威 750 FCV 氢燃料电池车

（三）电动汽车

现阶段所说的电动汽车一般是指纯电动汽车，即采用单一蓄电池作为储能动力源的汽车。它利用蓄电池作为储能动力源，通过电池向电机提供电能，驱动电动机运转，从而推动汽车前进。从外形上看，电动汽车与日常见到的汽车并没有什么区别，区别主要在于动力源及其驱动系统：纯电动汽车用电动机替代传统汽车的发动机，用蓄电池替代原来的油箱。

电动汽车的优点是：它本身不排放污染大气的有害气体，即使按所耗电量换算为发电厂的排放，除硫和微粒外，其他污染物也显著减少。研究表明，同样的原油经过粗炼，送至电厂发电，经充入电池，再由电池驱动汽车，其能量利用效率比要高于经过精炼变为汽油，再经汽油机驱动汽车，因此有利于节约能源和减少二氧化碳的排量。由于电厂大多建于远离人口密集的城市，对人类伤害较少，而且电厂是固定不动的，集中的排放可较容易清除各种有害排放物，且电厂也已有了相关技术。此外，电力可以从多种一次能源获得，如煤、核能、水力等，解除人们对石油资源日见枯竭的担心。电动汽车还可以充分利用晚间用电低谷时富余的电力充电，使发电设备日夜都能充分利用，大大提高其经济效益。正是这些优点，使电动汽车的研究和应用成为汽车工业的一个“热点”。

谈到电动汽车就不得不提到美国的特斯拉汽车公司。特斯拉最初的创业团队主要来自硅谷，他们摒弃以底特律为代表的传统汽车厂商思路，用 IT 理念来造汽车。因此，特斯拉造电动车常常被看作是一个硅谷小子大战底特律巨头的故事。特斯拉汽车公司的技术路线和营销理念彻底改变了人们对电动汽车的看法，也使之成为世界电动汽车的领跑者。譬如，特斯拉电动车使用自己开发的一套电池管理系统，其引以为傲的续航能力来自由七千多颗电池组成的电池包，即使短路也不会着火，个别电池损坏不会影响其他。而且，这一模式还能保证它随时可以用到最先进的电池来装备特斯拉电动汽车。

图 9–5　Tesla 电动汽车

近年来，电动汽车市场推广迅猛，2012 年的销量约为 14 万辆。而到了 2020 年，全球电动汽车销量共计 294.3172 万辆，这一惊人的增长速度表明，全球纯电动车产业化进程加速，大规模市场正在形成，量产车型陆续出现，纯电动汽车正在步入与传统乘用车同台竞技的阶段。

小贴士：

关于特斯拉汽车公司

特斯拉（Tesla）是一家美国电动车及能源公司，产销电动车、太阳能板及储能设备，总部位于美国加利福尼亚州硅谷帕洛阿尔托（Palo Alto）。

特斯拉最初的创业团队主要来自硅谷，用 IT 理念来造汽车，而不是以底特律为代表的传统汽车厂商思路。因此，特斯拉造电动车，常常被看作是一个硅谷小子大战底特律巨头的故事。

2003 年 7 月 1 日，马丁·艾伯哈德（Martin Eberhard）与长期商业伙伴马克·塔彭宁（Marc Tarpenning）合伙成立特斯拉汽车公司，并将总部设在美国加州的硅谷地区。成立后，特斯拉开始寻找高效电动跑车所需投资和材料。由于马丁·艾伯哈德毫无这方面的制造经验，最终找到 AC Propulsion 公司。在 AC Propulsion 公司 CEO 的引见下，埃隆·马斯克（Elon Musk）认识了马丁·艾伯哈德的团队。2004 年 2 月，埃隆·马斯克向特斯拉投资 630 万美元，但条件是出任公司董事长、拥有所有事务的最终决定权，而马丁·艾伯哈德作为特斯拉之父任公司的 CEO。

特斯拉第一款汽车产品 Roadster 发布于 2008 年，为一款两门运动型跑车。2012 年，特斯拉发布了其第二款汽车产品——Model S，一款四门纯电动豪华轿跑车；第三款汽车产品为 Model X，豪华纯电动 SUV，于 2015 年 9 月开始交付。特斯拉的下一款汽车为 Model 3，首次公开于 2016 年 3 月，并于 2017 年末开始交付。

特斯拉首席执行官埃隆·马斯克表示，特斯拉努力为每一个普通消费者提供其消费能力范围内的纯电动车辆；特斯拉的愿景，是加速全球向可持续能源的转变。

2016 年 11 月 17 日特斯拉电动车收购美国太阳能发电系统供应商 SolarCity，使得特斯拉转型成为全球唯一垂直整合的能源公司，向客户提供包括 Powerwall 能源墙、太阳能屋顶等端到端的清洁能源产品。

2017 年 2 月 1 日，特斯拉汽车公司（Tesla Motors Inc.）正式改名为特斯拉（Tesla Inc.）。这意味着汽车不再是特斯拉的唯一业务。

（四）太阳能汽车

太空中的太阳是地球的能量之源，它不断发出大量的光和热，为人类带来取之不尽、用之不竭的能源。早在 20 世纪 50 年代末，美国贝尔实验室就研制成功第一个光电池；70 年代末，英国研制成功第一辆太阳能汽车，时速达到 13 公里。太阳能汽车通过太阳能光伏电池，把采集的光能转化成电能，储存于车上的蓄电池从而为汽车行驶提供动力。由于太阳能车不用燃烧化石燃料，所以不会放出有害物。据估计，如果由太阳能汽车取代燃油车辆，考虑制造太阳能电池所耗费的能源，每辆汽车的二氧化碳排放量可减少 43% 至 54%。

在一定意义上来说，太阳能汽车也属于电动汽车的一种，区别在于电动汽车上的蓄电池是靠工业电网来充电，而太阳能汽车则使用自身带有的太阳能光伏电池。理论上来说，太阳能是最为合理的替代燃料，但计算制作太阳能板所耗费资源，以及目前太阳能汽车本身不切实际、古怪的配置，真正量产的太阳能汽车还有很长一段时间才能实现。

图 9–6　参加世界太阳能车挑战赛的太阳能汽车

太阳能是地球人类社会最理想的绿色能源。近年来，世界各国都在竞相研发新型太阳能汽车技术。美国已研制成光电转换率达 35% 的高性能太阳能电池，而普通内燃机热效率也仅为 35% 左右，该技术为太阳能电池在汽车上应用提供了广阔的可能。目前，太阳能汽车已经在一些幅员辽阔的国家或沙漠地区得到有效的应用。全球最负盛名的太阳能汽车比赛——世界太阳能车挑战赛于 1987 年创立，已经在澳大利亚连续举办了 20 多年，2009 年另一项环保赛事环保汽车挑战赛，与世界太阳能汽车挑战赛合并在一起，组成了全新的全球绿色汽车挑战赛。每年造型各异的赛车在澳洲大陆驰骋赛场，为推动太阳能汽车的发展做出了巨大贡献。

更经济、更环保，对环境更友好，是未来汽车发展不可抗拒的趋势，也是人类社会可持续发展的必然要求，随着技术的进步，未来的汽车必定能够实现技术、经济和环保的完美结合。

二、更智能

绿色环保、节能减排是当今汽车工业发展的主旋律，然而，随着汽车保有量增多而引发的日益严重的交通拥堵问题、安全问题，仅有“绿色”是不够的，未来的绿色汽车需要与车辆“智能化”相结合，这将成为汽车工业的发展方向。现代电子信息技术发展迅速，日新月异，智能化技术逐步应用到汽车中，智能技术使汽车的操纵越来越简单，动力性和经济性越来越好，行驶安全性越来越高，因此，智能汽车也将是未来发展的趋势之一。

实现智能汽车的前提，是众多高端前沿技术得到广泛应用，譬如通过导航卫星对汽车定位并引导行驶路线、利用各种视觉和测距传感器精确探测车辆周围的行人或障碍物、利用无线通讯方式判断本车与其他行驶车辆的关系，最后通过人工智能作出迅速判断并能够自动执行各种转向、加速、停车等指令信号。

Google Driverless Car 是美国谷歌公司的 Google X 实验室研发中的全自动驾驶汽车。该车不需要驾驶者操作就能自动启动、行驶、制动及停车。目前该车已经在测试中，并行驶了 200 多万公里。谷歌的工程人员使用 7 辆试验车——丰田普锐斯 6 辆，奥迪 TT1 辆。这些车目前已在美国加州、亚利桑那州、德州和华盛顿州等多地测试。这些谷歌无人驾驶汽车通过摄像机、雷达传感器和激光测距仪来“看到”其他车辆。同时 Google Map 通过收集使用该软件的车辆信息反馈而绘制更为详细的地图。谷歌数据中心强大的数据处理能力将大量的人工收集来的信息进行处理转换。谷歌公司声称谷歌无人驾驶汽车比有人驾驶的车更安全，因为它们能在行驶过程中更迅速、更有效地作出反应。但是在所有的测试中，都有人坐在驾驶座上，可以在必要时随时控制车辆。2012 年 4 月 1 日，谷歌公司展示了他们使用自动驾驶技术开发的赛车，命名为 10^100（10 的 100 次方，也即“Google”这个单词的词源）。在美国内华达州允许无人驾驶汽车上路 3 个月后，2012 年 5 月 8 日，机动车驾驶管理处（Department of Motor Vehicles）为谷歌公司的无人驾驶汽车颁发了一张合法车牌。

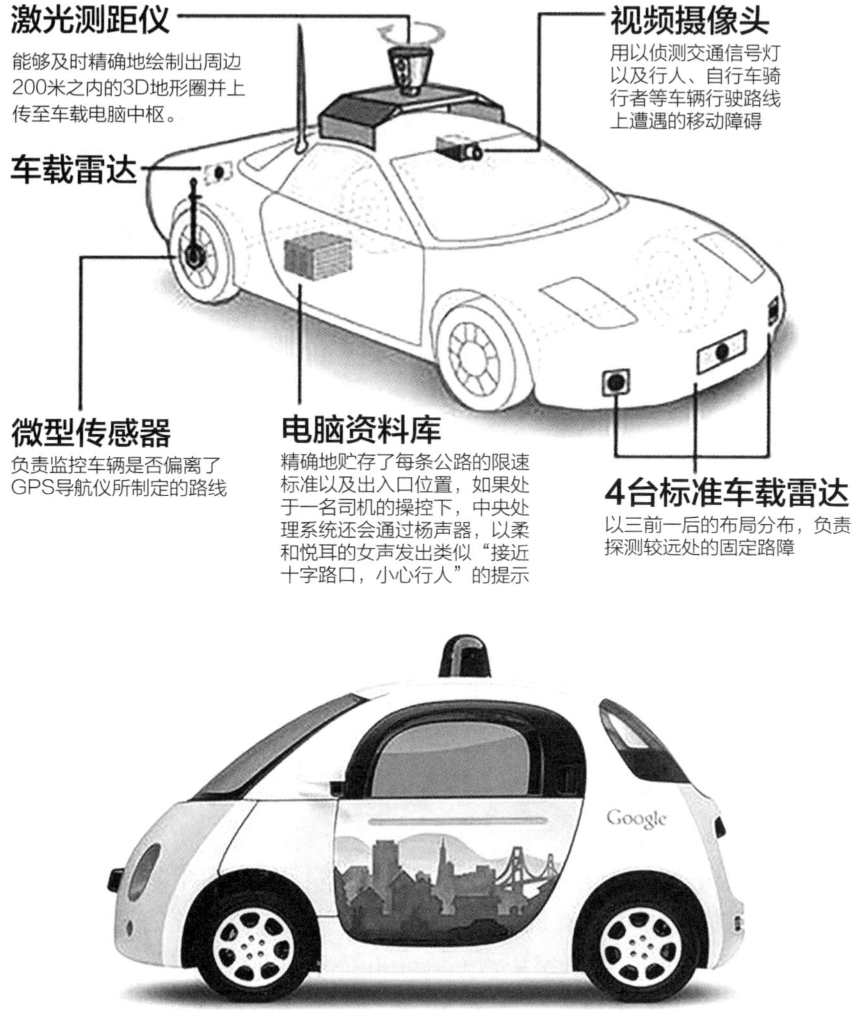

图 9–7　谷歌无人驾驶汽车示意图

2015 年 12 月，中国的百度公司宣布，百度公司开发的装载无人驾驶技术的汽车首次实现了城市、环路及高速道路等混合路况下的全自动驾驶。百度公司的无人驾驶车项目开始于 2013 年，由百度研究院主导研发，其技术核心是包括高精度地图、定位、感知、智能决策与控制四大模块在内的“百度汽车大脑”，其中，由百度公司自行采集和制作的高精度地图记录完整的三维道路信息，实现厘米级精度的车辆定位。同时，百度无人驾驶汽车拥有国际领先的交通场景物体识别技术和环境感知技术，能够实现高精度车辆探测识别、跟踪、测距、测速、路面分割、车道线检测等功能，为自动驾驶的智能控制决策提供依据。

图 9–8　百度无人驾驶汽车路试

三、更安全

根据 2018 年世界卫生组织发布的《2018 年全球道路安全现状报告》数据，尽管道路安全有所改善，但每年仍有约 135 万人因道路交通事故而死亡。据估计，每年因车祸而伤亡人数更是超过第一次世界大战的伤亡人数。汽车交通事故的发生主要是人为因素，据统计，导致交通事故的原因中与人有关的原因占 90% 以上。为了解决这一问题，未来的汽车需要配置更先进、更复杂的安全系统，尽可能较少地使人为交通事故的发生。汽车上的安全系统比驾驶员有着更复杂、更快的综合判断力，可以从根本上改变汽车交通安全现状。因而，未来的汽车将会大幅提升安全系数，而且汽车的各种安全系统将成为汽车的强制标准。

未来汽车安全系统的提升主要有主动安全和被动安全两个领域。主动安全包括了制动、防撞和机械监测等。首先，通过汽车轮胎和制动系统的不断升级，未来汽车的制动性能将大大提高，普通家用汽车在 100 公里每小时的速度行驶时，最短制动距离可降到 20 米以下（现在车辆一般在 40 米左右）。通过新的制动辅助系统的应用，未来汽车在雨天或雪地行驶时，车辆的制动不会导致侧滑和偏移，制动距离也基本保持不变，这对汽车在湿滑路面行驶的安全性至关重要。因此，开发新的制动系统和新型“驻地式”轮胎，将保证为未来汽车提供优良的制动性能。其次，在未来汽车上也将全面普及智能测距系统，通过对车速和车距的实时监控，可以防止汽车碰撞，从而保证行车安全。此外，智能机械监测系统可对汽车的各个部位进行即时扫描和性能监测，当胎压、油箱、制动等重要系统出现异常时，车辆会自动报警，并采取紧急措施。

汽车的被动安全系统主要是在发生交通事故后提供对车内人员的有效保护，未来汽车将在传统安全气囊的基础上升级为立体式全方位安全气囊；同时内置灭火系统，可以有效防止交通事故后事故车辆发生燃烧或爆炸。自助逃生系统也是未来汽车的重要安全手段之一，奔驰正在研发的一款新型 E 级跨界型轿车就内置了该系统。

该车的车顶和侧身都安装有隐门，在发生紧急情况时可以启动自助逃生系统，隐门便打开，可以确保车内人员不会因车辆碰撞变形或机械故障无法打开车门而被困车内。

四、更便利

城市交通的拥堵已成为制约城市发展的主要因素之一，大量修建立交桥、地下隧道、高架或地铁，似乎仍然无法解决城市的拥堵问题，而未来汽车将彻底打破单一的道路交通，实现多元化的交通方式，从而为根本上解决交通拥堵提供可能。美国科学家2001年便已研发出可以垂直起降，即可在陆地上行驶又能在空中飞行的"空中汽车"，但由于成本过高而未能投产。随着技术的发展，相继出现的新型发动机、大功率喷气设备以及新材料，已经突破空中汽车和水下汽车的技术瓶颈，未来汽车使用新的喷气或涡轮发动机，可以实现千米高度范围内的空中飞行。而气垫、伸缩式螺旋桨等技术的运用，使得未来汽车也可以实现在浅水中或水面上的航行。目前已经有很多空中汽车和水下、水上汽车概念车问世（如图9–9），随着成本的进一步下降，有望在不久的将来投产使用。

图9–9　水上汽车和空中汽车

小贴士：

世上最快水陆两栖SUV

来自美国加州喷泉谷的汽车公司WaterCar打造出了世界上最快的一款水陆两栖车——WaterCar Panther。

WaterCar Panther基于一个管架底盘，有四个采用独立悬挂的车轮，由于采用了超长的减震架，所以弹性距离可媲美越野车装备。车盘上覆盖有玻璃纤维外壳，其外观照搬自Jeep牧马人。车身罩着加起来有1立方米的闭孔泡沫，因此，整车在水中行驶的话不会下沉。WaterCar Panther搭载了本田300马力V6发动机，WaterCar

为这款V6发动机自主研发了一个传动单元。陆上驱动搭配的是一台四速手动变速箱，这时车辆极速可达130公里每小时。水上驱动情况下，则由一台分动箱为喷气式飞机发动机传输动力，这时最大速度可以达到70公里每小时。水上行驶时，陆上用变速箱会直接挂空挡，车轮收缩，喷气式飞机发动机开始运行。从路上行车转变为水上行舟的这个过程，总共会持续不到15秒，完成后，它就能跑得跟在陆地上一样快了。

图9-10　水陆两栖汽车

第二节　智能交通

智能交通系统（Intelligent Transportation System，简称ITS）是以缓和交通堵塞，减少交通事故，提高交通便利性、舒适性为目的，利用交通信息系统、通讯网络、定位系统和智能化分析与选线的交通系统的总称。ITS系统通过实时传播交通信息，使出行者掌握即将面对的交通状况，并以此做出自己的选择；通过及时消除交通堵塞等隐患，建设良好的交通管制系统，减轻汽车对环境的污染；通过开发智能交叉路口和自动驾驶技术，提高行车安全，减少行驶时间。[①] 但所有的这一切如何实现呢？

我们即将建设的数字地球为智能交通兴起带来重大的机遇。数字地球是把地球上任一地点的所有信息进行有机组织，有地质、地貌、气候、山川河流、动植物分布等自然方面的信息，也有历史沿革、风土人情、交通状况、经济、文教、人口等人文方面的信息。所有这些信息都是实时的，从而为人们选择出行路线提供优质服务。这些信息包括以某种形式存放在某个地点、有关道路的各种信息（例如路况、警示牌、收费点、停车场等），同时还包括实时接收到的相关的最新信息（例如道路灾害信息、道路拥堵程度、事故发生地点等），据此人们可以准确选择最佳行驶路径，既可以节省行车时间，同时也减少能源消耗降低大气污染。

① 王欣宇，李振中著.汽车智能化的发展.汽车工程师.2013.09.

目前智能交通应用最多的国家是美国，智能交通系统一词就来自美国。美国对智能交通的研究起步很早，而且应用广泛，目前智能交通在美国的应用已达 80% 以上。有两个城市道路智能交通的典型范例：一个是大洛杉矶地区圣莫尼卡市的“聪明路廊”（The Smart Corridor）；一个是德克萨斯州圣安东尼奥市的道路引导系统（TransGuide），二者称得上是智能交通系统的雏形。

美国加利福利亚州圣塔莫尼卡市的捷运走廊（“聪明路廊”）智能交通系统是由联邦政府联合加州的有关部门建立，旨在改善加州地区 10 号高速公路与其他 5 条干线公路（奥林匹克大道、匹卡大道、维纳斯大道、华盛顿大道和亚当姆斯大道 5 条公路）联网的交通流量，减少交通堵塞，更好地平衡狭长通道地区所有交通设施的交通流量，提高现有高速公路和干线公路网通行能力，避免因新建公路而造成环境和经济方面的巨大投资，提供快速反应措施，节省时间和燃料，改善空气质量。为达到这一目的，车流量的监控信息必须及时掌握和发送出去。

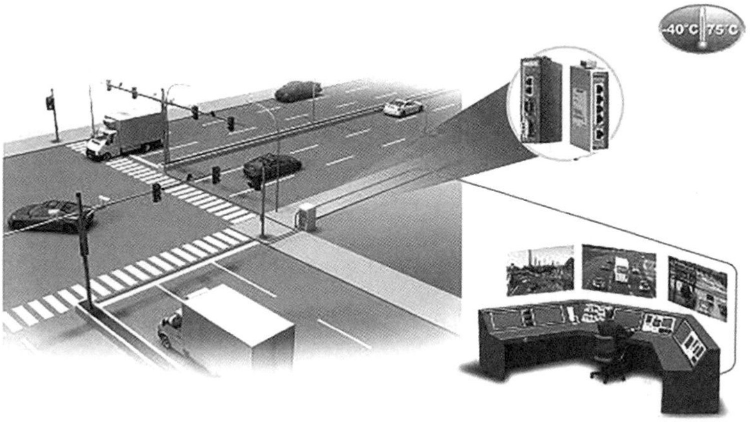

图 9–11 道路路口监控系统

捷运走廊由三个部分组成。一是监控系统，安装在加州运输局交通运行中心和洛杉矶运输部自动交通监控系统中心的计算机连续不断地监视相关道路的交通流量状况。二是事故和故障管理系统，中心计算机一直监视检测站点之间交通速度的变化情况，并连同现场巡察队、牵引车司机、维护队、私人移动电话及应急电话传输来的信息进行综合分析并采取相应处理措施。三是通信息管理系统，是一个向驾驶人员提供最新交通状况和调整行驶路线的捷运走廊计算机组合系统。

通常智能交通主要由 7 个部分组成。

1. 先进的交通信息系统（ATIS）

ATIS 是建立在完善的信息网络基础上的。装备在道路上、车辆上、公交场站、停车场以及气象站等设施上的传感器和传输设备通过网络系统向交通信息中心提供各处实时的交通信息；交通信息系统获取并处理这些信息后，实时向交通参与者发布道路交通信息、公共交通信息、换乘信息、交通气象信息、停车场信息以及与交通出行相关的其他信息；出行者可以根据这些信息选择自己的出行方式和路线。当车辆上装备了自动定位和导航系统时，该系统根据驾驶员选择的目的地还可以帮助驾驶员自动选择行驶路线，优化行驶线路。

2. 先进的交通管理系统（ATMS）

与 ATIS 是以交通出行者为服务对象不同，ATMS 主要是给交通管理者使用的，但 ATMS 可与 ATIS 共用信息采集、处理和传输系统。ATMS 用于监测、控制和管理道路交通，为道路、车辆和驾驶员三者之间提供通讯联系。它依靠先进的车辆检测技术和计算机信息处理技术，实时监视道路系统中的交通状况、交通事故、气象状况和交通环境等，获得交通状况的相关信息，并依据收集到的信息采取相应的交通管理措施进行控制，如信号灯控制、发布诱导信息、道路管制、事故处理与救援等。

3. 先进的公共交通系统（APTS）

APTS 将各种智能技术应用于公共运输业，促进其发展，使公交系统实现安全便捷、经济、运量大的目标。比如通过私人计算机、闭路电视、互联网络等向社会民众就出行方式和时间、路线及车次选择等提供咨询，通过显示器向在公交车站的候车者提供车辆的实时运行信息。同时公交车辆运营管理中心根据车辆的实时状态合理安排发车、收车等计划，提高工作效率和服务质量。

4. 先进的车辆控制系统（AVCS）

AVCS 是开发各种技术、帮助驾驶员实行本车辆的良好控制，从而使汽车安全、高效行驶的系统。AVCS 包括对驾驶员的警告和提示、障碍物避让、主动刹车等自动驾驶技术。

5. 货运管理系统

货运管理系统是指在高速公路网络和信息管理系统基础上，应用相关物流理论进行管理的智能化物流管理系统。该系统综合运用卫星定位、地理信息系统、物流信息及网络技术，有效组织货物运输，提高货运效率。

6. 电子收费系统（ETC）

ETC 是目前世界上最先进的路桥收费方式。通过安装在车辆前挡风玻璃上的电子标签与在路桥收费站的 ETC 专用车道上的微波天线之间进行微波专用短程通讯，通过互联网与发卡银行进行后台结算，从而达到车辆通过路桥收费站无需停车就能交纳路桥费的目的，且所交纳的费用经过后台处理后自动分配给相关的收益业主。在现有的车道上安装电子不停车收费系统，能使收费站车道的通行能力提高 3—5 倍。

7. 紧急救援系统（EMS）

EMS 是一个特殊的系统，它以 ATIS、ATMS 以及相关救援机构和设施为基础，通过 ATIS 和 ATMS 将交通监控中心与职业救援机构联成有机整体，提供故障车辆现场紧急处置、拖车、人员现场救护等应急服务。

从上可知，城市智能交通系统（ITS）是一套包含各种应用的综合集成系统。但目前行业尚缺乏通行的标准，不同厂家有不同的系统，但是各厂商系统实现的功能基本相近。图 9-12 为较为典型的智能交通系统的构成。

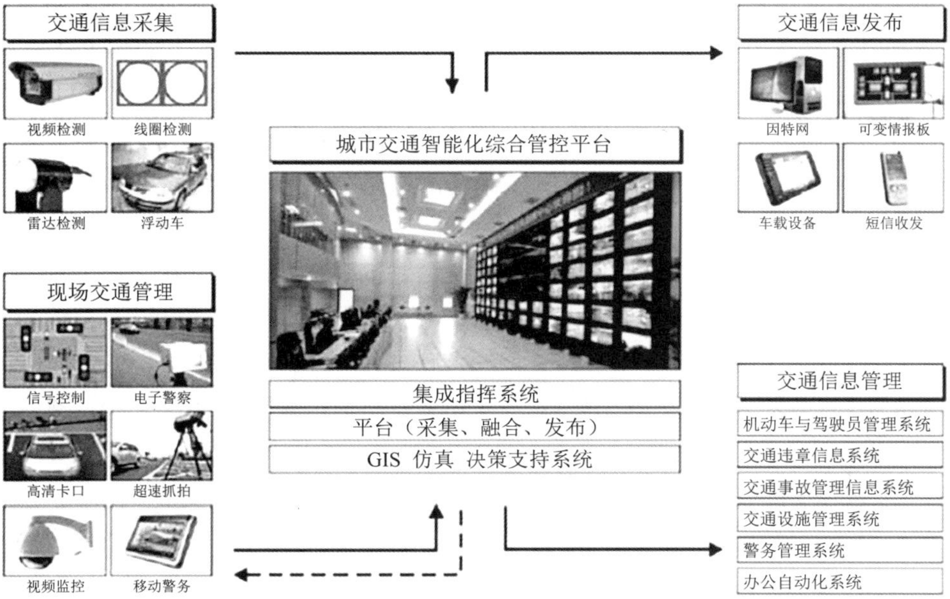

图 9-12 一种典型的智能交通系统构成

第三节 绿色交通

所谓绿色交通（Green Transport），广义上是指采用低污染、适合于城市环境的交通运输工具，以完成各种社会经济活动的一种交通概念。狭义上则是指为降低建设和维护费用而建立起来的一种低污染、有利于城市环境多元化的协调和谐的交通运输系统。

绿色交通方式包含步行交通、自行车交通、常规公共交通以及轨道交通等。绿色交通工具则包括各种低污染车辆，如双能源汽车、天然气汽车、电动汽车、氢气动力车、太阳能汽车等，也包括各种电气化交通工具，如地铁、轻轨、有轨电车、无轨电车等。

一、绿色交通概念

绿色交通与解决环境污染问题的可持续性发展概念是想通的，是随着社会发展人类对自身环境提出更高要求而产生的一个全新理念。它强调的是城市交通对环境影响的“绿色性”，即减少交通拥堵，降低环境污染，促进社会公平，合理利用资源。其本质是以建立可持续发展的城市交通体系为目标，满足人们的交通需求，用最小的社会成本实现最大的交通效率。现代城市轨道交通网络规划应以绿色交通理念为指导思想，将绿色交通理念贯彻到相应的规划优化决策中，研究开发城市的强度与交通和环境容量之间的关系，让土地利用和轨道交通系统二者能够协调发展。绿色交通理念是三方面的完整统一，即有序、通达；舒适、安全；低能耗、低污染。

1994 年加拿大人克里斯·布拉德肖（Chris Bradshaw）就提出了绿色交通体系（Green Transportation Hierarchy）的概念，其论点是绿色交通工具优先级的排序应为步行、自行车、公共运输、共乘车，最后才是单人驾驶的汽车。依据布拉德肖的论述，如果能应用上述的绿色交通体系，则可获得包括自然环境、社会以及经济等方面的好处。

（一）对自然环境的好处

减少空气污染与酸雨；减少公共空间与家庭噪音；减少农业区及敏感地区的城镇化；减少街道尘土与污垢。

（二）对社会的好处

降低城镇犯罪率；促进居民运动与健身；提高市区生活品质；减少交通事故的生命伤亡数量；减少交通拥挤所损失的时间；减少穷人与老年人购车需求；减少青少年在私家车内的时间。

（三）对经济的好处

减少能源支出；降低能源短缺威胁；活跃邻近商业活动；降低生命健康支出；减少交通拥堵所浪费的时间；降低所有交通费用。

二、如何推广绿色交通理念

（一）合适的技术

合适的交通技术不是用来增加私家车辆的使用或增加其方便性，而是不使用私人机动车辆而增加生活需要的旅次，通过增加更多的绿色交通工具而减少私人机动车辆的使用。因此交通技术本身需要具有环境、经济与社会的可持续性。

以上述界定为依据，替代燃料如果只用于私家车，则属于不合适的技术，因为虽然它可以改善部分的空气污染，但对于原有私人交通工具所产生的土地占用、事故损失、社会和经济等问题，并未获致有效的改善，反之，将替代燃料用于出租车、大众运输车辆，替代私人车辆，则可称为合适的技术。再比如，智能交通系统的智能型公路与车辆技术，如果只是用于改善私人交通工具的使用，则属于不合适的技术，反之，应用于公共交通工具的智能交通系统技术，使得公共运输更有效率，更多人愿意使用，则为合适的技术。此外，交通技术若用于道路拥挤收费，以阻止不必要的私家车使用，并将其收费所得投资于绿色交通工具，则此为合适的技术。

再者，运用现代通讯技术的视频会议、远程教学和工作，既可减少交通需求又兼顾社会公平，属于合适的技术。用于增加步行、自行车、公共运输与共乘等绿色交通工具使用的交通技术，可以减少私家车的使用，均属合适的交通技术。另外，如能促进汽车基础设施（如道路）转换为绿色交通基础设施，则更有利于绿色环保，例如将公路改成以步行及自行车为主的绿色街道、交通宁静区，以及将公路 / 车道改为公共车辆专用道或轨道使用等。

图 9–13 绿色自行车道

（二）以人为本

1. 人的可及性优于车辆的移动性

以人为本的规划，要考虑人的可及性，即人的可及性要高于车辆的移动性，也就是让人们可以不必花很多旅行时间，即可满足其基本通行需要。只有这样，才具有社会公平性，也不需要花太多钱于昂贵的交通费用上。

2. 重新定位运输体系

依照人的可及性优先规划原则，那么以往以机动车辆为优先的运输体系应转为以步行第一的架构，也就是人的步行在政府政策、教育与交通投资等均具有第一优先的资源倾斜，接着为自行车设施，再次为大众运输、出租车、共乘车辆等，最后为私人汽车、货车与客货空运。

3. 增进人们活动的比率，而非增加车行速率

城市与乡镇的人们，如果热衷于步行、骑自行车以及搭乘公共交通，政府常会制定道路车速限制，使得街道更安全，同时还能增加地区的经济活动，促进人们在街上的活动与互动，减少犯罪。北欧有研究指出，当街道车辆交通庞大、人们在街道社交较少、大都留在家里时，犯罪率会增加。

4. 各种运输工具的有效整合与联运

包括乡镇、都市与都会区、国家与国际等层级运输的整合。

5. 运输与其他部门的整合

包括能源、住宅、健康、土地使用、经济、科技、环境、社会服务、教育和其他相关单位的整合。

（三）**公众参与**

绿色交通的工具选择，是一个综合交通出行与生活品质的决定，需要社会各阶层人士的内心觉醒与生活价值的共识。人们需要重新审视新的“人的价值”，从而能够选择绿色交通工具作为生活方式之一。

三、主要方式

（一）**步行交通**

步行交通是人们出行方式中非常重要的一种，据统计平均 30% 的日常出行为步行。但是，在许多城市规划中步行却往往是最后被考虑的出行方式。道路空间总是被优先分配给汽车。许多城市的汽车甚至被允许停靠在人行道上，占用了人行道路，导致行人在非机动车道甚至机动车道上行走。很多街道甚至没有人行道，道路空间无法行走或被其他活动所占据。行人面临着步行空间缺乏、过街障碍物较多等困难。

图 9–14　绿色人行通道

高品质的人行道（如图 9–14 所示）应该连续且无障碍物，没有被占为停车所用；具有足够的宽度、良好的照明和安全的环境。同时，交叉路口行人过街的距离和时间要短，以降低行人过街的危险。在纽约，改进后的交叉路口行人过街的设计能够减少 36% 的交通事故。

（二）**自行车交通**

在许多国家，自行车交通正处在比步行交通更为严峻的处境。20 世纪后半期，许多城市禁止自行车交通，以便为汽车提供更多的空间。进入 21 世纪后，许多国家，尤其是欧洲国家，投入了大量的资金以期引导居民重新使用自行车出行。目前国内很多城市也出现了方便居民出行的共享单车（如图 9-15），有效地促进了城市绿色交通的发展。

图 9-15 便民自行车

（三）公共交通

公共交通是许多发达国家和发展中国家遇到的另一个大问题。发达国家的挑战是如何使小汽车使用者重新使用公共交通工具，发展中国家则需要改善公共交通的服务水平，使人们不会因为公共交通服务水平低下而选择购买私人小汽车。长期以来，公共交通一直被认为是供贫穷人使用的交通方式而没有得到政府机构的重视。但城市政府官员热衷于地铁和轻轨，因为它们象征着城市的发达。然而很多基于错误的可行性研究的城市轨道交通项目由于没有足够的客流而无法支撑运营。轨道交通系统造价高昂，在其拥有足够的客流支撑运营之前，许多城市都会面临巨大的问题。比如墨西哥的地铁由于收入过低，所需的补贴占到了城市财政预算的 14%。

因此，改善公共交通系统的主要措施包括：提高现有交通系统服务品质；提高公共交通运营管理水平；进行详细的可行性分析决定如何有效利用资源；投资建设大容量公共交通系统，如快速公交、轻轨和地铁等。

（四）快速公交系统

快速公交系统（Bus Rapid Transit）简称 BRT，是一种介于快速轨道交通（Rapid Rail Transit，简称 RRT）与常规公交（Normal Bus Transit，简称 NBT）之间的新型公共客运系统，属于中等运量的交通方式，通常也称作“地面上的地铁”。它是利用现代化公交技术配合智能交通和运营管理（集成调度系统），开辟公交专用道路和建造新式公交车站，实现轨道交通模式的运营服务，达到轻轨服务水准的一种独特的城市客运系统。[①] 快速公交系统是高品质公共交通系统的一种新选择。更重要的是，快

① 刘阳，张玲，沈小静等著.有轨电车与快速公交BRT适用性比较分析——以曲靖市为例.昆明冶金高等专科学校学报.2015.03.

速公交系统的实施是对绿色可持续交通系统的一种支持。

BRT 系统在类型、容量和表现形式上的多样性，反映出它在运营方面具有广阔的发展空间和与生俱来的灵活性。BRT 既适用于一个拥有几十万人口的小城市，同时也适用于特大型都市。巴西库里蒂巴是世界上第一个成功实施快速公交系统的城市，库里蒂巴的公交出行比例高达 75%，日客运量高达近 20 万人。之后快速公交系统又在一些新的城市得以实施：厄瓜多尔的基多、哥伦比亚的波哥大和佩雷拉、巴西的圣保罗、印度尼西亚雅加达、墨西哥的墨西哥城、中国的北京等。

一个典型的 BRT 系统包括专用的道路空间，封闭宽敞的车站，与通行能力匹配的站台，良好的站台可达性，水平上下车（无台阶），大容量、高品质的车辆，无缝停靠（≤ 10cm），车辆和站台有足够的上下客空间，网络整合，灵活运营。

图 9–16　快速公交系统

未来城市交通处在多层立体的交通体系中，采用无污染的新能源交通工具和驾驶体系，实现零排放、零交通事故，远离对石油的依赖、远离交通堵塞，让人与环境融为一体，达成一种新的和谐，这是它所要追求的基本目标。对于我们要求的零事故、零伤亡，通过智能交通系统可以实现这样的目标。所有的车都有一个身份、一个 ID 卡上的 ID 联网、一个指挥中心进行处理，这使得所有车都知道前后左右是什么车，而且可以自动控制，及时刹车、转弯等等，这样就可以实现零伤亡、零事故。同时汽车能源有多种，如可再生能源、太阳能、电能、生物质能等。随着技术和社会的发展，未来的汽车与交通的变化将充满想象力。

小贴士：

谈谈 BRT 与地铁的优势对比

地铁的优势：

运量大。铁路列车可以 8 车厢甚至 12 车厢编组，且因为运行平稳，车厢内可以在保证安全的前提下站更多的人。同时因为轨道运输的可靠性和高自动化程度，地铁能够做到更高的发车密度。

速度更快。完全独立路权，不需要等红绿灯。不过这一点跟厦门的 BRT 相比就很不明显了。

更准时。因为不拥堵，以及高度自动化的管理，地铁普遍比 BRT 准时，尤其是杭州 BRT。不过随着科技的进步，公交车也可以利用实时更新到站时间的手机 app 来降低不准时的负面影响（如果你知道公交车晚点 15 分钟，就可以晚下楼 15 分钟，或者去附近的书店转转）。

乘坐更平稳舒适，车厢也更宽敞。因为这样的原因，一般来说，各国的经验都证明，轨道交通更容易吸引私家车车主乘坐，而公交车则比较难。

人力运营成本低。地铁可以很容易实现无人驾驶，从而降低运营成本。（不过地铁的维护成本可能还是要比 BRT 高很多。）

运行耗能小，污染小。地铁由电力驱动，零直接排放。（目前公交车换用纯电动、LNG、混合动力以后，其实污染也很小了。）

BRT 的优势：

BRT 的造价远比地铁低。厦门的 BRT 造价是每公里 4500 万人民币左右，乌鲁木齐和杭州的 BRT 的造价就更低了。而地铁一般是每公里 5 亿至 8 亿人民币，即使是大部分是高架、还有少数地面线路、经过地区地价较低的津滨轻轨，每公里造价也在 2 亿人民币左右。

BRT 的线路变更起来更加灵活。因为公交车是橡胶轮胎的汽车，完全可以行驶在普通道路上。所以 BRT 的线路可以根据需求灵活变动，充分利用各种高架和普通道路。

BRT 的基础设施投入未来可以更容易变更用途。如果未来厦门兴建了地铁，对 BRT 的需求降低，现有的高架也可以考虑转为汽车行驶道，甚至直接改为轨道交通。但地铁却很难做这种改变。如果因为城市的格局变化，或者地位兴衰，一条地铁被废弃，那么将很难用作其他用途。

相比地铁，噪音比较小。列车钢轮跟铁轨摩擦的声音，如果是在高架线路，噪音的污染还是很明显。（轨道交通其实也有胶轮路轨的形式，比如重庆的 2 号线、3 号线，台北的文湖线。）

窗外可以看到更丰富的景色。有的人喜欢坐公交不喜欢坐地铁，就是因为乘坐的时候视野开阔些。

讨论与思考

1. 新能源汽车的发展趋势是什么？
2. 讨论氢动力汽车与氢燃料电池汽车有何区别。
3. 智能交通系统的基本组成有哪些？
4. 尝试讨论你心目中未来的交通世界。

参考文献

[1] 百度图片 [EB/OL].http://image.baidu.com/.

[2] 百度文库 [EB/OL].https://wenku.baidu.com/view/472cd7b7c77da26925c5b0f1.html.

[3] 百度文库 [EB/OL].https://wenku.baidu.com/view/5ff8f779f7ec4afe04a1df77.html.

[4] 百度文库 [EB/OL].https://wenku.baidu.com/view/7b8cd0f59e31433238689304.html.

[5] 百度文库 [EB/OL].https://wenku.baidu.com/view/9ce7b544f12d2af90242e661.html.

[6] 保时捷中国官网 [EB/OL].http://www.porsche.com/china/.

[7] 常冰 . 我谈汽车博物馆 (上)[J]. 经营者 (汽车商业评论),2014(8).

[8] 曹建国 , 廖然 , 杨利花 . 燃料电池电动汽车发展现状与前景 [J]. 新材料产业 , 2015.04.

[9] 车评网 [EB/OL].http://www.cheping.com.cn/.

[10] 车讯网 [EB/OL].www.chexun.com.

[11] 陈红涛 , 于潮 , 王斌等 . 电动汽车的关键技术简述 [J]. 汽车零部件 ,2011.01.

[12] 陈新亚 . 汽车为什么会“跑”图解汽车构造与原理 [M]. 北京 : 机械工业出版社 ,2009.4.

[13] 陈怡 , 肖同庆 . 汽车百年 [M]. 北京 : 东方良友影视传媒 (北京) 有限公司 ,2011.

[14] 道客巴巴 [EB/OL].http://www.doc88.com/p-702920404102.html.

[15](德) 依科曼 (Eckermann,Erik) 著 , 孙伟译 . 从蒸汽机到汽车 : 交通机动化 [M]. 北京 : 电子工业出版社 ,2006.

[16](德) 托马斯 · 布兰登伯格 (文),(德) 哈尔特维希 · 胡克菲勒德特 (图), 王勋华译 . 汽车史话 [M]. 武汉 : 湖北教育出版社 ,2010.

[17] 邓爱华 . 美国 ITS 先行者 [J]. 科技潮 ,2007.11.

[18] 东方网 [EB/OL].http://auto.eastday.com/auto/08auto/node28271/node40549/index.html.

[19] 董继明 , 陈建 . 汽车文化 [M]. 南京 : 南京大学出版社 ,2015.

[20] 豆丁网 [EB/OL].http://www.docin.com/p-256489003.html.

[21] 豆丁网 [EB/OL].http://www.docin.com/p-34612343.html.

[22] 豆丁网 [EB/OL].http://www.docin.com/ p-523087102.html.

[23] 方晓汾，罗方赞 . 汽车文化与科技 [M]. 北京：中国水利水电出版社 ,2015.

[24] 飞特教程网 [EB/OL].http://www.fevte.com/.

[25] 凤凰汽车网 [EB/OL].http://auto.ifeng.com/.

[26] 付璐 . 汽车造型设计美学概论 [M]. 北京：机械工业出版社 ,2014.

[27] 改吧网 [EB/OL].http://www.gaibar.com/.

[28]个人图书馆[EB/OL].http://www.360doc.com/content/13/1023/15/10533595_323528665.shtml.

[29](韩) 赵京实 . 设计之美：从世界名车看汽车设计 [M]. 北京：机械工业出版社 ,2013.

[30] 韩晋编著 . 名车的历史 :25 款世界经典名车 [M]. 哈尔滨：哈尔滨出版社 ,2007.

[31] 好搜图片 [EB/OL].http://image.haosou.com/.

[32] 好搜网 [EB/OL].http://www.haosou.com.

[33] 红动中国 [EB/OL].www.redocn.com.

[34] 虎拜车友俱乐部 [EB/OL].http://www.hubai.com/.

[35] 火星网 [EB/OL].http://www.hxsd.com.

[36] 李方芳 . 关于发展我国智能交通系统的思考 [J]. 交通科技 ,2008.07.

[37] 李建秋，方川，徐梁飞 . 燃料电池汽车研究现状与发展 [J]. 汽车安全与节能学报 .2014.05.

[38] 林静 . 让人类走得更快 – 汽车 [M]. 北京：中国社会出版社 ,2012.01

[39] 林平编著 . 汽车史话：汽车发展史 [M]. 北京：电子工业出版社 ,2005.

[40] 凌永成 . 汽车文化 [M]. 北京：中国人民大学出版社 .2015.02.

[41] 刘阳，张玲，沈小静等 . 有轨电车与快速公交 BRT 适用性比较分析——以曲靖市为例 [J]. 昆明冶金高等专科学校学报 ,2015.03.

[42](美) 拉理・埃泽尔 . 汽车设计大师 [M]. 北京：机械工业出版社 ,2014.

[43] 昵图网 [EB/OL].http://www.nipic.com.

[44]Peter Gerigk etc. Kraftfahrzeugtechnik (6.Auflage). Braunschweig: Westermann Druck GmbH, 2005.

[45] 汽车点评网 [EB/OL].http://bbs.xgo.com.cn/.

[46] 汽车都市网 [EB/OL].citymotois.com.cn.

[47] 汽车江湖网 [EB/OL].http://www.qc188.com/.

[48] 汽车之家 [EB/OL].http://www.autohome.com.cn/.

[49] 汽车中国 [EB/OL].http://car.qi–che.com/.

[50](日)Car Styling. 汽车设计百年：意大利量产车制造商 [M]. 北京：清华大学出版社 ,2013.

[51](日)Car Styling. 汽车设计百年：意大利车身制造商 [M]. 北京：清华大学出版

社 ,2013.

[52] 人民网 [EB/OL].http://auto.people.com.cn/.

[53] 三优网 [EB/OL].http://www.3Ucar.com.

[54] 帅石金编著 . 汽车文化 (第 2 版)[M]. 北京 : 清华大学出版社 ,2007.

[55] 搜狗百科 [EB/OL].http://baike.sogou.com/.

[56] 搜狐汽车 [EB/OL].http://auto.sohu.com/.

[57] 太平洋汽车网 [EB/OL].http://pcauto.com.cn/.

[58] 田春霞 , 高元伟 , 魏彤光 . 汽车文化 [M]. 北京 : 北京理工大学出版社 ,2014.

[59] 万勇 . 丰田生产方式在广汽丰田公司的跨文化应用研究 [D]. 黑龙江 : 哈尔滨工业大学 ,2009.

[60] 王欣宇 , 李振中 . 汽车智能化的发展 [J]. 汽车工程师 ,2013.09.

[61] 网易汽车 [EB/OL].http://auto.163.com/13/0528/10/8VV4NIO4000851R1_all.html.

[62] 王震坡 . 现代汽车艺术鉴赏 [M]. 北京 : 北京理工大学出版社 ,2008.6.

[63] 肖永清 , 杨忠敏 . 汽车的发展与未来 [M]. 北京 : 化学工业出版社 ,2004.

[64] 熊前偲 . 汽车概论及文化 [M]. 重庆 : 重庆大学出版社 ,2014.05.

[65] 杨屏 , 李刚 . 汽车文化 [M]. 北京 : 机械工业出版社 ,2013:123–127.

[66] 易车网 [EB/OL].http://shenzhen.bitauto.com/.

[67] 有车一族网 [EB/OL].http://www.you–che.com/.

[68] 朱绍中等编著 . 汽车简史 [M]. 上海 : 同济大学出版社 ,2008.

[69] 赵桂范 . 汽车制造工艺 (第 2 版)[M]. 北京 : 北京大学出版社 ,2013.

[70] 张海燕 , 陶旭瑾编译 . 汽车未来趋势 [M]. 台湾 : 全华图书有限公司 ,2015.01.

[71] 张立鹏 . 一汽多元文化冲突与融合研究 [D]. 天津 : 天津大学 , 2009.

[72] 中等职业教育规划新教材编审委员会组 . 汽车文化 [M]. 西安 : 西北工业大学出版社 ,2011.02.

[73] 仲子平 , 闫瑜 . 汽车文化 [M]. 北京航空航天大学出版社 ,2012.08.

[74] 周兵 , 麦尔斯 . 汽车百年 [M]. 北京 : 金城出版社 ,2012.

"十四五"职业教育国家规划教材

图书在版编目(CIP)数据

汽车文化 / 贺萍，董铸荣主编. — 2版. — 北京 ：商务印书馆，2023
ISBN 978-7-100-20980-9

Ⅰ. ①汽… Ⅱ. ①贺… ②董… Ⅲ. ①汽车—文化—高等职业教育—教材 Ⅳ. ①U46-05

中国版本图书馆CIP数据核字(2022)第055704号

汽车文化
（第二版）
贺萍 董铸荣 主编

商 务 印 书 馆 出 版
（北京王府井大街36号 邮政编码100710）
商 务 印 书 馆 发 行
艺堂印刷（天津）有限公司印刷
ISBN 978-7-100-20980-9

2023年7月第2版　　开本 787×1092 1/16
2023年7月第3次印刷　　印张 18¼
定价：55.00元